Comentarios y sugerencias:
Correo electrónico: editor@fce.com.mx

COLECCIÓN POPULAR

135

UNA REALIDAD APARTE

Traducción de
JUAN TOVAR

CARLOS CASTANEDA

Una realidad
aparte

NUEVAS CONVERSACIONES CON DON JUAN

FONDO DE CULTURA ECONÓMICA
MÉXICO

Primera edición en inglés,   1971
Primera edición en español, 1974
  Decimotercera reimpresión, 2000

Título original:
A Separate Reality (Further Conversations with don Juan)
© 1971 Carlos Castaneda

D. R. © 1974, FONDO DE CULTURA ECONÓMICA
D. R. © 1986, FONDO DE CULTURA ECONÓMICA, S. A. DE C. V.
D. R. © 1998, FONDO DE CULTURA ECONÓMICA
Carretera Picacho-Ajusco 227; 14200 México, D. F.
www.fce.com.mx

ISBN 968-16-0218-8

Impreso en México

INTRODUCCIÓN

HACE diez años tuve la fortuna de conocer a don Juan Matus, un indio yaqui del noroeste de México. Entablé amistad con él bajo circunstancias en extremo fortuitas. Estaba yo sentado con Bill, un amigo mío, en la terminal de autobuses de un pueblo fronterizo en Arizona. Guardábamos silencio. Atardecía y el calor del verano era insoportable. De pronto, Bill se inclinó y me tocó el hombro.

—Ahí está el sujeto del que te hablé —dijo en voz baja.

Ladeó casualmente la cabeza señalando hacia la entrada. Un anciano acababa de llegar.

—¿Qué me dijiste de él? —pregunté.

—Es el indio que sabe del peyote. ¿Te acuerdas?

Recordé que una vez Bill y yo habíamos andado en coche todo el día, buscando la casa de un indio mexicano muy "excéntrico" que vivía en la zona. No la encontramos, y yo tuve la sospecha de que los indios a quienes pedimos direcciones nos habían desorientado a propósito. Bill me dijo que el hombre era un "yerbero" y que sabía mucho sobre el cacto alucinógeno peyote. Dijo también que me sería útil conocerlo. Bill era mi guía en el suroeste de los Estados Unidos, donde yo andaba reuniendo información y especímenes de plantas medicinales usadas por los indios de la zona.

Bill se levantó y fue a saludar al hombre. El indio era de estatura mediana. Su cabello blanco y corto le tapaba un poco las orejas, acentuando la redondez del cráneo. Era muy moreno: las hondas arrugas en su rostro le daban apariencia de viejo, pero su cuerpo parecía fuerte y ágil. Lo observé un momento. Se movía con una facilidad que yo habría creído imposible para un anciano.

Bill me hizo seña de acercarme.

—Es un buen tipo —me dijo—. Pero no le entiendo. Su español es raro; ha de estar lleno de coloquialismos rurales.

El anciano miró a Bill y sonrió. Y Bill, que apenas habla unas cuantas palabras de español, armó una frase absurda en ese idioma. Me miró como preguntando si se daba a entender, pero yo ignoraba lo que tenía en mente; sonrió con timidez y se alejó. El anciano me miró y empezó a reír. Le expliqué que mi amigo olvidaba a veces que no sabía español.

—Creo que también olvidó presentarnos —añadí, y le dije mi nombre.

—Y yo soy Juan Matus, para servirle —contestó.

Nos dimos la mano y quedamos un rato sin hablar. Rompí el silencio y le hablé de mi empresa. Le dije que buscaba cualquier tipo de información sobre plantas, especialmente sobre el peyote. Hablé compulsivamente durante un buen tiempo, y aunque mi ignorancia del tema era casi total, le di a entender que sabía mucho acerca del peyote. Pensé que si presumía de mi conocimiento el anciano se interesaría en conversar conmigo. Pero no dijo nada. Escuchó con paciencia. Luego asintió despacio y me escudriñó. Sus ojos parecían brillar con luz propia. Esquivé su mirada. Me sentí apenado. Tuve en ese momento la certeza de que él sabía que yo estaba diciendo tonterías.

—Vaya usted un día a mi casa —dijo finalmente, apartando los ojos de mí—. A lo mejor allí podemos platicar más a gusto.

No supe qué más decir. Me sentía incómodo. Tras un rato, Bill volvió a entrar en el recinto. Advirtió mi desazón y no pronunció una sola palabra. Estuvimos un rato sentados en profundo silencio. Luego el anciano se levantó. Su autobús había llegado. Dijo adiós.

—No te fue muy bien, ¿verdad? —preguntó Bill.

—No.

—¿Le preguntaste de las plantas?

—Sí. Pero creo que metí la pata.

—Te dije, es muy excéntrico. Los indios de por aquí lo conocen, pero jamás lo mencionan. Y eso es por algo.

—Pero dijo que yo podía ir a su casa.

—Te estaba tomando el pelo. Seguro, puedes ir a su casa, pero eso qué. Nunca te dirá nada. Si llegas a preguntarle algo, te tratará como si fueras un idiota diciendo tonterías.

Bill dijo convincentemente que ya había conocido gente así, personas que daban la impresión de saber mucho. En su opinión tales personas no valían la pena, pues tarde o temprano se podía obtener la misma información de alguien que no se hiciera el difícil. Dijo que él no tenía paciencia ni tiempo que gastar con viejos farsantes, y que posiblemente el anciano sólo aparentaba ser conocedor de hierbas, mientras que en realidad sabía tan poco como cualquiera.

Bill siguió hablando, pero yo no escuchaba. Mi mente continuaba fija en el indio. El sabía que yo había estado alardeando. Recordé sus ojos. Habían brillado, literalmente.

Regresé a verlo unos meses más tarde, no tanto como estudiante de antropología interesado en plantas medicinales, sino como poseso de una curiosidad inexplicable. La forma en que me había mirado fue un evento sin precedentes en mi vida. Yo quería saber qué implicaba aquella mirada.

Se me volvió casi una obsesión, y mientras más pensaba en ella más insólita parecía.

Don Juan y yo nos hicimos amigos, y a lo largo de un año le hice innumerables visitas. Su actitud me daba mucha confianza y su sentido del humor me parecía excelente; pero sobre todo sentía en sus actos una consistencia callada, totalmente desconcertante para mí. Experimentaba en su presencia un raro deleite, y al mismo tiempo una desazón extraña. Su sola compañía me forzaba a efectuar una tremenda revaluación de mis modelos de conducta. Me habían educado, quizá como a todo el mundo, para tener la disposición de aceptar al hombre como una criatura esencialmente débil y falible. Lo que me impresionaba de don Juan era el hecho de que no destacaba el ser débil e indefenso, y el solo estar cerca de él aseguraba una comparación desfavorable entre su forma de comportarse y la mía. Acaso una de las aseveraciones más impresionantes que le oí en aquella época se refería a nuestra diferencia inherente. Con anterioridad a una de mis visitas, había estado sintiéndome muy desdichado a causa del curso total de mi vida y de cierto número de conflictos personales apremiantes. Al llegar a su casa me sentía melancólico y nervioso.

Hablábamos de mi interés en su conocimiento, pero, como de costumbre, íbamos por sendas distintas. Yo me refería al conocimiento académico que trasciende la experiencia, mientras él hablaba del conocimiento directo del mundo.

—¿A poco crees que conoces el mundo que te rodea? —preguntó.

—Conozco de todo —dije.

—Quiero decir, ¿sientes el mundo que te rodea?

—Siento el mundo que me rodea tanto como puedo.

—Eso no basta. Debes sentirlo todo; de otra manera el mundo pierde su sentido.

Formulé el clásico argumento de que no era necesario probar la sopa para conocer la receta, ni recibir un choque eléctrico para saber de la electricidad.

—Ya transformaste todo en una estupidez —dijo—. Ya veo que quieres agarrarte de tus razones a pesar de que no te dan nada; quieres seguir siendo el mismo aún a costa de tu bienestar.

—No sé de qué habla usted.

—Hablo del hecho de que no estás completo. No tienes paz.

La aserción me molestó. Me sentí ofendido. Pensé que don Juan no estaba calificado en modo alguno para juzgar mis actos ni mi personalidad.

—Estás lleno de problemas —dijo—. ¿Por qué?

—Sólo soy un hombre, don Juan —repuse malhumorado.

Hice la afirmación en la misma vena en que mi padre solía hacerla. Cada vez que decía ser sólo un hombre, implicaba que era débil e indefenso y su frase, como la mía, rebosaba un esencial sentido de desesperanza.

Don Juan me escudriñó como el día en que nos conocimos.

—Piensas demasiado en ti mismo —dijo sonriendo—. Y eso te da una fatiga extraña que te hace cerrarte al mundo que te rodea y agarrarte de tus razones. Por eso tienes solamente problemas. Yo también soy sólo un hombre, pero no lo digo como tú lo dices.

—¿Cómo lo dice usted?

—Yo me he salido de todos mis problemas. Qué lástima que mi vida sea tan corta y no me permita aferrarme de todas las cosas que quisiera. Pero eso no es problema, ni punto de discusión; es sólo una lástima.

Me gustó el tono de sus frases. No había en él desesperación ni compasión por sí mismo.

En 1961, un año después de nuestro primer encuentro,

don Juan me reveló que poseía un conocimento secreto de las plantas medicinales. Me dijo que era brujo. Desde ese punto, cambió la relación entre nosotros; me convertí en su aprendiz y durante los cuatro años siguientes luchó por enseñarme los misterios de la hechicería. He escrito sobre ese aprendizaje en *Las enseñanzas de don Juan: una forma yaqui de conocimiento.*

Nuestras conversaciones fueron todas en español, y gracias al magnífico dominio que don Juan poseía del idioma obtuve explicaciones detalladas de los complejos significados de su sistema de creencias. He llamado brujería a esa intrincada y sistemática estructura de conocimiento, y brujo a don Juan, porque él mismo empleaba tales categorías en la conversación informal. Sin embargo, en el contexto de elucidaciones más serias, usaba los términos "conocimiento" para categorizar la brujería y "hombre de conocimiento" o "el que sabe" para categorizar al brujo.

Con el fin de enseñar y corroborar su conocimiento, don Juan usaba tres conocidas plantas sicotrópicas: peyote, *Lophophora williamsii*; toloache, *Datura inoxia,* y un hongo perteneciente al género *Psylocibe.* A través de la ingestión por separado de cada uno de estos alucinógenos produjo en mí, su aprendiz, unos estados peculiares de percepción distorsionada, o conciencia alterada, que he llamado "estados de realidad no ordinaria". He usado la palabra "realidad" porque una premisa principal en el sistema de creencias de don Juan era que los estados de conciencia producidos por la ingestión de cualquiera de las tres plantas no eran alucinaciones, sino aspectos concretos, aunque no comunes, de la realidad de la vida cotidiana. Don Juan no se comportaba hacia tales estados de realidad no ordinaria "como si" fueran reales; los tomaba "como" reales.

Clasificar como alucinógenos las plantas citadas, y como realidad no ordinaria los estados que producían, es, desde luego, un recurso mío. Don Juan entendía y explicaba las plantas como vehículos que conducían o guiaban a un hombre a ciertas fuerzas o "poderes" impersonales; y los estados que producían, como los "encuentros" que un brujo debía tener con esos "poderes" para ganar control sobre ellos.

Llamaba al peyote "Mescalito" y lo describía como maestro benévolo y protector de los hombres. Mescalito enseñaba la "forma correcta de vivir". El peyote solía ingerirse en reuniones de brujos llamadas "mitotes", donde los participantes se juntaban específicamente para buscar una lección sobre la forma correcta de vivir.

Don Juan consideraba al toloache, y a los hongos, poderes de distinta clase. Los llamaba "aliados" y decía que eran susceptibles a la manipulación; de hecho, un brujo obtenía su fuerza manipulando a un aliado. De los dos, don Juan prefería el hongo. Afirmaba que el poder contenido en el hongo era su aliado personal, y lo llamaba "humo" o "humito".

El procedimiento de don Juan para utilizar los hongos era dejarlos secar dentro de un pequeño guaje, donde se pulverizaban. Mantenía cerrado el guaje durante un año, y luego mezclaba el fino polvo con otras cinco plantas secas y producía una mezcla para fumar en pipa.

Para convertirse en hombre de conocimiento había que "encontrarse" con el aliado tantas veces como fuera posible; había que familiarizarse con él. Esta premisa implicaba, desde luego, que uno debía fumar bastante a menudo la mezcla alucinógena. Este proceso de "fumar" consistía en ingerir el tenue polvo de hongos, que no se incineraba, y en inhalar el humo de las otras cinco plantas que componían la mezcla. Don Juan explicaba los profundos efectos del humo sobre las capacidades de percepción diciendo que "el aliado se llevaba el cuerpo de uno".

El método didáctico de don Juan requería un esfuerzo

extraordinario por parte del aprendiz. De hecho, el grado de participación y compromiso necesario era tan extenuante que a fines de 1965 tuve que abandonar el aprendizaje. Puedo decir ahora, con la perspectiva de los cinco años transcurridos, que en ese tiempo las enseñanzas de don Juan habían empezado a representar una seria amenaza para mi "idea del mundo". Yo empezaba a perder la certeza, común a todos nosotros, de que la realidad de la vida cotidiana es algo que podemos dar por sentado.

En la época de mi retirada, me hallaba convencido de que mi decisión era terminante; no quería volver a ver a don Juan. Sin embargo, en abril de 1968 me facilitaron uno de los primeros ejemplares de mi libro y me sentí compelido a enseñárselo. Fui a visitarlo. Nuestra liga de maestro-aprendiz se restableció misteriosamente, y puedo decir que en esa ocasión inicié un segundo ciclo de aprendizaje, muy distinto del primero. Mi temor no fue tan agudo como lo había sido en el pasado. El ambiente total de las enseñanzas de don Juan fue más relajado. Reía y también me hacía reír mucho. Parecía haber, por parte suya, un intento deliberado de minimizar la seriedad en general. Payaseó durante los momentos verdaderamente cruciales de este segundo ciclo, y así me ayudó a superar experiencias que fácilmente habrían podido volverse obsesivas. Su premisa era la necesidad de una disposición ligera y tratable para soportar el impacto y la extrañeza del conocimiento que me estaba enseñando.

—La razón por la que te asustaste y saliste volado es porque te sientes más importante de lo que crees —dijo, explicando mi retirada previa—. Sentirse importante lo hace a uno pesado, rudo y vanidoso. Para ser hombre de conocimiento se necesita ser liviano y fluido.

El interés particular de don Juan en el segundo ciclo de aprendizaje fue enseñarme a "ver". Aparentemente, había en su sistema de conocimiento la posibilidad de marcar una diferencia semántica entre "ver" y "mirar" como dos modos distintos de percibir. "Mirar" se refería a la manera ordinaria en que estamos acostumbrados a percibir el mundo, mientras que "ver" involucraba un proceso muy complejo por virtud del cual un hombre de conocimiento percibe supuestamente la "esencia" de las cosas del mundo.

Con el fin de presentar en forma legible las complicaciones del proceso de aprendizaje he condensado largos pasajes de preguntas y respuestas, reduciendo así mis notas de campo originales. Creo, sin embargo, que en este punto mi presentación no puede, en absoluto, desvirtuar el significado de las enseñanzas de don Juan. La reducción tuvo el propósito de hacer fluir mis notas, como fluye la conversación, para que tuvieran el impacto deseado; es decir, yo quería comunicar al lector, por medio de un reportaje, el drama y la inmediacidad de la situación de campo. Cada sección que he puesto como capítulo fue una sesión con don Juan. Por regla general, él siempre concluía cada una de nuestras sesiones en una nota abrupta; así, el tono dramático del final de cada capítulo no es un recurso literario de mi cosecha: era un recurso propio de la tradición oral de don Juan. Parecía ser un recurso mnemotécnico que me ayudaba a retener la cualidad dramática y la importancia de las lecciones.

Empero, son necesarias ciertas explicaciones para dar coherencia a mi reportaje, pues su claridad depende de la elucidación de ciertos conceptos clave o unidades clave que deseo destacar. Esta elección de énfasis es congruente con mi interés en la ciencia social. Es perfectamente posible que otra persona, con un conjunto diferente de metas y anticipaciones, resaltara conceptos enteramente distintos de los que yo he elegido.

Durante el segundo ciclo de aprendizaje, don Juan insistió en asegurarme que el uso de la mezcla de fumar era el requisito indispensable para "ver". Por tanto, yo debía usarla con toda la frecuencia posible.

—Sólo el humo te puede dar la velocidad necesaria para vislumbrar ese mundo fugaz —dijo.

Con ayuda de la mezcla sicotrópica, produjo en mí una serie de estados de realidad no ordinaria. La característica saliente de tales estados, en relación a lo que don Juan parecía estar haciendo, era una condición de "inaplicabilidad". Lo que yo percibía en aquellos estados de conciencia alterada era incomprensible e imposible de interpretar por medio de nuestra forma cotidiana de entender el mundo. En otras palabras, la condición de inaplicabilidad acarreaba la cesación de la pertinencia de mi visión del mundo.

Don Juan usó esta condición de inaplicabilidad de los estados de realidad no ordinaria para introducir una serie de nuevas "unidades de significado" preconcebidas. Las unidades de significado eran todos los elementos individuales pertinentes al conocimiento que don Juan se empeñaba en enseñarme. Las he llamado unidades de significado porque eran el conglomerado básico de datos sensoriales, y sus interpretaciones, sobre el cual se erigía un significado más complejo. Una de tales unidades era, por ejemplo, la forma en que se entendía el efecto fisiológico de la mezcla sicotrópica. Ésta producía un entumecimiento y una pérdida de control motriz que en el sistema de don Juan se interpretaban como una acción realizada por el humo, que en este caso era el aliado, con el fin de "llevarse el cuerpo del practicante".

Las unidades de significado se agrupaban en forma específica, y cada bloque así creado integraba lo que llamo una "interpretación sensible". Obviamente, tiene que haber un número infinito de posibles interpretaciones sensibles que son pertinentes a la brujería y que un brujo debe aprender a realizar. En nuestra vida cotidiana, enfrentamos un número infinito de interpretaciones sensibles pertinentes a ella. Un ejemplo sencillo podría ser la interpretación, ya no deliberada, que hacemos veintenas de veces cada día, de la estructura que llamamos "cuarto". Es obvio que hemos aprendido a interpretar en términos de cuarto la estructura que llamamos cuarto; así, cuarto es una interpretación sensible porque requiere que en el momento de hacerla tengamos conocimiento, en una u otra forma, de todos los elementos que entran en su composición. Un sistema de interpretación sensible es, en otras palabras, el proceso por virtud del cual un practicante tiene conocimiento de todas las unidades de significado necesarias para realizar asunciones, deducciones, predicciones, etc., sobre todas las situaciones pertinentes a su actividad.

Al decir "practicante" me refiero a un participante que posee un conocimiento adecuado de todas, o casi todas, las unidades de significado implicadas en su sistema particular de interpretación sensible. Don Juan era un practicante; esto es, era un brujo que conocía todos los pasos de su brujería.

Como practicante, intentaba abrirme acceso a su sistema de interpretación sensible. Tal accesibilidad, en este caso, equivalía a un proceso de resocialización en el que se aprendían nuevas maneras de interpretar datos perceptuales.

Yo era el "extraño", el que carecía de la capacidad de realizar interpretaciones inteligentes y congruentes de las unidades de significado propias de la brujería.

La tarea de don Juan, como practicante ocupado en hacerme accesible su sistema, consistía en descomponer una certeza particular que yo comparto con todo el mundo: la certeza de que la perspectiva "de sentido común" que tenemos del mundo es definitiva. A través del uso de plantas sicotrópicas, y de contactos bien dirigidos entre su sistema extraño y mi persona, logró mostrarme que mi perspectiva del mundo no puede ser definitiva porque sólo es una interpretación.

Para el indio americano, acaso durante miles de años, el vago fenómeno que llamamos brujería ha sido una práctica seria y auténtica, comparable a la de nuestra ciencia. Nuestra dificultad para comprenderla surge, sin duda, de las unidades de significado extrañas con las cuales trata.

Don Juan me dijo una vez que un hombre de conocimiento tiene predilecciones. Le pedí explicar este enunciado.

—Mi predilección es *ver* —dijo.

—¿Qué quiere usted decir con eso?

—Me gusta *ver* —dijo— porque sólo *viendo* puede un hombre de conocimiento saber.

—¿Qué clase de cosas *ve* usted.

—Todo.

—Pero yo también veo todo y no soy un hombre de conocimiento.

—No. Tú no *ves*.

—Por supuesto que sí.

—Te digo que no.

—¿Por qué dice usted eso, don Juan?

—Tú solamente miras la superficie de las cosas.

—¿Quiere usted decir que todo hombre de conocimiento ve a través de lo que mira?

—No. Eso no es lo que quiero decir. Dije que un hombre de conocimiento tiene sus propias predilecciones; la mía es sencillamente *ver* y saber; otros hacen otras cosas.

—¿Qué otras cosas, por ejemplo?

—Ahí tienes a Sacateca: es un hombre de conocimiento y su predilección es bailar. Así que él baila y sabe.

—¿Es la predilección de un hombre de conocimiento algo que él hace para saber?

—Sí, pues.

—¿Pero cómo podría el baile ayudar a Sacateca a saber?

—Podríamos decir que Sacateca baila con todo lo que tiene.

—¿Baila como yo bailo? Digo, ¿cómo se baila?

—Digamos que baila como *yo veo* y no como tú bailas.

—¿También *ve* como usted *ve*?

—Sí, pero también baila.

—¿Cómo baila Sacateca?

—Es difícil explicar eso. Es un baile muy especial que usa cuando quiere saber. Pero lo único que te puedo decir es que, a menos que entiendas los modos del que sabe, es imposible hablar de bailar o de *ver*.

—¿Lo ha *visto* usted bailar?

—Sí. Pero no todo el que mira su baile puede *ver* que ésa es su forma especial de saber.

Yo conocía a Sacateca, o al menos sabía quién era. Nos habían presentado y una vez le invité una cerveza. Se portó con mucha cortesía y me dijo que fuera a su casa con entera libertad en cualquier momento que quisiese. Pensé largo tiempo en visitarlo, pero no se lo dije a don Juan.

La tarde del 14 de mayo de 1962, fui a casa de Sacateca; me había dado instrucciones para llegar y no tuve dificultad en hallarla. Estaba en una esquina y tenía una cerca en torno. La verja estaba cerrada. Di la vuelta para ver si podía atisbar el interior de la casa. Parecía desierta.

—Don Elías —llamé en voz alta. Las gallinas asustadas, se desparramaron por el patio cacareando con furia. Un perrito se llegó a la cerca. Esperé que me ladrara; en vez de ello, se sentó a mirarme. Grité de nuevo y las gallinas estallaron otra vez en cacareos.

Una vieja salió de la casa. Le pedí llamar a don Elías.

—No está —dijo.

—¿Dónde puedo hallarlo?

—Está en el campo.

—¿En qué parte del campo?

—No sé. Ven más tarde. El regresa como a las cinco.

—¿Es usted la mujer de don Elías?

—Sí, soy su mujer —dijo y sonrió.

Traté de hacerle preguntas sobre Sacateca, pero se excusó y dijo que no hablaba bien el español. Subí en mi coche y me alejé.

Volví a la casa a eso de las seis. Me estacioné ante la verja y grité el nombre de Sacateca. Esta vez salió él de la casa. Encendí mi grabadora, que en su estuche de cuero café parecía una cámara colgada de mi hombro. Sacateca pareció reconocerme.

—Ah, eras tú —dijo sonriendo—. ¿Cómo está Juan?

—Muy bien. ¿Pero cómo está usted, don Elías?

No respondió. Parecía nervioso. Pese a su gran compostura exterior, sentí que se hallaba disgustado.

—¿Te mandó Juan con algún recado?

—No. Vine yo solo.

—¿Y para qué?

Su pregunta pareció traicionar sorpresa genuina.

—Nada más quería hablar con usted —dije, tratando de parecer lo más despreocupado posible—. Don Juan me ha contado cosas maravillosas de usted y me entró la curiosidad y quería hacerle unas cuantas preguntas.

Sacateca estaba de pie frente a mí. Su cuerpo era delgado y fuerte. Llevaba camisa y pantalones caqui. Tenía los ojos entrecerrados; parecía adormilado o quizá borracho. Su boca estaba entreabierta y el labio inferior colgaba. Noté su respiración profunda; casi parecía roncar. Se me ocurrió que Sacateca se hallaba sin duda borracho sin medida. Pero esa idea resultaba incongruente, porque apenas unos minutos antes, al salir de su casa, había estado muy alerta y muy consciente de mi presencia.

—¿De qué quieres hablar? —dijo por fin.

La voz sonaba cansada; era como si las palabras reptaran una tras otra. Me sentí muy incómodo. Era como si su fatiga fuese contagiosa y me jalara.

—De nada en particular —respondí—. Nada más vine a que platicáramos como amigos. Usted me invitó una vez a venir a su casa.

—Pues sí, pero esto no es lo mismo.

—¿Por qué no es lo mismo?

—¿Qué no hablas con Juan?

—Sí.

—¿Entonces para qué quieres hablar conmigo?

—Pensé que quizá podría hacerle unas preguntas . . .

—Pregúntale a Juan. ¿Qué no te está enseñando?

—Sí, pero de todos modos me gustaría preguntarle a usted acerca de lo que don Juan me enseña, y tener su opinión. Así podré saber a qué atenerme.

—¿Para qué andas con esas cosas? ¿No te confías en Juan?

—Sí.

—¿Entonces por qué no le preguntas a él todo lo que quieres saber?

—Sí le pregunto. Y me dice todo. Pero si usted también pudiera hablarme de lo que don Juan me enseña, tal vez yo entendería mejor.

—Juan puede decirte todo. El es el único que puede. ¿No entiendes eso?

—Sí, pero es que me gusta hablar con gente como usted, don Elías. No todos los días encuentra uno a un hombre de conocimiento.

—Juan es un hombre de conocimiento.

—Lo sé.

—¿Entonces por qué me estás hablando a mí?

—Ya le dije que vine a que habláramos como amigos.

—No, no es cierto. Tú te traes otra cosa.

Quise explicarme y no pude sino mascullar incoherencias. Sacateca no dijo nada. Parecía escuchar con atención. Tenía de nuevo los ojos entrecerrados, pero sentí que me escudriñaba. Asintió casi imperceptiblemente. Sus párpados se abrieron de pronto, y vi sus ojos. Parecía mirar más allá de mí. Golpeó despreocupadamente el suelo con la punta de su pie derecho, justo atrás de su talón izquierdo. Tenía las piernas levemente arqueadas, los brazos inertes contra los costados. Luego alzó el brazo derecho; la mano estaba abierta con la palma perpendicular al suelo; los dedos extendidos señalaban en mi dirección. Dejó oscilar la mano un par de veces antes de ponerla al nivel de mi rostro. La mantuvo en esa posición durante un instante y me dijo unas cuantas palabras. Su voz era muy clara, pero las palabras se arrastraban.

Tras un momento dejó caer la mano a su costado y permaneció inmóvil, adoptando una posición extraña. Estaba parado en los dedos de su pie izquierdo. Con la punta del pie derecho, cruzado tras el talón del izquierdo, golpeaba el suelo suave y rítmicamente.

Experimenté una aprensión sin motivo, una especie de inquietud. Mis ideas parecían disociadas. Pensaba yo en cosas sin conexión ni sentido que nada tenían que ver con lo que ocurría. Advertí mi incomodidad y traté de encauzar nuevamente mis pensamientos hacia la situación inmediata, pero no pude a pesar de una gran pugna. Era como si alguna fuerza me evitara concentrarme o pensar cosas que vinieran al caso.

Sacateca no había pronunciado palabra, y yo no sabía qué más decir o hacer. En forma totalmente automática, di la media vuelta y me marché.

Más tarde me sentí empujado a narrar a don Juan mi encuentro con Sacateca. Don Juan rió a carcajadas.

—¿Qué es lo que realmente pasó? —pregunté.

—¡Sacateca bailó! —dijo don Juan —. Te *vio*, y después bailó.

—¿Qué me hizo? Me sentí muy frío y mareado.

—Parece que no le caíste bien, y te paró tirándote una palabra.

—¿Cómo pudo hacer eso? —exclamé, incrédulo.

—Muy sencillo; te paró con su voluntad.

—¿Cómo dijo usted?

—¡Te paró con su voluntad!

La explicación no bastaba. Sus afirmaciones me sonaban a jerigonza. Traté de sacarle más, pero no pudo explicar el evento de manera satisfactoria para mí.

Obviamente, dicho evento, o cualquier evento que ocurriese dentro de este ajeno sistema de sentido común, sólo podía ser explicado o comprendido en términos de las unidades de significado propias de tal sistema. Esta obra es, por lo tanto, un reportaje, y debe leerse como reportaje. El sistema en aprendizaje me era incomprensible; así que la pretensión de hacer algo más que reportar sobre él sería engañosa e impertinente. En este aspecto, he adoptado el método fenomelógico y luchado por encarar la brujería exclusivamente como fenómenos que me fueron presentados. Yo, como perceptor, registré lo que percibí, y en el momento de registrarlo me propuse suspender todo juicio.

LOS PRELIMINARES DE "VER"

I

2 de abril, 1968

Don Juan me miró un momento y no pareció en absoluto sorprendido de verme, aunque habían pasado más de dos años desde mi última visita. Me puso la mano en el hombro y sonriendo con suavidad dijo que me veía distinto, que me estaba poniendo gordo y blando.

Yo le había llevado un ejemplar de mi libro. Sin ningún preámbulo, lo saqué de mi portafolio y se lo di.

—Es un libro sobre usted, don Juan —dije.

Él lo tomó y lo hojeó rápidamente como si fuera un mazo de cartas. Le gustaron el color verde del forro y el tamaño del libro. Sintió la cubierta con la palma de las manos, le dio vuelta un par de veces y luego me lo devolvió. Sentí una oleada de orgullo.

—Quiero que usted lo guarde —dije.

Don Juan meneó la cabeza con una risa silenciosa.

—Mejor no —dijo, y luego añadió con ancha sonrisa—: Ya sabes lo que hacemos con el papel en México.

Reí. Su toque de ironía me pareció hermoso.

Estábamos sentados en una banca en el parque de un pueblito en el área montañosa de México central. Yo no había tenido absolutamente ninguna manera de informarle sobre mi intención de visitarlo, pero me había sentido seguro de que lo hallaría, y así fue. Esperé sólo un corto tiempo en ese pueblo antes de que don Juan bajara de las montañas; lo hallé en el mercado, en el puesto de una de sus amistades.

Don Juan me dijo, como si nada, que había llegado yo justo a tiempo para llevarlo de regreso a Sonora, y nos sentamos en el parque a esperar a un amigo suyo, un indio mazateco con quien vivía.

Esperamos unas tres horas. Hablamos de diversas cosas sin importancia, y hacia el final del día, exactamente antes de que llegara su amigo, le relaté algunos eventos que yo había presenciado pocos días antes.

Mientras viajaba a verlo, mi carro se descompuso en las afueras de una ciudad y tuve que quedarme en ella tres días, mientras lo reparaban. Había un motel enfrente del taller mecánico, pero las afueras de las poblaciones siempre me deprimen, así que me alojé en un moderno hotel de ocho pisos en el centro de la ciudad.

El botones me dijo que el hotel tenía restaurante, y cuando bajé a comer descubrí que había mesas en la acera. Era un arreglo bastante bonito, en la esquina de la calle, a la sombra de unos arcos bajos de ladrillo, de líneas modernas. Hacía fresco afuera y había mesas desocupadas, pero preferí sentarme en el interior mal ventilado. Había advertido, al entrar, un grupo de niños limpiabotas sentados en la acera frente al restaurante, y estaba seguro de que me acosarían si tomaba una de las mesas exteriores.

Desde donde me hallaba sentado, podía ver al grupo de muchachos a través del aparador. Un par de jóvenes tomaron una mesa y los niños se congregaron alrededor de ellos, ofreciendo lustrarles los zapatos. Los jóvenes rehusaron y quedé asombrado al ver que los muchachos no insistían y regresaban a sentarse en la acera. Después de un

25

rato, tres hombres en traje de calle se levantaron y se fueron, y los muchachos corrieron a su mesa y empezaron a comer las sobras: en cuestión de segundos los platos se hallaron limpios. Lo mismo ocurrió con las sobras de todas las demás mesas.

Advertí que los niños eran muy ordenados; si derramaban agua la limpiaban con sus propios trapos de lustrar. También advertí lo minucioso de sus procedimientos devoradores. Se comían incluso los cubos de hielo restantes en los vasos de agua y las rebanadas de limón para el té, con todo y cáscara. No desperdiciaban absolutamente nada.

Durante el tiempo que permanecí en el hotel, descubrí que había un acuerdo entre los niños y el administrador del restaurante; a los muchachos se les permitía rondar el local para ganar algún dinero con los clientes, y asimismo comer las sobras, siempre y cuando no molestaran a nadie ni rompieran nada. Había once niños en total, y sus edades iban de los cinco a los doce años; sin embargo, al mayor se le mantenía a distancia del resto del grupo. Lo discriminaban deliberadamente, mofándose de él con una cantinela de que ya tenía vello púbico y era demasiado viejo para andar entre ellos.

Después de tres días de verlos lanzarse como buitres sobre las más escasas sobras, me deprimí verdaderamente, y salí de aquella ciudad sintiendo que no había esperanza para aquellos niños cuyo mundo ya estaba moldeado por su diaria pugna por migajas.

—¿Les tienes lástima? —exclamó don Juan en tono interrogante.

—Claro que sí —dije.

—¿Por qué?

—Porque me preocupa el bienestar de mis semejantes. Esos son niños y su mundo es feo y vulgar.

—¡Espera! ¡Espera! ¿Cómo puedes decir que su mundo

es *feo* y *vulgar?* —dijo don Juan, remedándome con burla—. A lo mejor crees que tú estás mejor, ¿no?

Dije que eso creía, y me preguntó por qué, y le dije que, en comparación con el mundo de aquellos niños, el mío era infinitamente más variado, más rico en experiencias y en oportunidades para la satisfacción y el desarrollo personal. La risa de don Juan fue amistosa y sincera. Dijo que yo no me fijaba en lo que decía, que no tenía manera alguna de saber qué riqueza ni qué oportunidades había en el mundo de esos niños.

Pensé que don Juan se estaba poniendo terco. Creía realmente que sólo me contradecía por molestarme. Me parecía sinceramente que aquellos niños no tenían la menor oportunidad de ningún desarrollo intelectual.

Discutí mi punto de vista un rato más, y luego don Juan me preguntó abruptamente:

—¿No me dijiste una vez que, en tu opinión, lo más grande que alguien podía lograr era llegar a ser hombre de conocimiento?

Lo había dicho, y repetí de nuevo que, en mi opinión, convertirse en hombre de conocimiento era uno de los mayores triunfos intelectuales.

—¿Crees que tu riquísimo mundo podría ayudarte a llegar a ser un hombre de conocimiento? —preguntó don Juan con leve sarcasmo.

No respondí, y él entonces formuló la misma pregunta en otras palabras, algo que yo siempre le hago cuando creo que no entiende.

—En otras palabras —dijo, sonriendo con franqueza, obviamente al tanto de que yo tenía conciencia de su ardid—, ¿pueden tu libertad y tus oportunidades ayudarte a ser hombre de conocimiento?

—¡No! —dije enfáticamente.

—¿Entonces cómo pudiste tener lástima de esos niños?

—dijo con seriedad—. Cualquiera de ellos podría llegar a ser un hombre de conocimiento. Todos los hombres de conocimiento que yo conozco fueron muchachos como ésos que viste comiendo sobras y lamiendo las mesas.

El argumento de don Juan me produjo una sensación incómoda. Yo no había tenido lástima de aquellos niños subprivilegiados porque no tuvieran suficiente de comer, sino porque en mis términos su mundo ya los había condenado a la insuficiencia intelectual. Y sin embargo, en los términos de don Juan, cualquiera de ellos podía lograr lo que yo consideraba el pináculo de la hazaña intelectual humana: la meta de convertirse en hombre de conocimiento. Mi razón para compadecerlos era incongruente. Don Juan me había atrapado en forma impecable.

—Quizá tenga usted razón —dije—. ¿Pero cómo evitar el deseo, el genuino deseo de ayudar a nuestros semejantes?

—¿Cómo crees que podamos ayudarlos?

—Aliviando su carga. Lo menos que uno puede hacer por sus semejantes es tratar de cambiarlos. Usted mismo se ocupa de eso. ¿O no?

—No. No sé qué cosa cambiar ni por qué cambiar cualquier cosa en mis semejantes.

—¿Y yo, don Juan? ¿No me estaba usted enseñando para que pudiera cambiar?

—No, no estoy tratando de cambiarte. Puede suceder que un día llegues a ser un hombre de conocimiento, no hay manera de saberlo, pero eso no te cambiará. Tal vez algún día puedas *ver* a los hombres de otro modo, y entonces te darás cuenta de que no hay manera de cambiarles nada.

—¿Cuál es ese otro modo de ver a los hombres, don Juan?

—Los hombres se ven distintos cuando uno *ve*. El humito te ayudará a *ver* a los hombres como fibras de luz.

—¿Fibras de luz?

—Sí. Fibras, como telarañas blancas. Hebras muy finas que circulan de la cabeza al ombligo. De ese modo, un hombre se ve como un huevo de fibras que circulan. Y sus brazos y piernas son como cerdas luminosas que brotan para todos lados.

—¿Se ven así todos?

—Todos. Además, cada hombre está en contacto con todo lo que lo rodea, pero no a través de sus manos, sino a través de un montón de fibras largas que salen del centro de su abdomen. Esas fibras juntan a un hombre con lo que lo rodea: conservan su equilibrio; le dan estabilidad. De modo que, como quizá *veas* algún día, un hombre es un huevo luminoso ya sea un limosnero o un rey, y no hay manera de cambiar nada; o mejor dicho, ¿qué podría cambiarse en ese huevo luminoso? ¿Qué?

II

Mi visita a don Juan inició un nuevo ciclo. No tuve dificultad alguna en recuperar mi viejo hábito de disfrutar su sentido del drama y su humor y su paciencia conmigo. Sentí claramente que tenía que visitarlo más a menudo. No ver a don Juan era en verdad una gran pérdida para mí; además, yo tenía algo de particular interés que deseaba discutir con él.

Después de terminar el libro sobre sus enseñanzas, empecé a reexaminar las notas de campo no utilizadas. Había descartado una gran cantidad de datos porque mi énfasis se hallaba en los estados de realidad no ordinaria. Repasando mis notas, había llegado a la conclusión de que un brujo hábil podía producir en su aprendiz la más especializada gama de percepción simplemente con "manipular indicaciones sociales". Todo mi argumento sobre la naturaleza de estos procedimientos manipulatorios descansaba en la asunción de que se necesitaba un guía para producir la gama de percepción requerida. Tomé como caso específico de prueba·las reuniones de peyote de los brujos. Sostuve que, en los mitotes, los brujos llegaban a un acuerdo sobre la naturaleza de la realidad sin ningún intercambio abierto de palabras o señales, y mi conclusión fue que los participantes empleaban una clave muy refinada para alcanzar tal acuerdo. Había construido un complejo sistema para explicar el código y los procedimientos, de modo que regresé a ver a don Juan para pedirle su opinión personal y su consejo acerca de mi trabajo.

21 de mayo, 1968
No pasó nada fuera de lo común durante mi viaje para ver a don Juan. La temperatura en el desierto andaba por los cuarenta grados y era casi insoportable. El calor disminuyó al caer la tarde, y al anochecer, cuando llegué a casa de don Juan, había una brisa fresca. No me hallaba muy cansado, de manera que estuvimos conversando en su cuarto. Me sentía cómodo y reposado, y hablamos durante horas. No fue una conversación que me hubiera gustado registrar; yo no estaba en realidad tratando de dar mucho sentido a mis palabras ni de extraer mucho significado; hablamos del tiempo, de las cosechas, del nieto de don Juan, de los yaquis, del gobierno mexicano. Dije a don Juan cuánto disfrutaba la exquisita sensación de hablar en la oscuridad. Contestó que mi gusto estaba de acuerdo con mi naturaleza parlanchina; que me resultaba fácil disfrutar la charla en la oscuridad porque hablar era lo único que yo podía hacer en ese momento, allí sentado. Argumenté que era algo más que el simple hecho de hablar lo

que me gustaba. Dije que saboreaba la tibieza calmante de la oscuridad en torno. El me preguntó qué hacía yo en mi casa cuando oscurecía. Respondí que invariablemente encendía las luces, o salía a la calle hasta la hora de dormir.

—¡Ah! —dijo, incrédulo—. Creía que habías aprendido a usar la oscuridad.

—¿Para qué puede usarse? —pregunté.

Dijo que la oscuridad —y la llamó "la oscuridad del día"— era la mejor hora para "ver". Recalcó la palabra "ver" con una inflexión peculiar. Quise saber a qué se refería, pero dijo que ya era tarde para ocuparnos de eso.

22 de mayo, 1968
Apenas desperté en la mañana, y sin ninguna clase de preliminares, dije a don Juan que había construido un sistema para explicar lo que ocurría en un mitote. Saqué mis notas y le leí lo que había hecho. Escuchó con paciencia mientras yo luchaba por aclarar mis esquemas.

Dije que, según creía, un guía encubierto era necesario para marcar la pauta a los participantes de modo que pudiera llegarse a algún acuerdo pertinente. Señalé que la gente asiste a un mitote en busca de la presencia de Mescalito y de sus lecciones sobre la forma correcta de vivir, y que tales personas jamás cruzan entre sí una sola palabra o señal, pero concuerdan acerca de la presencia de Mescalito y de su lección específica. Al menos, eso era lo que supuestamente habían hecho en los mitotes donde yo estuve: concordar en que Mescalito se les había aparecido individualmente para darles una lección. En mi experiencia personal, descubrí que la forma de la visita individual de Mescalito y su consiguiente lección eran notoriamente homogéneas, si bien su contenido variaba de persona a persona. No podía explicar esta homogeneidad sino como resultado de un sutil y complejo sistema de señas.

31

Me llevó casi dos horas leer y explicar a don Juan el sistema que había construido. Terminé con la súplica de que me dijese, en sus propias palabras, cuáles eran los procedimientos exactos para llegar a tal acuerdo.

Cuando hube acabado, don Juan frunció el entrecejo. Pensé que mi explicación le había resultado un reto; parecía hallarse sumido en honda deliberación.

Tras un silencio que consideré razonable le pregunté qué pensaba de mi idea.

La pregunta hizo que su ceño se transformara de pronto en sonrisa y luego en carcajadas. Traté de reír también y, nervioso, le pregunté qué cosa tenía tanta gracia.

—¡Estás más loco que una cabra! —exclamó—. ¿Por qué iba alguien a molestarse en hacer señas en un momento tan importante como un mitote? ¿Crees que uno puede jugar con Mescalito?

Por un instante pensé que trataba de evadirse; no estaba respondiendo realmente mi pregunta.

—¿Por qué habría uno de hacer señas? —inquirió don Juan tercamente—. Tú has estado en mitotes. Deberías de saber que nadie te dijo cómo sentirte ni qué hacer; nadie sino el mismo Mescalito.

Insistí que tal explicación no era posible y le rogué de nuevo que me dijera cómo se llegaba al acuerdo.

—Sé por qué viniste —dijo don Juan en tono misterioso—. No puedo ayudarte en tu labor porque no hay sistema de señales.

—¿Pero cómo pueden todas esas personas estar de acuerdo sobre la presencia de Mescalito?

—Están de acuerdo porque *ven* —dijo don Juan con dramatismo, y luego añadió en tono casual—: ¿Por qué no asistes a otro mitote y *ves* por ti mismo?

Sentí que me tendía una trampa. Sin decir nada, guardé mis notas. Don Juan no insistió.

Un rato después me pidió llevarlo a casa de un amigo. Pasamos allí la mayor parte del día. Durante el curso de una conversación, su amigo John me preguntó qué había sido de mi interés en el peyote. John había dado los botones de peyote para mi primera experiencia, casi ocho años antes. No supe qué decirle. Don Juan salió en mi ayuda y dijo a John que yo iba muy bien.

De regreso a casa de don Juan, me sentí obligado a comentar la pregunta de John y dije, entre otras cosas, que no tenía intenciones de aprender más sobre el peyote, porque eso requería un tipo de valor que yo no tenía, y que al declarar mi renuncia había hablado en serio. Don Juan sonrió y no dijo nada. Yo seguí hablando hasta que llegamos a su casa.

Nos sentamos en el espacio despejado frente a la puerta. Era un día cálido y sin nubes, pero en el atardecer había suficiente brisa para hacerlo agradable.

—¿Para qué le das tan duro? —dijo de pronto don Juan—. ¿Cuántos años llevas diciendo que ya no quieres aprender?

—Tres.

—¿Y por qué tanta vehemencia?

—Siente que lo estoy traicionando a usted, don Juan. Creo que ése es el motivo de que siempre hable de eso.

—No me estás traicionando.

—Le fallé. Me corrí. Me siento derrotado.

—Haces lo que puedes. Además, todavía no estás derrotado. Lo que tengo que enseñarte es muy difícil. A mí, por ejemplo, me resultó quizá más duro que a ti.

—Pero usted siguió adelante, don Juan. Mi caso es distinto. Yo dejé todo, y no he venido a verlo por deseos de aprender, sino a pedirle que me aclarara un punto en mi trabajo.

Don Juan me miró un momento y luego apartó los ojos.

—Deberías dejar que el humo te guiara otra vez —dijo con energía.

—No, don Juan. No puedo volver a usar su humo. Creo que ya me agoté.

—Ni siquiera has comenzado.

—Tengo demasiado miedo.

—Conque tienes miedo. No hay nada de nuevo en tener miedo. No pienses en tu miedo. ¡Piensa en las maravillas de *ver*!

—Quisiera sinceramente poder pensar en esas maravillas, pero no puedo. Cuando pienso en su humo siento que una especie de oscuridad me cae encima. Es como si ya no hubiera gente en el mundo, nadie con quien contar. Su humo me ha enseñado soledad sin fin, don Juan.

—Eso no es cierto. Aquí estoy yo, por ejemplo. El humo es mi aliado y yo no siento esa soledad.

—Pero usted es distinto; usted conquistó su miedo.

Don Juan me dio suaves palmadas en el hombro.

—Tú no tienes miedo —dijo con dulzura. En su voz había una extraña acusación.

—¿Estoy mintiendo acerca de mi miedo, don Juan?

—No me interesan las mentiras —dijo, severo—. Me interesa otra cosa. La razón de que no quieras aprender no es que tengas miedo. Es otra cosa.

Lo insté con vehemencia a decirme qué cosa era. Se lo supliqué, pero él no dijo nada; sólo meneó la cabeza como negándose a creer que yo no lo supiera.

Le dije que tal vez la inercia era lo que me impedía aprender. Quiso saber el significado de la palabra "inercia". Leí en mi diccionario: "La tendencia de los cuerpos en reposo a permanecer en reposo, o de los cuerpos en movimiento a seguir moviéndose en la misma dirección, mientras no sean afectados por alguna fuerza exterior."

—"Mientras no sean afectados por alguna fuerza exterior" —repitió—. Esa es la mejor palabra que has hallado. Ya te lo he dicho, sólo a un chiflado se le ocurriría emprender por cuenta propia la tarea de hacerse hombre de conocimiento. A un cuerdo hay que hacerle una artimaña para que la emprenda.

—Estoy seguro de que habrá montones de gente que emprenderían con gusto la tarea —dije.

—Sí, pero ésos no cuentan. Casi siempre están rajados. Son como guajes que por fuera se ven buenos, pero gotean al momento que uno les pone presión, al momento que uno los llena de agua. Ya una vez tuve que hacerte una treta para que aprendieras, igual que mi benefactor me lo hizo a mí. De otro modo, no habrías aprendido tanto como aprendiste. A lo mejor es hora de ponerte otra trampa.

La trampa a la que se refería fue uno de los puntos cruciales en mi aprendizaje. Había ocurrido años atrás, pero en mi mente se hallaba tan vívido como si acabara de suceder. A través de manipulaciones muy hábiles, don Juan me había forzado a una confrontación directa y aterradora con una mujer que tenía fama de bruja. El choque produjo una profunda animosidad por parte de ella. Don Juan explotó mi temor a la mujer como estímulo para continuar el aprendizaje, aduciendo que me era necesario saber más de brujería para protegerme contra ataques mágicos. Los resultados finales de su treta fueron tan convincentes que sentí sinceramente no tener más recurso que el de aprender todo lo posible, si deseaba seguir con vida.

—Si está usted planeando darme otro susto con esa mujer, simplemente no vuelvo más por aquí —dije.

La risa de don Juan fue muy alegre.

—No te apures —dijo, confortante—. Las tretas de miedo ya no sirven para ti. Ya no tienes miedo. Pero de ser necesario, se te puede hacer una artimaña dondequiera que estés; no tienes que andar por aquí.

Puso los brazos tras la cabeza y se acostó a dormir. Trabajé en mis notas hasta que despertó, un par de horas después; ya estaba casi oscuro. Al advertir que yo escribía, se irguió y, sonriendo, preguntó si me había escrito la solución de mi problema.

23 de mayo, 1968
Hablábamos de Oaxaca. Dije a don Juan que una vez yo había llegado a la ciudad en día de mercado, cuando veintenas de indios de toda la zona se congregan allí para vender comida y toda clase de chucherías. Mencioné que me había interesado particularmente un vendedor de plantas medicinales. Llevaba un estuche de madera y en él varios frasquitos con plantas secas deshebradas; se hallaba de pie a media calle con un frasco en la mano, gritando una cantinela muy peculiar.

—Aquí traigo —decía— para las pulgas, los mosquitos, los piojos, y las cucarachas.

"También para los puercos, los caballos, los chivos y las vacas.

"Aquí tengo para todas las enfermedades del hombre.

"Las paperas, las viruelas, el reumatismo y la gota.

"Aquí tragio para el corazón, el hígado, el estómago y el riñón.

"Acérquense, damas y caballeros.

"Aquí traigo para las pulgas, los mosquitos, los piojos, y las cucarachas".

Lo escuché largo rato. Su formato consistía en enumerar una larga lista de enfermedades humanas para las que afirmaba traer cura; el recurso que usaba para dar ritmo a su cantinela era hacer una pausa tras nombrar un grupo de cuatro.

Don Juan dijo que él también solía vender hierbas en el mercado de Oaxaca cuando era joven. Dijo que aún

36

recordaba su pregón y me lo gritó. Dijo que él y su amigo Vicente solían preparar pociones.

—Esas pociones eran buenas de· verdad —dijo don Juan—. Mi amigo Vicente hacía magníficos extractos de plantas.

Dije a don Juan que, durante uno de mis viajes a México, había conocido a su amigo Vicente. Don Juan pareció sorprenderse y quiso saber más al respecto.

Aquella vez, iba yo atravesando Durango y recordé que en cierta ocasión don Juan me había recomendado visitar a su amigo, que vivía allí. Lo busqué y lo encontré, y hablamos un rato. Al despedirnos, me dio un costal con algunas plantas y una serie de instrucciones para replantar una de ellas.

Me detuve de camino a la ciudad de Aguascalientes. Me cercioré de que no hubiera gente cerca. Durante unos diez minutos, al menos, había ido observando la carretera y las áreas circundantes. No se veía ninguna casa, ni ganado pastando a los lados del camino. Me detuve en lo alto de una loma; desde allí podía ver la pista frente a mí y a mis espaldas. Se hallaba desierta en ambas direcciones, en toda la distancia que yo alcanzaba a percibir. Dejé pasar unos minutos para orientarme y para recordar las instrucciones de don Vicente. Tomé una de las plantas, me adentré en un campo de cactos al lado este del camino, y la planté como don Vicente me había indicado. Llevaba conmigo una botella de agua mineral con la que planeaba rociar la planta. Traté de abrirla golpeando la tapa con la pequeña barra de hierro que había usado para cavar, pero la botella estalló y una esquirla de vidrio hirió mi labio superior y lo hizo sangrar.

Regresé a mi coche por otra botella de agua mineral. Cuando la sacaba de la cajuela, un hombre que conducía una camioneta VW se detuvo y preguntó si necesitaba ayuda. Le dije que todo estaba en orden y se alejó. Fui a regar la planta y luego eché a andar nuevamente hacia el auto. Unos treinta metros antes de llegar, oí voces. Descendí apresurado una cuesta, hasta la carretera, y hallé tres personas junto al coche: dos hombres y una mujer. Uno de los hombres había tomado asiento en el parachoques delantero. Tendría alrededor de treinta y cinco años; estatura mediana; cabello negro rizado. Cargaba un bulto a la espalda y vestía pantalones viejos y una camisa rosácea descosida. Sus zapatos estaban desatados y eran quizá demasiado grandes para sus pies; parecían flojos e incómodos. El hombre sudaba profusamente.

El otro hombre estaba de pie a unos cinco metros del auto. Era de huesos pequeños, más bajo que el primero; tenía el pelo lacio, peinado hacia atrás. Portaba un bulto más pequeño y era mayor, acaso cincuentón. Su ropa se encontraba en mejores condiciones. Vestía una chaqueta azul oscuro, pantalones azul claro y zapatos negros. No sudaba en absoluto y parecía ajeno, desinteresado.

La mujer representaba también unos cuarenta y tantos años. Era gorda y muy morena. Vestía capris negros, suéter blanco y zapatos negros puntiagudos. No llevaba ningún bulto, pero sostenía un radio portátil de transistores. Se veía muy cansada; perlas de sudor cubrían su rostro.

Cuando me acerqué, la mujer y el hombre más joven me acosaron. Querían ir conmigo en el auto. Les dije que no tenía espacio. Les mostré que el asiento de atrás iba lleno de carga y que en realidad no quedaba lugar. El hombre sugirió que, si manejaba yo despacio, ellos podían ir trepados en el parachoques trasero, o acostados en el guardafango delantero. La idea me pareció ridícula. Pero había tal urgencia en la súplica que me sentí muy triste e incómodo. Les di algo de dinero para su pasaje de autobús.

El hombre más joven tomó los billetes y me dio las gracias, pero el mayor volvió desdeñoso la espalda.

—Quiero transporte —dijo—. No me interesa el dinero.

Luego se volvió hacia mí.

—¿No puede darnos algo de comida o de agua? —preguntó.

Yo en verdad no tenía nada que darles. Se quedaron allí de pie un momento, mirándome, y luego empezaron a alejarse.

Subí en el coche y traté de encender el motor. El calor era muy intenso y al parecer el motor estaba ahogado. Al oír fallar el arranque, el hombre menor se detuvo y regresó y se paró atrás del auto, listo para empujarlo. Sentí una·aprensión tremenda. De hecho, jadeaba con desesperación. Por fin, el motor encendió y me fui a toda marcha.

Cuando hube terminado de relatar esto, don Juan permaneció ensimismado un largo rato.

—¿Por qué no me habías contado esto antes? —dijo sin mirarme.

No supe qué decir. Alcé los hombros y le dije que jamás lo consideré importante.

—¡Es bastante importante! —dijo—. Vicente es un brujo de primera. Te dio algo que plantar porque tenía sus razones, y si después de plantarlo te encontraste con tres gentes como salidas de la nada, también para eso había razón, pero sólo un tonto como tú echaría la cosa al olvido creyéndola sin importancia.

Quiso saber con exactitud qué había ocurrido cuando visité a don Vicente.

Le dije que iba yo atravesando la ciudad y pasé por el mercado; entonces se me ocurrió la idea de buscar a don Vicente. Entré en el mercado y fui a la sección de hierbas medicinales. Había tres puestos en fila, pero los atendían tres mujeres gordas. Caminé hasta el fin del pasadizo y hallé otro puesto a la vuelta de la esquina. En él vi a un hombre delgado, de huesos pequeños y cabello blanco. En esos momentos se hallaba vendiendo una jaula de pájaros a una mujer.

Esperé hasta que estuvo solo y luego le pregunté si conocía a don Vicente Medrano. Me miró sin responder.

—¿Qué se trae usted con ese Vicente Medrano? —dijo al fin.

Respondí que había venido a visitarlo de parte de su amigo, y di el nombre de don Juan. El viejo me miró un instante y luego dijo que él era Vicente Medrano, para servirme. Me invitó a tomar asiento. Parecía complacido, muy reposado, y genuinamente amistoso. Sentí un lazo inmediato de simpatía entre nosotros. Me contó que conocía a don Juan desde que ambos tenían veintitantos años. Don Vicente no tenía sino palabras de alabanza para don Juan.

—Juan es un verdadero hombre de conocimiento —dijo en tono vibrante hacia el final de nuestra conversación—. Yo sólo me he ocupado a la ligera de los poderes de las plantas. Siempre me interesaron sus propiedades curativas; hasta coleccioné libros de botánica, que vendí apenas hace poco.

Permaneció silencioso un momento; se frotó la barbilla un par de veces. Parecía buscar una palabra adecuada.

—Podemos decir que yo soy sólo un hombre de conocimiento lírico —dijo—. No soy como Juan, mi hermano indio.

Don Vicente quedó otro instante en silencio. Sus ojos, empañados, estaban fijos en el suelo a mi izquierda. Luego se volvió hacia mí y dijo casi en un susurro:

—¡Ah, qué alto vuela mi hermano indio!

Don Vicente se puso en pie. Al parecer, nuestra conversación había terminado.

Si cualquiera otro hubiese hecho una frase sobre un

hermano indio, yo la habría considerado un estereotipo vulgar. Pero el tono de don Vicente era tan sincero, y sus ojos tan claros, que me embelesó con la imagen de su hermano indio en tan altos vuelos. Y creí que hablaba su sentir.

—¡Qué conocimiento lírico ni qué la chingada! —exclamó don Juan cuando hube narrado el incidente completo—. Vicente es brujo. ¿Por qué fuiste a verlo?

Le recordé que él mismo me había pedido visitar a don Vicente.

—¡Eso es absurdo! —exclamó con dramatismo—. Te dije: algún día, cuando sepas *ver*, has de visitar a mi amigo Vicente; eso fue lo que dije. Por lo visto no me escuchaste.

Repuse que no veía daño alguno en haber conocido a don Vicente; que sus modales y su amabilidad me encantaron.

Don Juan meneó la cabeza de lado a lado y, medio en broma, expresó su perplejidad ante lo que llamó mi "desconcertante buena suerte". Dijo que mi visita a don Vicente había sido como entrar en el cubil de un león armado con una ramita. Don Juan parecía agitado, pero no me era posible ver motivo alguno para su preocupación. Don Vicente era una bella persona. Se veía muy frágil; sus ojos extrañamente obsesionantes le daban un aspecto casi etéreo. Pregunté a don Juan cómo podía resultar peligrosa una persona así de bella.

—Eres un idiota —respondió, y durante un momento su rostro se hizo severo—. El por sí solo no te causaría ningún daño. Pero el conocimiento es poder, y una vez que un hombre emprende el camino del conocimiento ya no es responsable de lo que pueda pasarle a quienes entran en contacto con él. Deberías haberlo visitado cuando supieras lo bastante para defenderte; no de él, sino del poder que él ha enganchado, que, dicho sea de paso, no es suyo ni de nadie. Al oír que tú me conocías, Vicente supuso que sabías protegerte y te hizo un regalo. Por lo visto le caíste bien y te ha de haber hecho un gran regalo, y tú lo perdiste. ¡Qué lástima!

24 de mayo, 1968

Llevaba yo casi todo el día acosando a don Juan para que me hablase del regalo de don Vicente. Le había señalado, en distintas formas, que él debía tener en cuenta nuestras diferencias; lo que para él resultaba evidente podía ser enteramente incomprensible para mí.

—¿Cuántas plantas te dio? —preguntó por fin.

Dije que cuatro, pero de hecho no recordaba. Luego don Juan quiso saber con exactitud qué había ocurrido entre que dejé a don Vicente y me detuve al lado del camino. Pero tampoco me acordaba de eso.

—El número de plantas es importante, y también el orden de los hechos —dijo—. ¿Cómo voy a decirte qué era el regalo si no recuerdas lo que pasó?

Luché, sin éxito, por visualizar la secuencia de eventos.

—Si recordaras todo lo que pasó —dijo don Juan—, yo podría al menos decirte cómo desperdiciaste tu regalo.

Don Juan parecía muy inquieto. Me instó con impaciencia a acordarme, pero mi memoria era un blanco casi total.

—¿Qué cree usted que hice mal, don Juan? —dije, sólo para prolongar la conversación.

—Todo.

—Pero seguí las instrucciones de don Vicente al pie de la letra.

—¿Y qué? ¿No entiendes que seguir sus instrucciones carecía de sentido?

—¿Por qué?

—Porque esas instruciones estaban hechas para alguien

capaz de *ver*, y no para un idiota que por pura suerte salió con vida. Fuiste a ver a Vicente sin estar preparado. Le caíste bien y te hizo un regalo. Y ese regalo pudo fácilmente haberte costado la vida.

—¿Pero por qué me dio algo tan serio? Si es brujo, debió haber sabido que yo no sé nada.

—No, no podía haber *visto* eso. Tú apareces como si supieras, pero en realidad no sabes gran cosa.

Declaré mi sincera convicción de no haber dado nunca, al menos a propósito, una imagen falsa de mí mismo.

—Yo no decía eso —repuso—. Si te hubieras dado aires, Vicente habría *visto* tu juego. Esto es algo peor que darse aires. Cuando yo te *veo*, te me apareces como si *supieras* mucho, y sin embargo yo sé que no *sabes*.

—¿Qué es lo que parezco saber, don Juan?

—Secretos de poder, por supuesto; el conocimiento de un brujo. Así que cuando Vicente te *vio* te hizo un regalo, y tú hiciste con él lo que hace un perro con la comida cuando tiene la panza llena. Un perro se orina en la comida cuando ya no quiere comer más, para que no se la coman otros perros. Tú hiciste lo mismo con el regalo. Ahora nunca sabremos qué ocurrió en verdad. Has perdido muchísimo. ¡Qué desperdicio!

Estuvo callado un tiempo; luego alzó los hombros y sonrió.

—Es inútil quejarse —dijo—, pero es difícil no quejarse. Los regalos de poder ocurren muy rara vez en la vida; son únicos y preciosos. Mírame a mí, por ejemplo; nadie me ha hecho nunca un regalo de ésos. Que yo sepa, a muy poca gente le ha tocado tal cosa. Perder algo así de único es una vergüenza.

—Entiendo lo que quiere usted decir, don Juan —dije—. ¿Hay algo que yo pueda hacer ahora para salvar el regalo?

Rió y repitió varias veces: "Salvar el regalo."

—Eso suena bien —dijo—. Me gusta. Pero no hay nada que pueda hacerse para salvar tu regalo.

25 de mayo, 1968
Este día, don Juan empleó casi todo su tiempo en mostrarme cómo arma trampas sencillas para animales pequeños. Estuvimos cortando y limpiando ramas durante la mayor parte de la mañana. Yo tenía muchas preguntas en mente. Traté de hablarle mientras trabajábamos, pero él lo tomó en chiste y dijo que, de nosotros dos, sólo yo podía mover manos y boca al mismo tiempo. Finalmente nos sentamos a descansar y solté una pregunta.

—¿Cómo es *ver*, don Juan?

—Para saber eso tienes que aprender a *ver*. Yo no puedo decírtelo.

—¿Es un secreto que yo no debería saber?

—No. Es nada más que no puedo describirlo.

—¿Por qué?

—No tendría sentido para ti.

—Haga usted la prueba, don Juan. Quizá lo tenga.

—No. Tienes que hacerlo tú solo. Una vez que aprendas, puedes *ver* cada cosa del mundo en forma diferente.

—Entonces, don Juan, usted ya no ve el mundo en la forma acostumbrada.

—Veo de los dos modos. Cuando quiero *mirar* el mundo lo veo como tú. Luego, cuando quiero *verlo*, lo miro como yo sé y lo percibo en forma distinta.

—¿Se ven las cosas del mismo modo cada vez que usted las *ve*?

—Las cosas no cambian. Uno cambia la forma de verlas, eso es todo.

—Quiero decir, don Juan, que si usted, por ejemplo, *ve* el mismo árbol, ¿sigue siendo el mismo cada vez que usted lo *ve*?

—No. Cambia, y sin embargo es el mismo.

—Pero si el mismo árbol cambia cada vez que usted lo *ve*, el *ver* puede ser una simple ilusión.

Rió y estuvo un rato sin responder; parecía estar pensando. Por fin dijo:

—Cuando tú miras las cosas no las *ves*. Sólo las miras, yo creo que para cerciorarte de que algo está allí. Como no te preocupa *ver*, las cosas son bastante lo mismo cada vez que las miras. En cambio, cuando aprendes a *ver*, una cosa no es nunca la misma cada vez que la *ves*, y sin embargo es la misma. Te dije, por ejemplo, que un hombre es como un huevo. Cada vez que *veo* al mismo hombre *veo* un huevo, pero no es el mismo huevo.

—Pero no podrá usted reconocer nada, pues nada es lo mismo, así que ¿cuál es la ventaja de aprender a *ver*?

—Puedes distinguir una cosa de otra. Puedes verlas como realmente son.

—¿No veo yo las cosas como realmente son?

—No. Tus ojos sólo han aprendido a mirar. Por ejemplo, esos tres que te encontraste. Me los describiste en detalle, y hasta me dijiste qué ropa llevaban. Y eso solamente me demostró que no los *viste* para nada. Si fueras capaz de *ver* habrías sabido en el acto que no eran gente.

—¿No eran gente? ¿Qué eran?

—No eran gente, eso es todo.

—Pero eso es imposible. Eran exactamente como usted o como yo.

—No, no eran. Estoy seguro.

Le pregunté si eran fantasmas, espíritus, o almas de difuntos. Su respuesta fue que ignoraba lo que eran fantasmas, espíritus y almas.

Le traduje la definición que el *New World Dictionary* de Webster asigna a la palabra fantasma: "El supuesto espíritu desencarnado de una persona muerta que, según se concibe, aparece a los vivos como una aparición pálida, penumbrosa." Y luego la definición de espíritu: "Un ser sobrenatural, especialmente uno al que se considera... fantasma, o habitante de cierta región, poseedor de cierto carácter (bueno o malo)."

Dijo que tal vez podría llamárseles espíritus, aunque la definición del diccionario no era muy adecuada para describirlos.

—¿Son alguna especie de guardianes? —pregunté.

—No. No guardan nada.

—¿Son cuidadores? ¿Nos están vigilando?

—Son fuerzas, ni buenas ni malas; sólo fuerzas que un brujo aprende a ponerles rienda.

—¿Son esos los aliados, don Juan?

—Sí, son los aliados de un hombre de conocimiento.

Ésta era la primera vez, en los ocho años de nuestra relación, que don Juan se había acercado a una definición de "aliado". Debo habérselo pedido docenas de veces. Por lo general ignoraba mi pregunta, diciendo que yo sabía qué era un aliado y que resultaba estúpido definir lo que yo ya sabía. La declaración directa de don Juan sobre la naturaleza de los aliados era toda una novedad, y me vi compelido a aguijarlo.

—Usted me dijo que los aliados estaban en las plantas —dije—, en el toloache y en los hongos.

—Jamás te he dicho tal cosa —dijo con gran convicción—. Tú siempre sales con tus propias conclusiones.

—Pero lo escribí en mis notas, don Juan.

—Puedes escribir lo que se te dé la gana, pero no me salgas con que dije eso.

Le recordé que, en un principio, me había dicho que el aliado de su benefactor era el toloache y que el suyo propio era el humito, y que más tarde había aclarado diciendo que el aliado se hallaba contenido en cada planta.

—No. Eso no es correcto —dijo, frunciendo el entrecejo—. Mi aliado es el humito, pero eso no significa que mi aliado esté en la mezcla de fumar, o en los hongos, o en mi pipa. Todos tienen que juntarse para poder llevarme con el aliado, y a ese aliado le digo humito por razones propias.

Don Juan dijo que las tres personas que había encontrado, a quienes llamó "los que no son gente" eran en realidad los aliados de don Vicente.

Le recordé su premisa de que la diferencia entre un aliado y Mescalito era que un aliado no podía verse, mientras que resultaba fácil ver a Mescalito.

Entonces nos metimos en una larga discusión. El dijo haber establecido la idea de que un aliado no podía verse porque adoptaba cualquier forma. Cuando señalé que en una ocasión me había dicho que Mescalito también adoptaba cualquier forma, don Juan desistió de la conversación, diciendo que el "ver" al cual se refería no era el ordinario "mirar las cosas" y que mi confusión nacía de mi insistencia en hablar.

Horas más tarde, él mismo reinició el tema de los aliados. Sintiéndolo algo molesto por mis preguntas, yo no lo había presionado más. Estaba enseñándome cómo hacer una trampa para conejos; yo debía sostener una vara larga y doblarla lo más posible, para que él atara un cordel en torno a los extremos. La vara era bastante delgada, pero aún así se requería fuerza considerable para doblarla. La cabeza y los brazos me vibraban a causa del esfuerzo, y me hallaba casi agotado cuando él ató por fin el cordel.

Nos sentamos y empezó a hablar. Dijo que obviamente yo no podía comprender nada a menos que hablase de ello, y que mis preguntas no lo molestaban e iba a hablarme de los aliados.

47

—El aliado no está en el humo —dijo—. El humo te lleva adonde está el aliado, y cuando te haces uno con el aliado ya no tienes que volver a fumar. De allí en adelante puedes convocar a tu aliado cuantas veces quieras, y hacer que haga lo que se te antoje.

"Los aliados no son buenos ni malos; los brujos los usan para cualquier propósito que les convenga. A mí me gusta el humito como aliado porque no me exige gran cosa. Es constante y justo."

—¿Qué aspecto tiene para usted un aliado, don Juan? Por ejemplo, esas tres personas que vi, que me parecieron gente común, ¿qué habrían parecido para usted?

—Habrían parecido gente común.

—¿Entonces cómo los distingue usted de la gente de verdad?

—Los que son de verdad gente aparecen como huevos luminosos cuando uno los *ve*. Los que no son gente aparecen siempre como gente. A eso me refería cuando dije que no hay manera de *ver* a un aliado. Los aliados adoptan formas diversas. Parecen perros, coyotes, pájaros, hasta huizaches, o lo que sea. La única diferencia es que, cuando los *ves*, aparecen así como lo que están fingiendo ser. Todo tiene su modo de ser, cuando uno *ve*. Igual que los hombres se ven como huevos, las otras cosas se ven como algo más, pero los aliados nada más pueden verse en la forma que están tratando de ser. Esa forma es lo bastante buena para engañar a los ojos; digo, a nuestro ojos. A un perro jamás lo engañan, ni a un cuervo.

—¿Por qué quieren engañarnos?

—Creo que los engañados somos nosotros. Nos hacemos tontos solos. Los aliados nada más adoptan la apariencia de lo que haya por ahí y entonces nosotros los tomamos por lo que no son. No es culpa suya que sólo hayamos enseñado a nuestros ojos a mirar las cosas.

48

—No tengo clara la función de los aliados, don Juan. ¿Qué hacen en el mundo?

—Eso es como si me preguntaras qué hacemos nosotros los hombres en el mundo. Palabra que no sé. Aquí estamos, eso es todo. Y los aliados están aquí como nosotros, y a lo mejor estuvieron antes de nosotros.

—¿Cómo antes de nosotros, don Juan?

—Nosotros los hombres no siempre hemos estado aquí.

—¿Quiere usted decir aquí en este país o aquí en el mundo?

En este punto nos metimos en otro largo debate. Don Juan dijo que para él sólo había el mundo, el sitio donde asentaba sus pies. Le pregunté cómo sabía que no siempre habíamos estado en el mundo.

—Muy sencillo —dijo—. Los hombres sabemos muy poco del mundo. Un coyote sabe mucho más que nosotros. A un coyote casi nunca lo engaña la apariencia del mundo.

—¿Y entonces cómo podemos atraparlos y matarlos? —pregunté—. Si las apariencias no los engañan, ¿cómo es que mueren tan fácilmente?

Don Juan se me quedó mirando hasta incomodarme.

—Podemos atrapar o envenenar o balacear a un coyote —dijo—. En cualquier forma que lo hagamos, un coyote es presa fácil para nosotros porque no está al tanto de las maquinaciones del hombre. Pero si el coyote sobrevive, puedes tener la seguridad de que jamás volveremos a darle alcance. Un buen cazador sabe eso y nunca pone su trampa dos veces en el mismo sitio, porque si un coyote muere en una trampa todos los demás coyotes *ven* su muerte, que se queda allí, y evitan la trampa o hasta el rumbo donde la pusieron. Nosotros, en cambio, jamás *vemos* la muerte que se queda en el sitio donde uno de nuestros semejantes muere; tal vez lleguemos a sospecharla, pero nunca la *vemos*.

49

—¿Puede un coyote *ver* a un aliado?

—Claro.

—¿Qué parece un aliado para un coyote?

—Tendría yo que ser coyote para saber eso. Puedo decirte, sin embargo, que para un cuervo parece un sombrero puntiagudo. Redondo y ancho por abajo, terminado en una punta larga. Algunos brillan, pero la mayoría son opacos y parecen muy pesados. Parecen un trozo de tela empapado de agua. Son formas imponentes.

—¿Cómo qué aparecen cuando usted los *ve*, don Juan?

—Ya te dije: aparecen como lo que estén fingiendo ser. Toman el tamaño y la forma que les acomoda. Pueden ser piedritas o montañas.

—¿Hablan, ríen, o hacen algún ruido?

—Entre hombres se portan como hombres. Entre animales se portan como animales. Los animales suelen tenerles miedo, pero si están acostumbrados a ver aliados, los dejan en paz. Nosotros mismos hacemos algo parecido. Tenemos montones de aliados entre nosotros, pero no los molestamos. Como nuestros ojos sólo pueden mirar las cosas, no los advertimos.

—¿Quiere usted decir que algunas de las personas que veo en la calle no son en realidad gente? —pregunté, auténticamente desconcertado por su aseveración.

—Algunas no lo son —dijo con énfasis.

Su afirmación me parecía descabellada, pero no me era posible concebir seriamente que don Juan dijera una cosa así sólo por efectismo. Le dije que me sonaba a un cuento de ciencia ficción sobre seres de otro planeta. Dijo que no le importaba cómo sonara, pero que alguna gente en la calle no era gente.

—¿Por qué debes pensar que cada persona en una multitud en movimiento es un ser humano? —preguntó con aire de seriedad extrema.

50

No me era posible, en verdad, explicar por qué; sólo que me hallaba habituado a creerlo como un acto de fe pura por mi parte.

Don Juan siguió diciendo cuánto le gustaba observar sitios ajetreados, con mucha gente, y cómo a veces *veía* una multitud de seres que parecían huevos, y entre la masa de criaturas oviformes localizaba una que tenía todas las apariencias de una persona.

—Se goza mucho haciendo eso —dijo, riendo—, o al menos yo lo disfruto. Me gusta sentarme en parques y en terminales y observar. A veces localizo en el acto a un aliado; otras veces sólo puedo *ver* gente de verdad. Una vez vi dos aliados sentados en un autobús, lado a lado. Esa es la única vez en mi vida que he visto dos juntos.

—¿Tenía algún sentido especial que viera usted dos?

—Claro. Todo lo que hacen tiene sentido. De sus acciones un brujo puede, a veces, sacar su poder. Aunque un brujo no tenga aliado propio, mientras sepa *ver* puede manejar el poder observando las acciones de los aliados. Mi benefactor me enseñó a hacerlo, y durante años, antes de tener mi propio aliado, buscaba yo aliados entre las multitudes, y cada vez que *veía* uno eso me enseñaba algo. Tú hallaste tres juntos. Qué magnífica lección desperdiciaste.

No dijo nada más hasta que hubimos acabado de armar la trampa para conejos. Entonces se volvió hacia mí y dijo súbitamente, como si acabara de recordarlo, que otra cosa importante de los aliados era que, si uno hallaba dos juntos, siempre eran dos de la misma clase. Los dos aliados que él vio eran dos hombres, dijo, y como yo había visto dos hombres y una mujer, concluyó que mi experiencia era aún más insólita.

Le pregunté si los aliados podían fingirse niños; si los niños podían ser del mismo sexo o de diferentes; si los aliados fingían gente de diversas razas; si podían simular una familia compuesta de hombre, mujer e hijo, y por fin le pregunté si había visto alguna vez a un aliado manejar un coche o un autobús.

Don Juan no respondió en absoluto. Sonrió y me dejó hablar. Al oír mi última pregunta se echó a reír y dijo que me estaba yo descuidando, que habría sido más propio preguntarle si había visto a un aliado manejar un vehículo de motor.

—No querrás olvidar las motocicletas, ¿verdad? —dijo con un brillo malicioso en la mirada.

Su burla de mis preguntas me pareció graciosa y ligera, y reí junto con él.

Luego explicó que los aliados no podían tomar la iniciativa ni actuar directamente sobre nada; podían, sin embargo, actuar sobre el hombre en forma indirecta. Don Juan dijo que entrar en contacto con un aliado era peligroso porque el aliado podía sacar lo peor de una persona. El aprendizaje era largo y arduo, dijo, porque había que reducir al mínimo todo lo superfluo en la vida de uno, con el fin de soportar el impacto de tal encuentro. Don Juan dijo que su benefactor, la primera vez que entró en contacto con un aliado, fue impelido a quemarse y quedó lleno de cicatrices como si un puma lo hubiera mascado. En su propio caso, dijo un aliado lo empujó a una pila de leña ardiendo, y se quemó un poco la rodilla y la clavícula, pero las cicatrices desaparecieron a su tiempo, cuando don Juan se hizo uno con el aliado.

III

El 10 de junio de 1968 inicié un largo viaje con don Juan para participar en un mitote. Llevaba meses esperando esta oportunidad, pero no me hallaba verdaderamente seguro de querer ir. Pensaba que mi titubeo se debía al miedo de que en la reunión me viera obligado a ingerir peyote, pues no tenía la menor intención de hacerlo. Había expresado repetidamente estos sentimientos a don Juan. Al principio reía con paciencia, pero terminó declarando firmemente que no quería oír nada más acerca de mi miedo.

En lo que a mí respectaba, un mitote era el terreno ideal para verificar los esquemas que había construido. En primer lugar, nunca había abandonado por entero la idea de que en tales ceremonias se necesitaba un guía encubierto para asegurar acuerdo entre los participantes. De algún modo tenía yo el sentimiento de que don Juan había descartado mi idea por razones personales, pues le parecía más eficaz explicar en términos de "ver" todo cuanto ocurría en un mitote. Pensaba que mi interés por hallar una explicación adecuada en mis propios términos no iba de acuerdo con lo que él quería de mí; por tanto, tenía que descartar mi razonamiento, como solía hacer con todo lo que no se adaptaba a su sistema.

Justo antes de iniciar el viaje, don Juan alivió mi aprensión de tener que ingerir peyote diciéndome que yo asistía al mitote sólo para observar. Me sentí jubiloso. Estaba entonces casi seguro de que iba a descubrir el procedimiento oculto por el cual los participantes llegaban a un acuerdo.

Atardecía cuando partimos; el sol se hallaba casi en el horizonte; lo sentí en el cuello y deseé tener una persiana en la ventana trasera del auto. Desde la cima de un cerro pude mirar un enorme valle; el camino era como un listón negro aplastado contra el suelo, subiendo y bajando innumerables colinas. Lo seguí un momento con los ojos antes de empezar el descenso; corría directamente hacia el sur hasta desaparecer sobre una hilera de montañas bajas en la distancia.

Don Juan, callado, miraba al frente. No habíamos dicho palabra en largo rato. Dentro del coche había un calor incómodo. Yo había abierto todas las ventanillas, pero eso no ayudaba porque el día era en extremo caluroso. Me sentía muy molesto e inquieto. Empecé a quejarme del calor.

Don Juan frunció el entrecejo y me miró interrogante.

—En esta época hace calor en todo México —dijo—. No se puede remediar.

No lo miré, pero supe que me contemplaba. El coche ganó velocidad al descender la cuesta. Vi vagamente una señal de carretera: *Vado*. Cuando vi el vado mismo, iba muy rápido, y aunque frené sentimos el impacto y brinco- teamos en los asientos. Reduje considerablemente la veloci- dad; atravesábamos una zona en que el ganado pastaba libre a los lados del camino, un área donde era común ver el cadáver de un caballo o una vaca atropellados por un auto. En cierto punto hube de detenerme por entero para que algunos caballos cruzaran la carretera. Cada vez me sentía más desazonado y molesto. Le dije que era el calor; que el calor me disgustaba desde la niñez, porque cada ve- rano solía sentirme sofocado y apenas podía respirar.

—Ya no eres niño —dijo él.

—El calor me sofoca todavía.

—Bueno, a mí de niño me sofocaba el hambre —dijo con suavidad—. El hambre fue lo único que conocí de niño, y me hinchaba hasta que yo tampoco podía respirar. Pero eso fue cuando era niño. Ya no puedo sofocarme, ni puedo hincharme como sapo cuando tengo hambre.

No supe qué decir. Sentí que me estaba colocando en una posición insostenible y que pronto debería defender un punto que no me importaba defender. El calor no era tan malo. Lo que me molestaba era la perspectiva· de manejar casi dos mil kilómetros hasta nuestro destino. Me irritaba la idea de tener que esforzarme.

—Por qué no paramos a comer algo —dije—. Quizá no haga tanto calor después que el sol se meta.

Don Juan me miró, sonriendo, y dijo que en largo trecho no había pueblos limpios, y que según entendía mi política era no comer en los puestos a los lados del camino.

—¿Ya no le tienes miedo a la diarrea? —preguntó.

Me di cuenta que hablaba con sarcasmo, pero su rostro conservaba una expresión interrogante y, a la vez, seria.

—Del modo como te portas —dijo—, uno pensaría que la diarrea está allí acechando, esperando que salgas del coche para saltarte encima. Estás en un dilema terrible; si escapas del calor, la diarrea terminará por atraparte.

El tono de don Juan era tan serio que empecé a reír. Luego viajamos en silencio largo tiempo. Cuando llegamos a un parador para camiones llamado Los Vidrios ya estaba oscuro.

—¿Qué tienen hoy? —gritó don Juan desde el auto.

—Carnitas —gritó a su vez una mujer desde adentro.

—Espero, por tu bien, que el puerco haya sido atropellado hoy —me dijo don Juan, riendo.

Salimos del coche. El camino se hallaba flanqueado, a ambos lados, por hileras de montañas bajas que parecían la lava solidificada de alguna gigantesca erupción volcánica. En la oscuridad, los picos negros, dentellados, se recortaban contra el cielo como enormes y ominosos muros de astillas de vidrio.

Mientras comíamos, dije a don Juan que, sin duda, el lugar debía su nombre a la forma de las montañas.

Don Juan repuso en tono convincente que el sitio se llamaba Los Vidrios porque un camión cargado de cristales se había volteado allí y los pedazos de vidrio se quedaron tirados en el camino durante años.

Sentí que se estaba haciendo el chistoso y le pedí decirme la verdadera razón.

—¿Por qué no le preguntas a alguien? —dijo.

Interrogué a un hombre sentado en la mesa vecina; dijo, en tono de disculpa, que no sabía. Entré en la cocina y pregunté a las mujeres si sabían, pero todas dijeron que no; que el lugar nada más se llamaba Los Vidrios.

—Creo que estoy en lo cierto —dijo don Juan en voz baja—. Los mexicanos no son dados a notar las cosas que los rodean. Estoy seguro de que no pueden ver las montañas de vidrio, pero claro que pueden dejar una montaña de vidrios tirada ahí durante años.

A ambos nos hizo gracia la imagen, y reímos.

Al terminar de comer, don Juan me preguntó cómo me sentía. Le dije que muy bien, pero en realidad experimentaba cierta náusea. Don Juan me miró con firmeza y pareció detectar mi sentimiento de malestar.

—Una vez que decidiste venir a México debiste haber dejado todos tus pinches miedos —dijo con mucha severidad—. Tu decisión de venir debió haberlos vencido. Viniste porque querías venir. Ese es el modo del guerrero. Te lo he dicho mil veces: el modo más efectivo de vivir es como guerrero. Preocúpate y piensa antes de hacer cualquier decisión, pero una vez que la hagas echa a andar libre de preocupaciones y de pensamientos; todavía habrá un millón de decisiones que te esperen. Ese es el modo del guerrero.

—Creo hacer eso, don Juan, al menos parte del tiempo. Pero es muy difícil estar recordándomelo siempre.

—Un guerrero piensa en su muerte cuando las cosas pierden claridad.

—Eso es todavía más difícil, don Juan. Para la mayoría de la gente, la muerte es muy vaga y remota. Jamás pensamos en ella.

—¿Por qué no?

—¿Por qué hacerlo?

—Muy sencillo —dijo—. Porque la idea de la muerte es lo único que templa nuestro espíritu.

Cuando salimos de Los Vidrios, estaba tan oscuro que la silueta quebrada de las montañas se había unificado con la tiniebla del cielo. Viajamos en silencio más de una hora. Me sentía cansado. Era como si no quisiese hablar porque no había nada de qué hablar. El tráfico era mínimo. Pocos coches se cruzaban con el nuestro, y al parecer éramos los únicos viajando hacia el sur por la carretera. Eso se me hacía extraño; miraba de continuo el espejo retrovisor para ver si otros carros venían por atrás, pero no descubría ninguno.

Tras un rato dejé de buscar coches y empecé a pensar de nuevo en la perspectiva de nuestro viaje. Entonces advertí que mis faros parecían extremadamente brillantes en contraste con la oscuridad en torno, y miré de nuevo el retrovisor. Vi primero un resplandor intenso y luego dos puntos de luz como brotados del suelo. Eran los faros de un coche sobre una loma en la distancia tras nosotros. Permanecieron visibles un rato, luego desaparecieron en la oscuridad como arrebatados; tras un momento aparecieron en otra cima, y luego desaparecieron de nuevo. Durante largo tiempo seguí en el espejo sus apariciones y desapariciones. En cierto punto se me ocurrió que el coche iba a alcanzarnos. Sin lugar a dudas, se acercaba. Las luces eran más grandes y brillantes. Pisé a fondo el acelerador. Tenía una sensación de inquietud. Don Juan pareció advertir mi preocupación, o acaso sólo notó el aumento en la velocidad. Primero me miró, después volvió la cara para mirar los faros distantes.

Me preguntó si me pasaba algo. Le dije que durante horas no había visto coches detrás de nosotros y que de pronto había advertido las luces de un auto que parecía acercarse cada vez más.

Soltó una risita chasqueante y me preguntó si de veras creía que se trataba de un carro. Le dije que tenía que ser un coche y él dijo que mi preocupación le revelaba que, de algún modo, yo debía haber sentido que lo que venía tras nosotros, fuera lo que fuese, no era un simple coche. Insistí en que lo creía sólo otro coche en la carretera, o acaso un camión.

—¿Qué más puede ser? —dije, fuerte.

El aguijoneo de don Juan me había puesto nervioso.

El se volvió y me miró de lleno; luego asintió despacio, como midiendo lo que iba a decir.

—Esas son las luces en la cabeza de la muerte —dijo con suavidad—. La muerte se las pone como un sombrero y después se lanza al galope. Esas son las luces de la muerte al galope, ganando terreno, acercándose más y más.

Un escalofrío recorrió mi espalda. Tras un rato miré de nuevo el retrovisor, pero las luces ya no estaban allí.

Dije a don Juan que el coche debía de haberse parado o salido del camino. El no volvió la cara; solamente estiró los brazos y bostezó.

—No —dijo—. La muerte nunca se para. A veces apaga sus luces, eso es todo.

Llegamos al noreste de México el 13 de junio. Dos indias viejas, de aspecto similar, que parecían ser hermanas, se hallaban junto con cuatro muchachas a la puerta de una pequeña casa de adobe. Detrás de la casa había una choza y un granero ruinoso del que sólo quedaba parte del techo y un muro. Aparentemente, las mujeres nos esperaban; deben haber avizorado mi coche por el polvo que levantaba en el camino de tierra que tomé al dejar la carretera pavimentada, unos tres kilómetros atrás. La casa estaba en un valle hondo, y vista desde la puerta la carretera parecía una larga cicatriz en lo alto de la ladera de las colinas verdes.

Don Juan salió del automóvil y habló un momento con las ancianas. Ellas señalaron unos bancos de madera frente a la puerta. Don Juan me hizo seña de acercarme y tomar asiento. Una de las viejas se sentó con nosotros; el resto de las mujeres entró en la casa. Dos muchachas permanecieron junto a la puerta, examinándome con curiosidad. Las saludé con la mano; entraron corriendo, entre risitas. Tras algunos minutos, dos hombres jóvenes llegaron a saludar a don Juan. No me dirigieron la palabra; ni siquiera me miraron. Hablaron brevemente con don Juan; luego él se levantó y todos, incluyendo a las mujeres, caminamos hasta otra casa, a menos de un kilómetro de distancia.

Allí nos encontramos con otro grupo. Don Juan entró, pero me indicó permanecer junto a la puerta. Miré adentro y vi a un indio viejo, como de la edad de don Juan, sentado en un banco de madera.

No acababa de anochecer. Un grupo de indios e indias jóvenes rodeaba de pie, en silencio, un viejo camión estacionado frente a la casa. Les hablé en español, pero deliberadamente evitaron responderme; las mujeres sofocaban risas cada vez que yo decía algo y los hombres sonreían corteses y hurtaban los ojos. Era como si no me entendieran, pero yo estaba seguro de que todos sabían español porque los había oído hablar entre sí.

Tras un rato, don Juan y el otro anciano salieron y subieron en el camión, junto al conductor. Esa parecía ser una señal para que todos treparan en la plataforma del vehículo. No había tablas a los lados, y cuando el camión se puso en marcha nos agarramos a una larga cuerda atada a unos ganchos en el chasis.

El camión avanzaba despacio por el camino de tierra. En cierto punto, al llegar a una cuesta muy empinada, se detuvo y todos bajamos para caminar tras él; luego dos jóvenes saltaron de nuevo a la plataforma y se sentaron en el borde sin usar la cuerda. Las mujeres reían y los animaban a mantener su precaria posición. Don Juan y el anciano, a quien llamaban don Silvio, caminaban juntos y no parecían interesarse en el histrionismo de los jóvenes. Cuando el camino se niveló, todo el mundo volvió a subir en el camión.

Viajamos cerca de una hora. El piso era extremadamente duro e incómodo, así que me puse en pie y me sostuve del techo de la casilla: viajé en esa forma hasta que nos detuvimos frente a un grupo de chozas. Había allí más gente; ya estaba muy oscuro y yo sólo podía ver unas cuantas personas en la opaca luz amarillenta de una linterna de petróleo colgada junto a una puerta abierta.

Todos descendieron del camión y se mezclaron con la gente en las casas. Don Juan volvió a indicarme que permaneciese afuera. Me incliné contra el guardafango delantero del camión y tras uno o dos minutos se me unieron tres jóvenes. Había conocido a uno de ellos cuatro años antes, en un mitote. Me abrazó asiendo mis antebrazos.

—Estás muy bien —me susurró en español.

Nos quedamos quietos junto al camión. Era una noche cálida, con viento. Cerca podía oírse el suave retumbar de un arroyo. Mi amigo me preguntó, en un susurro, si tenía yo cigarros. Pasé una cajetilla. Al resplandor de los cigarros miré mi reloj. Eran las nueve.

Al rato, un grupo de gente emergió de la casa y los tres jóvenes se alejaron. Don Juan vino a decirme que había explicado mi presencia a satisfacción de todos y que estaba yo invitado a servir agua en el mitote. Dijo que nos iríamos en el acto.

Un grupo de diez mujeres y once hombres dejó la casa. El cabecilla de la partida era bastante fornido; tendría quizás alrededor de cincuenta y cinco años. Lo llamaban "Mocho". Daba pasos firmes, ágiles. Llevaba una lámpara de petróleo y al caminar la agitaba de lado a lado. En un principio pensé que la movía al azar, pero luego descubrí que lo hacía para marcar un obstáculo o un pasaje difícil en el camino. Anduvimos más de una hora. Las mujeres charlaban y reían suavemente de tiempo en tiempo. Don Juan y el otro anciano iban al principio de la fila; yo la cerraba. Mantenía los ojos en el suelo, tratando de ver por dónde caminaba.

Habían pasado cuatro años desde que don Juan y yo habíamos andado de noche en los cerros, y yo había perdido mucha destreza física. Tropezaba de continuo, e involuntariamente pateaba piedras. Mis rodillas carecían de flexibilidad; el camino parecía alzarse hacia mí en los sitios altos, o ceder bajo mis pies en los bajos. Era yo quien más ruido hacía al caminar, y eso me convertía en bufón involuntario. Alguien del grupo decía "aaay" cada vez que yo tropezaba, y todos reían. En cierto momento, una de las piedras que pateé golpeó el talón de una mujer y ella dijo en voz alta, para deleite general: "¡Denle una vela a ese pobre muchacho!" Pero la mortificación culminante fue cuando tropecé y tuve que asirme a la persona frente a mí; el hombre casi perdió el equilibrio a causa de mi peso y soltó, adrede, un grito fuera de toda proporción. Todo el mundo rió tan fuerte que el grupo tuvo que detenerse un rato.

En determinado momento, el hombre que guiaba movió la lámpara hacia arriba y hacia abajo. Ésa parecía ser la señal de que habíamos llegado a nuestro destino. Hacia mi izquierda, a corta distancia, se vislumbraba la silueta oscura de una casa baja. El grupo se dispersó en distintas direcciones. Busqué a don Juan. Era difícil hallarlo en las tinieblas. Trastabillé ruidosamente durante un rato antes de advertir que se hallaba sentado en una roca.

Volvió a decirme que mi deber era llevar agua para los

hombres que participarían. Años antes me había enseñado el procedimiento, pero insistió en refrescar mi memoria y me lo enseñó de nuevo.

Después fuimos atrás de la casa, donde todos los hombres se habían reunido. Ardía un fuego. A unos cinco metros de la hoguera había un área despejada cubierta de petates. Mocho, el hombre que nos guió, fue el primero en sentarse en uno de ellos; noté que le faltaba el borde superior de la oreja izquierda, lo cual explicaba su apodo. Don Silvio tomó asiento a su derecha y don Juan a su izquierda. Mocho se hallaba encarando el fuego. Un joven se acercó y puso frente a él una canasta plana con botones de peyote; luego tomó asiento entre Mocho y don Silvio. Otro joven trajo dos canastas pequeñas y las puso junto a los botones para luego sentarse entre Mocho y don Juan. Los otros dos jóvenes flanquearon a don Silvio y a don Juan, cerrando un círculo de siete personas. Las mujeres se quedaron dentro de la casa. Dos jóvenes estaban a cargo de mantener el fuego ardiendo toda la noche, y un adolescente y yo guardábamos el agua que se daría a los siete participantes tras su ritual de toda la noche. El muchacho y yo nos sentamos junto a una roca. El fuego y el receptáculo con agua se hallaban en lados opuestos y a igual distancia del círculo de participantes.

Mocho, el cabecilla, cantó su canción de peyote; tenía los ojos cerrados; su cuerpo se meneaba hacia arriba y hacia abajo. La canción era muy larga. No comprendí el idioma. Después todos ellos, uno por uno, cantaron sus canciones de peyote. No parecían seguir ningún orden preconcebido. Aparentemente cantaban cuando tenían ganas de hacerlo. Luego Mocho sostuvo la canasta con botones de peyote, tomó dos y volvió a dejarla en el centro del círculo; don Silvio fue el siguiente y después don Juan. Los cuatro jóvenes, que parecían formar una unidad aparte, tomaron cada uno dos botones de peyote, siguiendo una dirección contraria a la de las manecillas del reloj.

Cada uno de los siete participantes cantó y comió dos botones de peyote cuatro veces consecutivas; luego pasaron las otras dos canastas, que contenían fruta y carne seca.

Repitieron este ciclo varias veces durante la noche, pero no me fue posible detectar ningún orden subyacente en sus movimientos individuales. No hablaban entre sí; más bien parecían hallarse solos y ensimismados. Ni siquiera una vez vi que alguno de ellos prestara atención a lo que hacían los demás.

Antes del amanecer se levantaron, y el muchacho y yo les dimos agua. Después, caminé por los alrededores para orientarme. La casa era una choza de una sola habitación, una construcción de adobe de poca altura y techo de paja. El paisaje en torno era bastante opresivo. La choza estaba situada en una llanura áspera con vegetación mezclada. Arbustos y cactos crecían juntos, pero no había árboles en absoluto. No me dieron ganas de aventurarme más allá de la casa.

Las mujeres se marcharon en el curso de la mañana. Silenciosamente, los hombres se desplazaban por el área circunvecina a la casa. A eso del mediodía, todos nos sentamos de nuevo en el mismo orden que la noche anterior. Se pasó una canasta con trozos de carne seca cortados al tamaño de un botón de peyote. Algunos de los hombres cantaron sus canciones de peyote. Después de una hora o algo así, todos se levantaron y tomaron direcciones distintas.

Las mujeres habían dejado una olla de atole para los ayudantes del fuego y el agua. Comí un poco y dormí la mayor parte de la tarde.

Ya oscurecido, los jóvenes a cargo del fuego construyeron otra hoguera y el ciclo de tomar botones de peyote empezó de nuevo. Siguió en general el mismo orden que la noche precedente, terminando al amanecer.

Durante el curso de la noche pugné por observar y registrar cada movimiento realizado por cada uno de los siete participantes, con la esperanza de descubrir la más leve forma de un sistema detectable de comunicación, verbal o no, entre ellos. Pero nada en sus acciones revelaba un sistema subyacente.

Al anochecer del tercer día se renovó el ciclo de tomar peyote. Cuando la mañana llegó, supe que había fallado por completo en mi búsqueda de pistas que señalaran al guía encubierto; tampoco había podido descubrir ninguna forma de comunicación disimulada entre los participantes o el menor rastro de su sistema de acuerdo. Durante el resto del día estuve sentado a solas, tratando de organizar mis notas.

Cuando los hombres volvieron a juntarse para la cuarta noche, supe de alguna manera que ésta sería la última reunión. Nadie me había mencionado nada al respecto, pero yo sabía que al día siguiente se desbandarían. Nuevamente me senté junto al agua y todos los demás reasumieron sus posiciones en el orden ya establecido.

La conducta de los siete hombres en el círculo fue una réplica de lo que yo había observado las tres noches anteriores. Como en ellas, me concentré en sus movimientos. Quería registrar todo cuanto hicieran: cada ademán, cada sonido, cada gesto.

En cierto momento percibí en mi oído una especie de timbrazo; era un tipo común de zumbido en la oreja y no le presté atención. Se hizo más fuerte, pero aún se hallaba dentro de la gama de mis sensaciones corporales ordinarias. Recuerdo haber dividido mi atención entre observar a los hombres y escuchar el zumbido. Entonces, en un instante dado, los rostros de los hombres parecieron hacerse más brillantes; era como si una luz se hubiese encendido. Pero no acababa de semejar una luz eléctrica, ni una linterna, ni el reflejo del fuego en los rostros. Era más bien una iridiscencia: una luminosidad rosácea, muy tenue, pero detectable desde donde me hallaba. El zumbido pareció aumentar. Miré al muchacho que estaba conmigo, pero se había dormido.

La luminosidad rosácea se hizo por entonces más notoria. Miré a don Juan: sus ojos estaban cerrados; también los de Silvio y los de Mocho. No pude ver los ojos de los cuatro jóvenes porque dos de ellos se hallaban agachados y los otros dos me daban la espalda.

Me concentré más aún en la observación. Sin embargo, no me había dado cuenta cabal de estar realmente oyendo un zumbido y viendo un resplandor rosa cernirse sobre los hombres. Tras un momento tomé conciencia de que la tenue luz rosa y el zumbido eran muy firmes. Tuve un instante de intenso desconcierto y luego un pensamiento cruzó mi mente: un pensamiento sin nada que ver con la escena que presenciaba ni con el propósito que yo tenía en mente para estar allí. Recordé algo que mi madre me dijo una vez, cuando yo era niño. El pensamiento distraía y no venía en absoluto al caso; traté de descartarlo y concentrarme de nuevo en mi asidua observación, pero no pude. El pensamiento recurrió; era más fuerte, más exigente, y entonces oí con claridad la voz de mi madre llamarme. Oí el arrastrar de sus pantuflas y luego su risa. Me volví, buscándola; concebí que, transportado en el tiempo por algún tipo de alucinación o de espejismo, iba a verla, pero vi sólo al muchacho dormido junto a mí. Verlo fue una sacudida, y experimenté un breve momento de calma, de sobriedad.

Miré de nuevo hacia el grupo de los hombres. No habían cambiado en nada su postura. Sin embargo, la luminosidad había desaparecido, al igual que el zumbido en mis orejas.

Me sentí aliviado. Pensé que la alucinación de oír la voz de mi madre había concluido. Qué clara y vívida había sido esa voz. Me dije una y otra vez que, por un instante, la voz casi me había atrapado. Noté vagamente que don Juan estaba mirándome, pero eso no importaba. Lo mesmerizante era el recuerdo del llamado de mi madre. Pugné desesperadamente por pensar en otra cosa. Y entonces oí la voz de nuevo, con tanta claridad como si mi madre estuviera detrás de mí. Llamaba mi nombre. Me volví con rapidez, pero no vi más que la silueta oscura de la choza y los arbustos más allá.

El oír mi nombre me produjo la más profunda angustia. Gimoteé involuntariamente. Sentí frío y mucha soledad y empecé a llorar. En ese momento tenía la sensación de necesitar a alguien que se preocupara por mí. Volví el rostro para mirar a don Juan; me observaba. No quería verlo, de modo que cerré los ojos. Y entonces vi a mi madre. No era el pensamiento de mi madre, la forma en que suelo pensar en ella. Era una visión clara de su persona parada junto a mí. Me sentí desesperado. Temblaba y quería escapar. La visión de mi madre era demasiado inquietante, demasiado ajena a lo que yo perseguía en ese mitote. Al parecer no había manera consciente de evitarla. Acaso podría haber abierto los ojos, de querer en verdad que la visión se desvaneciese, pero en vez de ello la examiné con detenimiento. Mi examen fue algo más que simplemente mirarla; fue un escrutinio y una valoración compulsivos. Un sentimiento muy peculiar me envolvió como una fuerza externa, y de pronto sentí la horrenda carga del amor de mi madre. Al oír mi nombre me desgarré; el recuerdo de mi madre me llenó de angustia y melancolía, pero al examinarla supe que nunca la había querido. Esa toma de conciencia me sacudió. Pensamientos e imágenes acudieron en avalancha. La visión de mi madre debe de haberse desvanecido mientras tanto; ya no era importante. Tampoco me interesaba ya lo que los indios hacían. De hecho, había olvidado el mitote. Me hallaba absorto en una serie de pensamientos extraordinarios: extraordinarios porque eran más que pensamientos; porque eran unidades de sentimiento completas, certezas emotivas, evidencias indisputables sobre la naturaleza de mi relación con mi madre.

En cierto momento, estos pensamientos extraordinarios cesaron de acudir. Noté que habían perdido su fluidez y la calidad de ser unidades de sentimiento completas. Había yo empezado a pensar en otras cosas. Mi mente desvariaba. Pensé en otros miembros de mi familia inmediata, pero ninguna imagen acompañaba mis pensamientos. Entonces miré a don Juan. Estaba de pie; los demás hombres también estaban de pie, y entonces todos caminaron hacia el agua. Me hice a un lado y codeé al muchacho que seguía dormido.

Casi tan pronto como don Juan subió en mi coche, le relaté la secuencia de mi asombrosa visión. Rió con gran deleite y dijo que mi visión era una señal, un augurio tan importante como mi primera experiencia con Mescalito. Recordé que, cuando ingerí peyote por vez primera, don Juan interpretó mis reacciones como un augurio importantísimo; de hecho, ésa fue la causa de que decidiera enseñarme su conocimiento.

Don Juan dijo que, durante la última noche del mitote, Mescalito se había cernido sobre mí en forma tan obvia que todo el mundo se sintió forzado a volverse en mi dirección; por eso él me estaba observando cuando yo lo miré.

Quise escuchar la interpretación que daba a mi visión, pero don Juan no quería hablar de ella. Dijo que cualquier cosa que yo hubiese experimentado era una tontería en comparación con el augurio. Don Juan siguió hablando de la luz de Mescalito derramándose sobre mí, y de cómo todos la habían visto.

—Eso sí fue algo bueno —dijo—. No podría yo pedir mejor señal.

Obviamente, don Juan y yo nos hallábamos en dos avenidas distintas de pensamiento. A él le concernía la importancia de los sucesos que había interpretado como señal; a mí me obsesionaban los detalles de la visión que había tenido.

—No me importan las señales —dije—. Quiero saber qué cosa me ocurrió.

Frunció el entrecejo, como disgustado, y durante un momento permaneció muy tieso y callado. Luego me miró. Su tono fue muy vigoroso. Dijo que lo único importante era que Mescalito había sido muy gentil conmigo, me había inundado con su luz y me había dado una lección sin que yo pusiera de mi parte más esfuerzo que el de estar allí.

IV

El 4 de septiembre de 1968 fui a Sonora para visitar a don Juan. Cumpliendo una petición que me había hecho durante mi visita previa, me detuve de paso en Hermosillo para comprarle un tequila fuera de comercio llamado bacanora. El encargo me parecía muy extraño, pues yo sabía que le disgustaba beber, pero compré cuatro botellas y las puse en una caja junto con otras cosas que le llevaba.

—¡Vaya, trajiste cuatro botellas! —dijo, riendo, cuando abrió la caja—. Te pedí que me compraras una. Apuesto a que creíste que el bacanora era para mí, pero es para mi nieto Lucio, y tú tienes que dárselo como regalo personal de tu parte.

Yo había conocido al nieto de don Juan dos años antes; entonces tenía veintiocho. Era muy alto —más de un metro ochenta— y siempre vestía extravagantemente bien para sus medios y en comparación con sus iguales. Mientras la mayoría de los yaquis visten caqui y mezclilla, sombreros de paja y guaraches de fabricación casera, el atavío de Lucio consistía en una costosa chaqueta de cuero negra con escarolas de cuentas de turquesa, un sombrero tejano y un par de botas monogramadas y decoradas a mano.

Lucio quedó encantado al recibir el licor e inmediatamente metió las botellas a su casa, al parecer para almacenarlas. Don Juan comentó en forma casual que nunca hay que esconder licor ni beberlo a solas. Lucio dijo que en realidad no estaba escondiendo las botellas, sino guardándolas hasta la noche, hora en que invitaría a sus amigos a beber.

Esa noche, a eso de las siete, regresé a casa de Lucio. Había oscurecido. Discerní la vaga silueta de dos personas paradas bajo un árbol pequeño; eran Lucio y uno de sus amigos, quienes me esperaban y me guiaron a la casa con una linterna de pilas.

La vivienda de Lucio era una endeble construcción de dos habitaciones y piso de tierra, hecha con varas y argamasa. Medía unos seis metros de largo y la sustentaban vigas de mezquite, relativamente delgadas. Como todas las casas de los yaquis, tenía techo plano, de paja, y una "ramada" de tres metros de ancho: especie de toldo sobre toda la parte delantera de la casa. Un techo de ramada nunca tiene paja; se hace de ramas acomodadas con soltura, dando bastante sombra y a la vez permitiendo la circulación libre de la brisa refrescante.

Al entrar en la casa encendí la grabadora que llevaba dentro de mi portafolio. Lucio me presentó con sus amigos.

Había ocho hombres dentro de la casa, incluyendo a don Juan. Se hallaban sentados informalmente en torno al centro de la habitación, bajo la viva luz de una lámpara de gasolina que colgaba de una viga. Don Juan ocupaba un cajón. Tomé asiento frente a él en el extremo de una banca de dos metros hecha con una gruesa viga de madera clavada a dos horquillas plantadas en el suelo.

Don Juan había puesto su sombrero en el piso, junto a él. La luz de la lámpara hacía que su cabello corto y cano se viese más brillantemente blanco. Miré su rostro; la luz resaltaba asimismo las hondas arrugas en su cuello y su frente, y lo hacía parecer más moderno y más viejo.

Miré a los otros hombres; bajo la luz blanca verdosa de la lámpara de gasolina todos se veían cansados y viejos.

Lucio se dirigió en español a todo el grupo y dijo en voz fuerte que íbamos a beber una botella de bacanora que yo le había traído de Hermosillo. Fue al otro aposento, sacó una botella, y la descorchó y me la dio junto con una pequeña taza de hojalata. Serví un pequeñísimo tanto y lo bebí. El bacanora parecía más fragante y denso que el tequila común, y más fuerte también. Me hizo toser. Pasé la botella y todos se sirvieron un traguito: todos excepto don Juan; él nada más tomó la botella y la colocó frente a Lucio, que estaba al final de la línea.

Todos comentaron con vivacidad el rico sabor de esa botella en particular, y estuvieron de acuerdo en que el licor debía proceder de las montañas altas de Chihuahua.

La botella dio una segunda vuelta. Los hombres chasquearon los labios, repitieron sus elogios e iniciaron una animada discusión acerca de las notorias diferencias entre el tequila hecho en los alrededores de Guadalajara y el que se elabora a gran altitud en Chihuahua.

Durante la segunda vuelta, don Juan tampoco bebió, y yo sólo me serví un sorbo, pero los demás llenaron la taza hasta el borde. La botella volvió a pasar de mano en mano y se vació.

—Saca las otras botellas, Lucio —dijo don Juan.

Lucio pareció vacilar, y don Juan explicó a los otros, en tono enteramente casual, que yo había traído cuatro botellas para Lucio.

Benigno, un joven de la edad de Lucio, miró el portafolio que yo había colocado inconspicuamente detrás de mí y preguntó si era yo un vendedor de tequila. Don Juan le contestó que no, y que en realidad había ido a Sonora para verlo a él.

—Carlos está aprendiendo sobre Mescalito, y yo le estoy enseñando —dijo don Juan.

Todos me miraron y sonrieron con cortesía. Bajea, el leñador, un hombre pequeño y delgado, de facciones pronunciadas, fijó los ojos en mí durante un momento y luego dijo que el tendero me había acusado de ser espía de una compañía americana que planeaba explotar minas en la tierra yaqui. Todos reaccionaron como si tal acusación los indignara. Además, nadie se llevaba bien con el tendero, que era mexicano, o yori, como dicen los yaquis.

Lucio fue al otro aposento y regresó con una nueva botella de bacanora. La abrió, se sirvió un buen tanto y luego la pasó. La conversación se desvió hacia las probabilidades de que la compañía americana viniese a Sonora, y a su posible efecto sobre los yaquis. La botella volvió a Lucio. La alzó y miró su contenido para ver cuánto quedaba.

—Dile que no se apure —me susurró don Juan—. Dile que le traerás más la próxima vez que vengas.

Me incliné hacia Lucio y le aseguré que en mi próxima visita le llevaría al menos media docena de botellas.

En determinado momento, los temas de conversación parecieron agotarse. Don Juan se volvió hacia mí y dijo en voz alta:

—¿Por qué no les cuentas aquí a los muchachos tus encuentros con Mescalito? Creo que eso será mucho más interesante que esta plática inútil de qué pasará si la compañía americana viene a Sonora.

—¿Ese Mescalito es el peyote, agüelo? —preguntó Lucio con curiosidad.

—Alguna gente lo llama así —dijo don Juan secamente—. Yo prefiero llamarlo Mescalito.

—Esa chingadera lo vuelve a uno loco —dijo Genaro, un hombre alto y robusto, de edad madura.

—Eso de decir que Mescalito lo vuelve a uno loco es pura estupidez —dijo don Juan suavemente—. Porque si ése fuera el caso, Carlos andaría ahorita mismo con camisa de fuerza en vez de estar aquí platicando con ustedes. Él ha tomado y mírenlo. Está muy bien.

Bajea sonrió y repuso con timidez: —¿Quién sabe? —y todo el mundo rió.

—Bueno, mírenme a mí —dijo don Juan—. Yo he conocido a Mescalito casi toda mi vida y jamás me ha hecho daño.

Los hombres no rieron, pero resultaba obvio que no lo tomaban en serio.

—Por otro lado —siguió don Juan—, es cierto que Mescalito lo vuelve loco a uno, como tú dijiste, pero eso pasa sólo cuando uno va a verlo sin saber lo que hace.

Esquere, un anciano que parecía de la edad de don Juan, rió suavemente, chasqueando la lengua, mientras meneaba la cabeza de un lado a otro.

—¿Qué es lo que uno tiene que saber, Juan? —preguntó—. La última vez que te vi, te oí decir la misma cosa.

—La gente de veras se vuelve loca cuando toma esa chingadera del peyote —continuó Genaro—. Yo he visto a los huicholes comerlo. Parecía como si les hubiera dado la rabia. Echaban espuma por la boca y se vomitaban y se orinaban por todas partes. Te puede dar epilepsia por comer esa porquería. Eso me dijo una vez el señor Salas, el ingeniero del gobierno. Y la epilepsia es para toda la vida, ya saben.

—Eso es estar peor que los animales —añadió Bajea con solemnidad.

—Tu viste nomás lo que querías ver de los huicholes, Genaro —dijo Juan—. Por eso jamás te molestaste en preguntarles cómo es trabar amistad con Mescalito. Que yo sepa, Mescalito no le ha dado epilepsia a nadie. El ingeniero del gobierno es yori, y no creo que un yori sepa nada de eso ¿A poco de veras piensas que todos los miles de gentes que conocen a Mescalito están locas?

—Deben de estar locos o casi locos, para hacer una cosa así —respondió Genaro.

—Pero si todos esos miles estuvieran locos al mismo tiempo, ¿quién haría su trabajo? ¿Cómo se las arreglarían para ganarse la vida —preguntó don Juan.

—Macario, que viene del "otro lado" —(los EE.UU.)—, me dijo que quien lo toma ahí está marcado para toda la vida —dijo Esquere.

—Macario está mintiendo si dice tal cosa —dijo don Juan—. Estoy seguro de que no sabe lo que está diciendo.

—Ese dice muchas mentiras —dijo Benigno.

—¿Quién es Macario? —pregunté.

—Un yaqui que vive aquí —dijo Lucio—. Ese dice que es de Arizona y dizque estuvo en Europa cuando la guerra. Cuenta toda clase de historias.

—¡Dizque fue coronel! —dijo Benigno.

Todo el mundo rió y por un rato la conversación se centró en los increíbles relatos de Macario, pero don Juan volvió nuevamente al tema de Mescalito.

—Si todos ustedes saben que Macario es un embustero, ¿cómo pueden creerle cuando habla de Mescalito?

—¿Eso es el peyote, agüelo? —preguntó Lucio, como si en verdad pugnara por hallar sentido al término.

—¡Sí! ¡carajo!

El tono de don Juan fue cortante y abrupto. Lucio se encogió involuntariamente, y por un momento sentí que todos tenían miedo. Luego don Juan sonrió con amplitud y prosiguió en tono amable.

—¿Es que no ven que Macario no sabe lo que dice? ¿No ven que para hablar de Mescalito hay que saber?

—Ahí va la burra al trigo —dijo Esquere—. ¿Qué carajos hay que saber? Estás peor que Macario. Al menos él dice lo que piensa, sepa o no sepa. Llevo años oyéndote decir que tenemos que saber. ¿Qué cosa tenemos que saber?

—Don Juan dice que hay un espíritu en el peyote —dijo Benigno.

—Yo he visto peyote en el campo, pero jamás he visto espíritus ni nada por el estilo —añadió Bajea.

—Mescalito es tal vez como un espíritu —explicó don Juan—. Pero lo que pueda ser no se aclara hasta que uno lo conoce. Esquere se queja de que llevo años diciendo esto. Pues, sí. Pero no es culpa mía que ustedes no entiendan. Bajea dice que quien lo toma se vuelve como animal. Pues, yo no lo veo así. Para mí, los que se creen por encima de los animales viven peor que los animales. Aquí está mi nieto. Trabaja sin descanso. Yo diría que vive para trabajar, como una mula. Y lo único que él hace que no hace un animal es emborracharse.

Todos soltaron la risa. Víctor, un hombre muy joven que parecía hallarse aún en la adolescencia, rió en un tono por encima de los demás.

Eligio, un indio joven, no había pronunciado hasta entonces una sola palabra. Estaba sentado en el piso, a mi derecha, recargado contra unos costales de fertilizante químico que se habían apilado dentro de la casa para protegerlos de la lluvia. Era uno de los amigos de niñez de Lucio, más lleno de carnes y mejor formado. Eligio parecía preocupado por las palabras de don Juan. Bajea intentaba dar una réplica, pero Eligio lo interrumpió.

—¿En qué forma cambiaría el peyote todo esto? —preguntó—. A mí me parece que el hombre nace para trabajar toda la vida, como las mulas.

—Mescalito cambia todo —dijo don Juan—, pero todavía tenemos que trabajar como todo el mundo, como mulas. Dije que había un espíritu en Mescalito porque algo como un espíritu es lo que produce el cambio en los hombres. Un espíritu que se ve y se toca, un espíritu que nos cambia, a veces aunque no queramos.

—El peyote te vuelve loco —dijo Genaro—, y entonces, claro, crees que has cambiado. ¿Verdad?

—¿Cómo puede cambiarnos? —insistió Eligio.

—Nos enseña la forma correcta de vivir —dijo don Juan—. Ayuda y protege a quienes lo conocen. La vida que ustedes llevan no es vida. No conocen la felicidad que viene de hacer las cosas a propósito. ¡Ustedes no tienen un protector!

—¿Qué quieres decir? —dijo Genaro con indignación—. Claro que tenemos. Nuestro Señor Jesucristo, y nuestra madre la Virgen, y la Virgencita de Guadalupe. ¿No son nuestros protectores?

—¡Qué buen hatajo de protectores! —dijo don Juan, burlón—. ¿A poco te han enseñado a vivir mejor?

—Es que la gente no les hace caso —protestó Genaro—; y sólo le hacen caso al demonio.

—Si fueran protectores de verdad, los obligarían a escuchar —dijo don Juan—. Si Mescalito se convierte en tu protector, tendrás que escuchar quieras o no, porque puedes verlo y tienes que hacer caso de lo que te diga. Te obligará a acercarte a él con respeto. No como ustedes están acostumbrados a acercarse a sus protectores —aclaró.

—¿Qué quieres decir, Juan? —preguntó Esquere.

—Quiero decir que, para ustedes, acercarse a sus protectores significa que uno de ustedes tiene que tocar el violín, y un bailarían tiene que ponerse su máscara y sonajas y bailar, mientras todos ustedes beben. Tú, Benigno, fuiste pascola; cuéntanos cómo fue eso.

—No más que tres años y después lo dejé —dijo Benigno—. Es trabajo duro.

—Pregúntenle a Lucio —dijo Esquere, satírico—. ¡Ese lo dejó en una semana!

Todos rieron, excepto don Juan. Lucio sonrió, aparentemente apenado, y se tomó dos grandes tragos de bacanora.

—No es duro, es estúpido —dijo don Juan—. Pregúntenle a Valencio, el pascola, si goza de su baile. ¡Pos no! Se acostumbró, eso es todo. Yo llevo años de verlo bailar, y siempre veo los mismos movimientos mal hechos. No tiene orgullo de su arte, salvo cuando habla del baile. No le tiene cariño, y por eso año tras año repite los mismos movimientos. Lo que su baile tenía de malo al principio ya se hizo duro. Ya no lo puede ver.

—Así le enseñaron a bailar —dijo Eligio—. Yo también fui pascola, en el pueblo de Torim. Sé que hay que bailar como le enseñan a uno.

—De todas maneras, Valencio no es el mejor pascola —dijo Esquere—. Hay otros. ¿Qué tal Sacateca?

—Sacateca es un hombre de conocimiento; no es de la misma clase que ustedes —dijo don Juan con severidad—. Ese baila porque ésa es la inclinación de su naturaleza. Lo que yo quería decir era sólo que ustedes, que no son pascolas, no gozan las danzas. Si el pascola es bueno, capaz, algunos de ustedes sacarán placer. Pero no hay muchos de ustedes que sepan tanto de la danza de los pascolas; por eso ustedes se contentan con una alegría muy pinche. Por eso todos ustedes son borrachos. ¡Miren, ahí está mi nieto!

—¡Ya no le haga agüelo! —protestó Lucio.

—No es flojo ni estúpido —prosiguió don Juan—, ¿pero qué más hace aparte de tomar?

—¡Compra chamarras de cuero! —observó Genaro, y todos los oyentes rieron a carcajadas.

—¿Y cómo va el peyote a cambiar eso? —preguntó Eligio.

—Si Lucio buscara al protector —dijo don Juan—, su vida cambiaría. No sé exactamente cómo, pero estoy seguro de que sería distinta.

—¿O sea que dejaría la bebida? —insistió Eligio.

—A lo mejor. Necesita algo más que tequila para tener una vida satisfecha. Y ese algo, sea lo que sea, puede que se lo dé el protector.

—Entonces el peyote ha de ser muy sabroso —dijo Eligio.

—Yo no dije eso —repuso don Juan.

—¿Cómo carajos lo va uno a disfrutar si no sabe bien? —dijo Eligio.

—Lo hace a uno disfrutar mejor de la vida —dijo don Juan.

—Pero si no sabe bien, ¿cómo va a hacernos disfrutar mejor la vida? —persistió Eligio—. Esto no tiene ni pies ni cabeza.

—Claro que tiene —dijo Genaro con convicción—. El peyote te vuelve loco y naturalmente crees que estás gozando de la vida como nunca, hagas lo que hagas.

Todos rieron de nuevo.

—Sí tiene sentido —prosiguió don Juan, incólume— cuando piensas lo poco que sabemos y lo mucho que hay por verse. El trago es lo que enloquece a la gente. Empaña las imágenes. Mescalito, en cambio, lo aclara todo. Te hace ver tan bien. ¡Pero tan bien!

77

Lucio y Benigno se miraron y sonrieron como si hubiesen oído antes la historia. Genaro y Esquere se impacientaron más y empezaron a hablar al mismo tiempo. Víctor rió por encima de todas las otras voces. Eligio parecía ser el único interesado.

—¿Cómo puede el peyote hacer todo eso? —preguntó.

—En primer lugar —explicó don Juan—, debes tener el deseo de hacer su amistad, y creo que esto es lo más importante. Luego alguién tiene que ofrecerte a él, y debes reunirte con él muchas veces antes de poder decir que lo conoces.

—¿Y qué pasa después? —preguntó Eligio.

—Te cagas en el techo con el culo en el suelo —interrumpió Genaro. El público rugió.

—Lo que pasa después depende por completo de ti —prosiguió don Juan sin perder el control—. Debes acudir a él sin miedo y, poco a poco, él te enseñará cómo vivir una vida mejor.

Hubo una larga pausa. Los hombres parecían cansados. La botella estaba vacía. Con obvia renuencia, Lucio abrió otra.

—¿Es también el peyote el protector de Carlos? —preguntó Eligio en tono de broma.

—Yo no sé —dijo don Juan—. Lo ha probado tres veces; dile a él que te cuente.

Todos se volvieron hacia mí con curiosidad, y Eligio preguntó:

—¿De veras lo hiciste?

—Sí. Lo hice.

Al parecer, don Juan había ganado un asalto con su público. Estaban interesados en oír de mi experiencia, o bien eran demasiado corteses para reírse en mi cara.

—¿No te cortó la boca? —preguntó Lucio.

—Sí y también tenía un sabor espantoso.

—¿Entonces por qué lo comiste? —preguntó Benigno.

Empecé a explicar, en términos elaborados, que para un occidental el conocimiento que don Juan tenía del peyote era una de las cosas más fascinantes que podían hallarse.

Añadí luego que cuanto él había dicho al respecto era cierto, y que cada uno de nosotros podía verificarlo por sí mismo.

Advertí que todos sonreían como ocultando su desdén. Me puse muy incómodo. Tenía conciencia de mi torpeza para transmitir lo que realmente pensaba. Hablé un rato más, pero había perdido el ímpetu y sólo repetí lo que ya don Juan había dicho. Don Juan acudió en mi ayuda y preguntó en tono confortante:

—Tú no andabas buscando un protector cuando te encontraste por vez primera a Mescalito, ¿verdad?

Les dije que yo no sabía que Mescalito pudiera ser un protector, y que sólo me movían mi curiosidad y un gran deseo de conocerlo.

Don Juan reafirmó que mis intenciones habían sido impecables, y dijo que a causa de ello Mescalito tuvo un efecto benéfico sobre mí.

—Pero te hizo vomitar y orinar por todas partes, ¿no? —insistió Genaro.

Le dije que, en efecto, me había afectado de tal manera. Todos rieron en forma contenida. Sentí que su desdén hacia mí había crecido más aun. No parecían interesados, con excepción de Eligio, que me observaba.

—¿Qué viste? —preguntó.

Don Juan me instó a narrarles todos, o casi todos, los detalles salientes de mis experiencias, de modo que describí la secuencia y la forma de lo que había percibido. Cuando terminé de hablar, Lucio hizo un comentario.

—Te sacó la... ¡Qué bueno que yo nunca lo he comido.

—Es lo que les decía —dijo Genaro a Bajea—. Esa chingadera lo vuelve a uno loco.

—Pero Carlos no está loco ahora. ¿Cómo explicas eso? —preguntó don Juan a Genaro.

—¿Y cómo sabemos que no está? —replicó Genaro.

Todos soltaron la risa, inclusive don Juan.

—¿Tuviste miedo? —preguntó Benigno.

—Claro que sí.

—¿Entonces por qué lo hiciste? —preguntó Eligio.

—Dijo que quería saber —repuso Lucio en mi lugar—. Yo creo que Carlos se está volviendo como mi abuelo. Los dos han estado diciendo que quieren saber, pero nadie sabe qué carajos quieren saber.

—Es imposible explicar eso —dijo don Juan a Eligio— porque es distinto para cada hombre. Lo único que es igual para todos nosotros es que Mescalito revela sus secretos en forma privada a cada hombre. Porque yo sé como se siente Genaro, no le recomiendo que busque a Mescalito. Sin embargo, pese a mis palabras o a lo que él siente, Mescalito podría crearle un efecto totalmente benéfico. Pero sólo él lo puede averiguar, y *ése* es el saber del que yo he estado hablando.

Don Juan se puso de pie.

—Es hora de irse —dijo—. Lucio está borracho y Víctor ya se durmió.

Dos días después, el 6 de septiembre, Lucio, Benigno y Eligio fueron a la casa donde yo me alojaba, para que saliéramos de cacería. Permanecieron en silencio un rato mientras yo seguía escribiendo mis notas. Entonces Benigno rió cortésmente, como advertencia de que iba a decir algo importante.

Tras un embarazoso silencio, rió de nuevo y dijo:

—Aquí Lucio dice que quiere comer peyote.

—¿De veras lo harías? —pregunté.

—Sí. Me da igual hacerlo o no hacerlo.

La risa de Benigno brotó a borbollones:

—Lucio dice que él come peyote si tú le compras una motocicleta.

Lucio y Benigno se mirarón y echaron a reír.

—¿Cuánto cuesta una motocicleta en los Estados Unidos? —preguntó Lucio.

—Probablemente la conseguirás en cien dólares —dije.

—Eso no es mucho por allá, ¿verdad? Podrías conseguírsela fácilmente, ¿no? —preguntó Benigno.

—Bueno, déjame preguntarle primero a tu abuelo —dije a Lucio.

—No, no —protesto—. Ni se lo menciones. Lo va a echar todo a perder. Es bien raro. Y además, está muy viejo y muy chocho y no sabe lo que hace.

—Antes era un brujo de los buenos —añadió Benigno—. Digo, de a deveras. En mi casa dicen que era el mejor. Pero se las dio de peyotero y acabó mal. Ahora ya está muy viejo.

—Y repite y repite las mismas pendejadas sobre el peyote —dijo Lucio.

—Ese peyote es pura mierda —dijo Benigno—. Sabes, lo probamos una vez. Lucio le sacó a su abuelo un costal entero. Una noche que íbamos al pueblo lo mascamos. ¡Hijo de puta! me hizo pedazos la boca. ¡Tenía un sabor de la chingada!

—¿Lo tragaron? —pregunté.

—Lo escupimos —dijo Lucio—, y tiramos todo el pinche costal.

Ambos pensaban que el incidente era muy chistoso. Eligio, mientras tanto, no había dicho una palabra. Estaba apartado, como de costumbre. Ni siquiera rió.

—¿A ti te gustaría probarlo, Eligio? —pregunté.

—No. Yo no. Ni por una motocicleta.

Lucio y Benigno hallaron la frase absolutamente chistosa y rugieron de nuevo.

—Sin embargo —continuó Eligio—, tengo que decir que don Juan me intriga.

—Mi abuelo es demasiado viejo para saber nada —dijo Lucio con gran convicción.

—Sí, es demasiado viejo —resonó Benigno.

La opinión que los dos jóvenes tenían de don Juan me parecía pueril e infundada. Sentí que era mi deber salir en defensa de su reputación, y les dije que en mi opinión don Juan era entonces, como lo había sido antes, un gran brujo, tal vez incluso el más grande de todos. Dije que sentía en él algo en verdad extraordinario. Los insté a recordar que don Juan, teniendo más de setenta años, poseía mayor fuerza y energía que todos nosotros juntos. Reté a los jóvenes a comprobarlo tratando de tomar por sorpresa a don Juan.

—A mi abuelo nadie lo agarra desprevenido —dijo Lucio orgullosamente—. Es brujo.

Le recordé que lo habían llamado viejo y chocho, y que un viejo chocho no sabe lo que pasa en su derredor. Dije que la presteza de don Juan me había maravillado en repetidas ocasiones.

—Nadie puede tomar por sorpresa a un brujo, aunque sea viejo —dijo Benigno con autoridad—. Lo que sí, pueden caerle en montón cuando esté dormido. Eso le pasó a un tal Cevicas. La gente se cansó de sus malas artes y lo mató.

Les pedí detalles de aquel evento, pero dijeron que había ocurrido años atrás cuando eran aún muy chicos. Eligio añadió que en el fondo la gente creía que Cevicas había sido solamente un charlatán, pues nadie podía dañar a un brujo de verdad. Traté de seguir interrogándolos sobre sus opiniones acerca de los brujos. No parecían tener mucho interés en el tema; además, estaban ansiosos de salir a disparar el rifle 22 que yo llevaba.

Guardamos silencio un rato mientras caminábamos hacia el espeso chaparral; luego Eligio, que iba a la cabeza de la fila, se volvió a decirme:

—A lo mejor los locos somos nosotros. A lo mejor don Juan tiene razón. Mira nada más cómo vivimos.

Lucio y Benigno protestaron. Yo intenté mediar. Apoyé a Eligio y les dije que yo mismo había sentido algo erróneo en mi manera de vivir. Benigno dijo que yo no tenía motivo para quejarme de la vida; que tenía dinero y coche. Repuse que yo fácilmente podría decir que ellos mismos estaban mejor porque cada uno poseía un trozo de tierra. Respondieron al unísono que el dueño de su tierra era el banco ejidal. Les dije que yo tampoco era dueño de mi coche, que el propietario era un banco californiano, y que mi vida era sólo distinta a las suyas, pero no mejor. Para entonces ya estábamos en los matorrales densos.

No hallamos venados ni jabalíes, pero cobramos tres liebres. Al regreso nos detuvimos en casa de Lucio y él anunció que su esposa haría guisado de liebre. Benigno fue a la tienda a comprar una botella de tequila y a traernos refrescos. Cuando volvió, don Juan iba con él.

—¿Hallaste a mi agüelo tomando cerveza en la tienda? —preguntó Lucio, riendo.

—No he sido invitado a esta reunión —dijo don Juan—. Sólo pasé a preguntarle a Carlos si siempre se va a Hermosillo.

Le dije que planeaba salir al día siguiente, y mientras hablábamos Benigno distribuyó las botellas. Eligio dio la suya a don Juan, y como entre los yaquis rehusar algo, aun como cumplido, es una descortesía mortal, don Juan la tomó en silencio. Yo di la mía a Eligio, y él se vio obligado a tomarla. Benigno, a su vez, me dio su botella. Pero Lucio, que obviamente había visualizado todo el esquema de buenos modales yaquis, ya había terminado de beber su refresco. Se volvió a Benigno, que lucía una expresión patética, y dijo riendo:

—Te chingaron tu botella.

Don Juan dijo que él nunca bebía refresco y puso su botella en manos de Benigno. Quedamos en silencio, sentados bajo la ramada.

Eligio parecía nervioso. Jugueteaba con el ala de su sombrero.

—He estado pensando en lo que decía usted la otra noche —dijo a don Juan—. ¿Cómo puede el peyote cambiar nuestra vida? ¿Cómo?

Don Juan no respondió. Miró fijamente a Eligio durante un momento y luego empezó a cantar en yaqui. No era una canción propiamente dicha, sino una recitación corta. Permanecimos largo rato sin hablar. Luego pedí a don Juan que me tradujese las palabras yaquis.

—Eso fue solamente para los yaquis —dijo con naturalidad.

Me sentí desanimado. Estaba seguro de que había dicho algo de gran importancia.

—Eligio es indio —me dijo finalmente don Juan—, y como indio, Eligio no tiene nada. Los indios no tenemos nada. Todo lo que ves por aquí pertenece a los yoris. Los yaquis sólo tienen su ira y lo que la tierra les ofrece libremente.

Nadie abrió la boca en bastante rato; luego don Juan se levantó y dijo adiós y se fue. Lo miramos hasta que desapareció tras un recodo del camino. Todos parecíamos estar nerviosos. Lucio nos dijo, deshilvanadamente, que su abuelo se había marchado porque detestaba el guisado de liebre. Eligio parecía sumergido en pensamientos. Benigno se volvió hacia mí y dijo, fuerte:

—Yo pienso que el Señor los va a castigar a ti y a don Juan por lo que están haciendo.

Lucio empezó a reír y Benigno se le unió.

—Ya te estás haciendo el payaso, Benigno —dijo Eligio, sombrío—. Lo que acabas de decir no vale madre.

15 de septiembre, 1968

Eran las nueve de una noche de sábado. Don Juan estaba sentado frente a Eligio en el centro de la ramada en casa de Lucio. Don Juan puso entre ambos su saco de botones de peyote y cantó meciendo ligeramente su cuerpo hacia atrás y hacia adelante. Lucio, Benigno y yo nos hallábamos cosa de metro y medio detrás de Eligio, sentados con la espalda contra la pared. Al principio la oscuridad fue completa. Habíamos estado dentro de la casa, a la luz de la linterna de gasolina, esperando a don Juan. Al llegar, él nos hizo salir a la ramada y nos dijo dónde sentarnos. Tras un rato mis ojos se acostumbraron a lo oscuro. Pude ver claramente a todos. Advertí que Eligio parecía aterrado. Su cuerpo entero temblaba; sus dientes casta-ñeteaban en forma incontrolable. Sacudidas espasmódicas de su cabeza y su espalda lo convulsionaban.

Don Juan le habló diciéndole que no tuviera miedo y confiase en el protector y no pensara en nada más. Con ademán despreocupado tomó un botón de peyote, lo ofreció a Eligio y le ordenó mascarlo muy despacio. Eligio gimió como un perrito y retrocedió. Su respiración era muy rápida; sonaba como el resoplar de un fuelle. Se quitó el sombrero y se enjugó la frente. Se cubrió el rostro con las manos. Pensé que lloraba. Transcurrió un momento muy largo y tenso antes de que recuperara algún dominio de sí Enderezó la espalda y, aún cubriéndose la cara con una mano, tomó el botón de peyote y comenzó a mascarlo.

Sentí una aprensión tremenda. No había advertido, hasta entonces, que acaso me hallaba tan asustado como Eligio. Mi boca tenía una sequedad similar a la que produce el peyote. Eligio mascó el botón durante largo rato. Mi tensión aumentó. Empecé a gemir involuntariamente mientras mi respiración se aceleraba.

Don Juan empezó a canturrear más alto; luego ofreció otro botón a Eligio y, cuando Eligio lo hubo terminado, le ofreció fruta seca y le indicó mascarla poco a poco.

Eligio se levantó repetidas veces para ir a los matorrales. En determinado momento pidió agua. Don Juan le dijo que no la bebiera, que sólo hiciese buches con ella.

Eligio masticó otros dos botones y don Juan le dio carne seca.

Cuando hubo mascado su décimo botón, yo estaba casi enfermo de angustia.

De pronto, Eligio cayó hacia adelante y su frente golpeó el suelo. Rodó sobre el costado izquierdo y se sacudió convulsivamente. Miré mi reloj. Eran las once y veinte. Eligio se sacudió, se bamboleó y gimió durante más de una hora, tirado en el suelo.

Don Juan mantuvo la misma posición frente a él. Sus canciones de peyote eran casi un murmullo. Benigno, sentado a mi derecha, parecía distraído; Lucio, junto a él, se había dejado caer de lado y roncaba.

El cuerpo de Eligio se contrajo a una posición retorcida. Yacía sobre el costado izquierdo, de frente hacia mí, con las manos entre las piernas. Dio un poderoso salto y se volvió sobre la espalda, con las piernas ligeramente curvadas. Su mano izquierda se agitaba hacia afuera y hacia arriba con un movimiento libre y elegante en extremo. La mano derecha repitió el mismo diseño, y luego ambos brazos alternaron en un movimiento lento, ondulante, parecido al de un arpista. El movimiento se hizo gradualmente más vigoroso. Los brazos tenían una vibración perceptible y subían y bajaban como pistones. Al mismo tiempo, las manos giraban hacia adelante, desde la muñeca, y los dedos se agitaban. Era un espectáculo bello, armonioso, hipnótico. Pensé que su ritmo y su dominio muscular estaban más allá de toda comparación.

Entonces Eligio se levantó despacio, como si se estirara contra una fuerza envolvente. Su cuerpo temblaba. Se sentó en cuclillas y luego empujó hasta quedar erecto. Sus brazos, tronco y cabeza vibraban como si los atravesase una corriente eléctrica intermitente. Era como si una fuerza ajena a su control lo asentara o lo impulsase hacia arriba.

El canto de don Juan se hizo muy fuerte. Lucio y Benigno despertaron y miraron sin interés la escena durante un rato y luego volvieron a dormirse.

Eligio parecía moverse hacia arriba. Al parecer estaba escalando. Ahuecaba las manos para agarrarse a objetos más allá de mi visión. Se empujó hacia arriba e hizo una pausa para recuperar el aliento.

Queriendo ver sus ojos me acerqué más a él, pero don Juan me miró con fiereza y retrocedí a mi puesto.

Entonces Eligio saltó. Fue un salto formidable, definitivo. Al parecer, había llegado a su meta. Resoplaba y sollozaba con el esfuerzo. Parecía asido a un borde. Pero algo iba alcanzándolo. Chilló desesperado. Sus manos se aflojaron y empezó a caer. Su cuerpo se arqueó hacia atrás, y un hermosísimo escarceo coordinado lo convulsionó de la cabeza a los pies. La oleada lo atravesó unas cien veces antes de que su cuerpo se desplomara como un costal sin vida.

Tras un rato extendió los brazos hacia el frente, como

protegiendo su rostro. Mientras yacía sobre el pecho, sus piernas se estiraron hacia atrás; estaban arqueadas a unos centímetros del suelo, dando al cuerpo la apariencia exacta de deslizarse o volar a una velocidad increíble. La cabeza estaba arqueada hacia atrás, a todo lo que daba; los brazos unidos sobre los ojos, escudándolos. Podía yo sentir el viento silbando en torno suyo. Boqueé y di un fuerte grito involuntario. Lucio y Benigno despertaron y miraron con curiosidad a Eligio.

—Si me compras una moto, lo masco ahorita —dijo Lucio en voz alta.

Miré a don Juan. El hizo un gesto imperativo con la cabeza.

—¡Hijo de puta! —masculló Lucio, y volvió a dormirse.

Eligio se puso en pie y echó a andar. Dio unos pasos hacia mí y se detuvo. Pude verlo sonreír con una expresión beatífica. Trató de silbar. El sonido no era claro, pero tenía armonía. Era una tonada. Constaba solamente de un par de barras, repetidas una y otra vez. Tras un rato el silbido se hizo nítidamente audible, y luego se convirtió en una melodía aguda. Eligio murmuraba palabras ininteligibles. Las palabras parecían ser la letra de la tonada. La repitió durante horas. Una canción muy sencilla: repetitiva, monótona, pero extrañamente bella.

Al cantar, Eligio parecía estar mirando algo. En cierto momento se acercó mucho a mí. Vi unos ojos en la semioscuridad. Estaban vidriosos, transfigurados. Sonrió y soltó una risita. Caminó y tomó asiento y caminó de nuevo, gruñendo y suspirando.

De repente, algo pareció haberlo empujado desde atrás. Su cuerpo se arqueó por enmedio, como movido por una fuerza directa. En determinado instante, Eligio estaba equilibrado sobre la punta de los pies, formando un círculo casi completo, sus manos tocando el suelo. Cayó de nuevo, suavemente, sobre la espalda, y se extendió a todo su largo, adquiriendo una rigidez extraña.

Gimoteó y gruñó durante un rato, luego empezó a roncar. Don Juan lo cubrió con unos sacos de arpillera. Eran las 5:35 AM.

Lucio y Benigno dormían hombro contra hombro, recargados en la pared. Don Juan y yo estuvimos callados largo rato. Él se veía fatigado. Rompí el silencio y le pregunté por Eligio. Me dijo que el encuentro de Eligio con Mescalito había tenido un éxito excepcional; Mescalito le había enseñado una canción en su primer encuentro y eso era ciertamente extraordinario.

Le pregunté por qué no había dejado a Lucio tomar peyote a cambio de una motocicleta. Dijo que Mescalito habría matado a Lucio si éste se le hubiera acercado bajo tales condiciones. Don Juan admitió haber preparado todo cuidadosamente para convencer a su nieto; me dijo que había contado con mi amistad con Lucio como parte central de su estrategia. Dijo que Lucio había sido siempre su gran preocupación, y que en una época ambos vivieron juntos y estaban muy unidos, pero Lucio enfermó gravemente a los siete años y el hijo de don Juan, católico devoto, prometió a la Virgen de Guadalupe que Lucio ingresaría en una sociedad sagrada de danzantes si su vida se salvaba. Lucio se recobró y fue obligado a cumplir el juramento. Duró una semana como aprendiz, y luego se resolvió a romper el voto. Pensó que moriría a resultas de esto, templó su ánimo y durante un día entero esperó la llegada de la muerte. Todo el mundo se burló del niño y el incidente jamás se olvidó.

Don Juan pasó largo rato sin hablar. Parecía haber sido cubierto por un mar de pensamientos.

—Mi trampa era para Lucio —dijo— y en vez de él hallé a Eligio. Yo sabía que no tenía caso, pero cuando se quiere a alguien debemos insistir como se debe, como si fuera posible rehacer a los hombres. Lucio tenía valor cuando era niño, y luego lo perdió a lo largo del camino.

—¿No puede usted embrujarlo, don Juan?

—¿Embrujarlo? ¿Para qué?

—Para que cambie y recobre su valor.

—La brujería no se usa para dar valor. El valor es algo personal. La brujería es para volver a la gente inofensiva o enferma o tonta. No se embruja para hacer guerreros. Para ser guerrero hay que ser claro como el cristal, igual que Eligio. ¡Ahí tienes a un hombre de valor!

Eligio roncaba apaciblemente bajo los costales. Despuntaba el día. El cielo era de un azul impecable. No había nubes a la vista.

—Daría cualquier cosa en este mundo —dije— por saber del viaje de Eligio. ¿Se opondría usted a que yo le pidiera que me lo contara?

—¡Bajo ninguna circunstancia debes pedirle eso!

—¿Por qué no? Yo le cuento a usted mis experiencias.

—Eso es distinto. No es tu inclinación guardarte las cosas para ti solo. Eligio es indio. Su viaje es todo lo que tiene. Ojalá hubiera sido Lucio.

—¿No hay nada que pueda usted hacer, don Juan?

—No. Por desgracia, no hay manera de hacerles huesos a las aguamalas. Fue sólo mi desatino.

Salió el sol. Su luz empañó mis ojos cansados.

—Me ha dicho usted muchas veces, don Juan, que un brujo no puede permitirse desatinos. Jamás pensé que tuviera usted alguno.

Don Juan me miró con ojos penetrantes. Se levantó, miró a Eligio y luego a Lucio. Se encajó el sombrero en la cabeza, palmeándolo en la copa.

—Es posible insistir, insistir como es debido, aunque sepamos que lo que hacemos no tiene caso —dijo, sonriendo—. Pero primero debemos saber que nuestros actos son inútiles, y luego proceder como si no lo supiéramos. Eso es el desatino controlado de un brujo.

V

El 5 de octubre de 1968 regresé a casa de don Juan con el único propósito de interrogarlo sobre los hechos en torno a la iniciación de Eligio. Al releer el recuento de lo que tuvo lugar entonces, se me había ocurrido una serie de dudas casi interminables. Como buscaba explicaciones muy precisas, preparé de antemano una lista de preguntas, eligiendo cuidadosamente las palabras más adecuadas.

Empecé por preguntarle:

—¿*Vi* aquella noche, don Juan?

—Estuviste a punto.

—¿*Vio* usted que yo *veía* los movimientos de Eligio?

—Sí. *Vi* que Mescalito te permitía *ver* parte de la lección de Eligio; de otro modo habrías estado mirando un hombre allí sentado, o quizás allí tirado. En el último mitote no notaste que los hombres hicieran nada, ¿o sí?

En el último mitote, yo no había advertido que ninguno de los participantes realizara movimientos fuera de lo común. Le dije que podía asegurar con certeza que todo cuanto había registrado en mis notas era que algunos se levantaban para ir a los matorrales más a menudo que otros.

—Pero casi *viste* toda la lección de Eligio —prosiguió don Juan—. Piensa en eso. ¿Entiendes ahora lo generoso que es contigo Mescalito? Mescalito jamás ha sido tan bueno con nadie, que yo sepa. Con nadie. Y tú, sin embargo, no tienes en cuenta su generosidad. ¿Cómo puedes volverle la espalda tan de golpe? O quizá debería decir: ¿a cambio de qué le vuelves la espalda a Mescalito?

Sentí que don Juan me acorralaba de nuevo. Me resultaba imposible responder su pregunta. Siempre había creído haber renunciado al aprendizaje para salvarme, pero no tenía idea de qué era aquello de lo que me salvaba, ni para qué. Quise cambiar de inmediato el sentido de nuestra conversación, y para tal fin abandoné la intención de proseguir con mis preguntas premeditadas y expuse mi duda más importante.

—Acaso podría usted decirme más acerca de su desatino controlado —dije.

—¿Qué quieres saber de eso?

—Dígame por favor, don Juan, ¿qué es exactamente el desatino controlado?

Don Juan rió fuerte y produjo un sonido chasqueante golpeándose el muslo con la mano ahuecada.

—¡Esto es desatino controlado! —dijo, y nuevamente rió y golpeó su muslo.

—¿Qué quiere usted decir . . . ?

—Estoy feliz de que, al cabo de tantos años, finalmente me hayas preguntado por mi desatino controlado, y sin embargo no me hubiera importado en lo más mínimo si nunca hubieras preguntado. Pero he decidido sentirme feliz, como si me importara que preguntases, como si importara que me importara. ¡*Eso* es desatino controlado!

Ambos reímos con ganas. Lo abracé. Su explicación me resultaba deliciosa, aunque no acababa de comprenderla.

Como de costumbre, estábamos sentados en el área frente a la puerta de su casa. Mediaba la mañana. Don Juan tenía delante una pila de semillas y les estaba quitando la basura. Yo había ofrecido ayudarlo pero él rehusó; dijo que las semillas eran un regalo para uno de sus amigos en Oaxaca y que yo no tenía el poder suficiente para tocarlas.

—¿Con quiénes practica usted el desatino controlado, don Juan? —pregunté tras un silencio largo.

El chasqueó la lengua.

—¡Con todos! —exclamó, sonriendo.

—Entonces, ¿cuándo decide usted practicarlo?

—Cada vez que actúo.

En ese punto sentí necesidad de recapitular, y le pregunté si desatino controlado significaba que sus actos no eran nunca sinceros, sino sólo los actos de un actor.

—Mis actos son sinceros —dijo—, pero sólo son los actos de un actor.

—¡Entonces todo lo que usted hace debe ser desatino controlado! —dije, verdaderamente sorprendido.

—Sí, todo —dijo él.

—Pero no puede ser cierto —protesté— que cada uno de sus actos sea únicamente eso.

—¿Por qué no? —replicó con una mirada misteriosa.

—Eso significaría que nada tiene caso para usted y que nada ni nadie le importan en verdad. Yo, por ejemplo. ¿Quiere usted decir que no le importa si yo me convierto o no en hombre de conocimiento, o si vivo, si muero, si hago cualquier cosa?

—¡Cierto! No me importa. Tú eres como Lucio, o como cualquier otro en mi vida, mi desatino controlado.

Experimenté una peculiar sensación de vacío. Obviamente no había en el mundo razón alguna para que yo hubiera de importarle a don Juan, pero a la vez yo tenía casi la certeza de que se preocupaba por mí en lo personal; pensaba que no podía ser de otro modo, pues siempre me había dedicado su atención completa durante cada momento que yo había pasado con él. Se me ocurrió que acaso don Juan sólo decía eso por estar molesto conmigo. Después de todo, yo abandoné sus enseñanzas.

—Siento que no estamos hablando de lo mismo —dije—. No debía haberme puesto como ejemplo. Lo que quise decir es que debe haber algo en el mundo que a usted le importe en una forma que no sea desatino controlado. No creo que sea posible seguir viviendo si nada nos importa en realidad.

—Eso se aplica a *ti* —dijo—. Las cosas te importan a *ti*. Tú me preguntaste por mi desatino controlado y yo te dije que todo cuanto hago en relación conmigo mismo y con mis semejantes es precisamente eso, porque nada importa.

—La cosa es, don Juan, que si nada le importa, ¿cómo puede usted seguir viviendo?

Rió, y tras una pausa momentánea, en la que pareció deliberar si responderme o no, se levantó y fue al traspatio de su casa. Lo seguí.

—Espere, espere, don Juan —dije—. De veras quiero saber; debe usted explicarme lo que quiere decir.

—A lo mejor no es posible explicar —dijo él—. Ciertas cosas de tu vida te importan porque son importantes; tus acciones son ciertamente importantes para ti, pero para mí, ni una sola cosa es importante ya, ni mis acciones ni las acciones de mis semejantes. Pero sigo viviendo porque tengo mi voluntad. Porque he templado mi voluntad a lo largo de toda mi vida, hasta hacerla impecable y completa, y ahora no me importa que nada importe. Mi voluntad controla el desatino de mi vida.

Se acuclilló y pasó los dedos sobre unas hierbas que había puesto a secar al sol en un gran trozo de arpillera.

Me hallaba desconcertado. Jamás habría podido anticipar la dirección que mi interrogatorio había tomado. Tras una larga pausa, pensé en un buen punto. Le dije que en mi opinión algunos actos de mis semejantes tenían importancia suprema. Señalé que una guerra nuclear era definitivamente el ejemplo más dramático de un acto así. Dije que, para mí, destruir la vida en toda la faz de la tierra era un acto de enormidad vertiginosa.

—Crees eso porque estás pensando. Estás pensando en la vida —dijo don Juan con un brillo en la mirada—. No estás *viendo*.

—¿Me sentiría distinto si pudiera *ver*? —pregunté.

—Una vez que un hombre aprende a *ver*, se halla solo en el mundo, sin nada más que desatino —dijo don Juan en tono críptico.

Hizo una pausa y me miró como queriendo juzgar el efecto de sus palabras.

—Tus acciones, así como las acciones de tus semejantes en general, te parecen importantes sólo porque has *aprendido* a pensar que son importantes.

Puso una inflexión tan peculiar en la palabra "aprendido" que me forzó a inquirir a qué se refería con ella.

—Aprendemos a pensar en todo —dijo—, y luego entrenamos nuestros ojos para mirar al mismo tiempo que pensamos de las cosas que miramos. Nos miramos a nosotros mismos pensando ya que somos importantes. ¡Y por supuesto tenemos que *sentirnos* importantes! Pero luego, cuando uno aprende a *ver*, se da cuenta de que ya no puede uno pensar en las cosas que mira, y si uno no puede pensar en lo que mira todo se vuelve sin importancia.

Don Juan debe haber notado mi expresión intrigada; repitió sus aseveraciones tres veces, como para hacerme comprenderlas. Lo que dijo me sonó al principio como un galimatías, pero al pensarlo cuidadosamente, sus palabras descollaron más bien como una declaración elaborada acerca de alguna faceta de la percepción.

Intenté pensar una buena pregunta que lo hiciera clarificar su argumento, pero no se me ocurrió nada. De un momento a otro me sentía exhausto y no podía formular con claridad mis pensamientos.

Don Juan pareció notar mi fatiga y me dio unas palmaditas suaves.

—Limpia estas plantas aquí —dijo—, y luego las desmenuzas con cuidado y las pones en este frasco.

Me dio un frasco grande de café y se marchó.

Volvió a su casa horas después, al atardecer. Yo había terminado de deshebrar sus plantas y tenido tiempo de sobra para escribir mis notas. Quise hacerle acto seguido algunas preguntas, pero no estaba de humor para responderme. Dijo que se moría de hambre y que primero debía preparar su comida. Encendió un fuego en su estufa de tierra y puso una olla con extracto de caldo de hueso. Atisbó en las bolsas de provisiones que yo había llevado y sacó unas verduras, las cortó en trozos pequeños y las echó en la olla. Luego se acostó en su petate, se quitó los huaraches y me indicó sentarme más cerca de la estufa, para alimentar el fuego.

Estaba casi oscuro; desde mi puesto podía ver el cielo hacia el oeste. Las orillas de unas espesas formaciones de nubes estaban teñidas de un color anteado profundo, mientras el centro de las nubes permanecía casi negro.

Iba yo a comentar la belleza de las nubes, pero él habló primero.

—Esponjosas por fuera y apretadas por dentro —dijo señalando las nubes.

Su frase encajaba tan a la perfección que me hizo saltar.

—En este momento yo iba a hablarle de las nubes —dije.

—Entonces te gané —dijo, y rió con abandono infantil.

Le pregunté si estaba de humor para responder algunas preguntas.

—¿Qué quieres saber? —repuso.

—Lo que me dijo usted esta tarde acerca del desatino controlado me ha inquietado muchísimo —dije—. Realmente no puedo entenderlo.

—Claro que no puedes entenderlo —dijo—. Estás tratando de pensarlo, y lo que yo dije no encaja con tus pensamientos.

—Estoy tratando de pensarlo —dije— porque ésa es la única forma en que yo, personalmente, puedo entender cualquier cosa. Por ejemplo, don Juan, ¿dice usted que, cuando uno aprende a *ver*, todo en el mundo entero carece de valor?

—No dije de valor. Dije de importancia. Todo es igual y por lo tanto sin importancia. Por ejemplo, no hay manera de decir que mis actos son más importantes que los tuyos, o que una cosa es más esencial que otra; por lo tanto, todas las cosas son iguales, y al ser iguales carecen de importancia.

Le pregunté si estaba declarando que lo que había llamado "ver" era en efecto una "manera mejor" que el simple "mirar las cosas".

Dijo que los ojos del hombre podían realizar ambas funciones, pero ninguna era mejor que la otra; sin embargo, educar los ojos nada más para mirar era, en su opinión, un desperdicio innecesario.

—Por ejemplo, para reír necesitamos mirar con los ojos —dijo—, porque sólo cuando miramos las cosas podemos captar el filo gracioso del mundo. En cambio, cuando nuestros ojos *ven*, todo es tan igual que nada tiene gracia.

—¿Quiere usted decir, don Juan, que un hombre que *ve* nunca puede reír?

Permaneció en silencio un rato.

—Tal vez haya hombres de conocimiento que nunca

ríen —dijo—. Pero no conozco ninguno. Los que conozco *ven* y también miran, de modo que ríen.

—¿Lloraría asimismo un hombre de conocimiento?

—Por supuesto. Nuestros ojos miran para que podamos reír, o llorar, o regocijarnos, o estar tristes, o estar
contentos. A mí personalmente no me gusta estar triste;
por eso, cada vez que presencio algo que por lo común
me entristecería, simplemente cambio los ojos y lo *veo*
en lugar de mirarlo. Pero cuando encuentro algo gracioso,
miro y me río.

—Pero entonces, don Juan, su risa es genuina, y no
desatino controlado.

Don Juan se me quedó mirando un momento.

—Yo hablo contigo porque me haces reír —dijo—. Me
haces acordar a unas ratas coludas del desierto que se
quedan atracadas cuando meten la cola en agujeros tratando de ahuyentar a otras ratas para robarles la comida.
Tú quedas atrapado en tus propias preguntas. ¡Ten cuidado! A veces, esas ratas se arrancan la cola al soltarse.

La comparación me hizo gracia y reí. Don Juan me
había enseñado cierta vez unos roedores pequeños, de cola
peluda, que parecían ardillas gordas; la imagen de una
de esas ratas rechonchas arrancándose la cola a tirones
era triste y al mismo tiempo morbosamente chistosa.

—Mi risa, así como todo cuanto hago, es de verdad
—dijo don Juan—, pero también es desatino controlado
porque es inútil; no cambia nada y sin embargo lo hago.

—Pero según yo lo entiendo, don Juan, su risa no es
inútil. Lo hace a usted feliz.

—¡No! Soy feliz porque escojo mirar las cosas que me
hacen feliz, y entonces mis ojos captan su filo gracioso
y me río. Te lo he dicho incontables veces. Siempre hay
que escoger el camino con corazón para estar lo mejor
posible, quizá para poder reír todo el tiempo.

Interpreté sus palabras en el sentido de que el llanto era inferior a la risa, o al menos, quizá, un acto que nos debilitaba. Él aseveró que no había diferencia intrínseca y que ambas cosas carecían de importancia; dijo, empero, que su preferencia era la risa, porque la risa hacía a su cuerpo sentirse mejor que el llanto.

En este punto sugerí que, si uno tiene preferencia, no hay igualdad; si él prefería la risa al llanto, la primera era sin duda más importante.

Don Juan mantuvo tercamente que su preferencia no quería decir que no fueran iguales, y yo insistí diciendo que nuestra discusión podía extenderse lógicamente al planteamiento de que, si todas las cosas eran supuestamente iguales, ¿por qué no elegir también la muerte?

—Eso hacen muchos hombres de conocimiento —dijo—. Un día desaparecen así no más. La gente piensa que los emboscaron y los mataron a causa de sus hechos. Prefieren morir porque no les importa. En cambio, yo prefiero vivir, y reír, no porque importe, sino porque esa preferencia es la inclinación de mi naturaleza. Si digo que prefiero o escojo es porque *veo*, pero el asunto es que yo no escojo vivir; mi voluntad me hace seguir viviendo a pesar de cuanto pueda *ver*. Tú no me entiendes ahora a causa de esa costumbre que tienes de pensar así como miras y de pensar así como piensas.

Esta frase me intrigó sobremanera. Le pedí explicar qué quería decir con ella.

Repitió la misma formulación varias veces, como dándose tiempo para organizarla en términos distintos, y luego remachó su argumento diciendo que con lo de "pensar" se refería a la idea constante que tenemos de todo en el mundo. Dijo que "ver" disipaba esa costumbre y, mientras yo no aprendiera a "ver", no podría comprender lo que él decía.

—Pero si nada importa, don Juan, ¿por qué va a importar que yo aprenda a *ver*?

—Una vez te dije que nuestra suerte como hombres es aprender, para bien o para mal —repuso—. Yo he aprendido a *ver* y te digo que nada importa en realidad; ahora te toca a ti; a lo mejor algún día *verás* y sabrás si las cosas importan o no. Para mí nada importa, pero capaz para ti importe todo. Ya deberías saber a estas alturas que un hombre de conocimiento vive de actuar, no de pensar en actuar, ni de pensar qué pensará cuando termine de actuar.

Por eso un hombre de conocimiento elige un camino con corazón y lo sigue: y luego mira y se regocija y ríe; y luego *ve* y sabe. Sabe que su vida se acabará en un abrir y cerrar de ojos; sabe que él, así como todos los demás, no va a ninguna parte; sabe, porque *ve*, que nada es más importante que lo demás. En otras palabras, un hombre de conocimiento no tiene honor, ni dignidad, ni familia, ni nombre, ni tierra, sólo tiene vida que vivir, y en tal condición su única liga con sus semejantes es su desatino controlado. Así, un hombre de conocimiento se esfuerza, y suda, y resuella, y si uno lo mira es como cualquier hombre común, excepto que el desatino de su vida está bajo control. Como nada le importa más que nada, un hombre de conocimiento escoge cualquier acto, y lo actúa como si le importara. Su desatino controlado lo lleva a decir que lo que él hace importa y lo lleva a actuar como si importara, y sin embargo él sabe que no importa; de modo que, cuando completa sus actos se retira en paz, sin pena ni cuidado de que sus actos fueran buenos o malos, o tuvieran efecto o no.

"Por otro lado, un hombre de conocimiento puede preferir quedarse totalmente impasible y no actuar jamás, y comportarse como si el ser impasible le importara de verdad; también en eso será genuino y justo, porque eso es también su desatino controlado".

En este punto me enredé en un esfuerzo muy complicado por explicar a don Juan mi interés en saber qué motivaría a un hombre de conocimiento a actuar en determinada forma a pesar de saber que nada importaba.

Chasqueó suavemente la lengua antes de responder.

—Tú piensas en tus actos —dijo—. Por eso tienes que creer que tus actos son tan importantes como piensas que son, cuando en realidad nada de lo que uno hace es importante. ¡Nada! Pero entonces, si nada importa en realidad, me preguntaste, ¿cómo puedo seguir viviendo? Sería más sencillo morir; eso es lo que dices y lo que crees, porque estás pensando en la vida, igual que ahora piensas en cómo será *ver*. Querías que te lo describiera para poder ponerte a pensar en ello, igual que haces con todo lo demás. Sólo que, en el caso de *ver*, pensar no es lo fuerte, así que no puedo decirte cómo es *ver*. Ahora quieres que te describa las razones de mi desatino controlado y sólo puedo decirte que el desatino controlado se parece mucho a *ver*; es algo en lo que no se puede pensar.

Bostezó. Se acostó de espaldas y estiró los brazos y las piernas. Sus huesos produjeron un sonido crujiente.

—Te fuiste por un tiempo muy largo. Piensas demasiado.

Se levantó y fue al espeso chaparral a un lado de la casa. Alimenté el fuego para mantener hirviendo la olla. Iba a encender una lámpara de petróleo, pero la semioscuridad era muy confortante. El fuego de la estufa, que daba luz suficiente para escribir, creaba asimismo un resplandor rojizo en mi alrededor. Puse mis notas en el suelo y me acosté. Me sentía cansado. De toda la conversación de don Juan, lo único que punzaba mi mente era que yo no le importaba; eso me producía una inquietud inmensa. Durante un lapso de años yo había depositado en él mi confianza. De no haber confiado en él por entero, el miedo me habría paralizado ante la perspectiva de aprender su conocimiento; la premisa en que mi confianza se basaba era la idea de que yo le importaba en lo personal; de hecho siempre le tuve miedo, pero frené mi temor porque confiaba en él. Cuando él quitó esa base, me dejó sin nada en que apoyarme, y me sentí desvalido.

Una angustia muy extraña se posesionó de mí. Me puse extremadamente agitado y empecé a pasear de un lado a otro frente a la estufa. Don Juan tardaba mucho. Lo esperé con impaciencia.

Regresó un rato después; volvió a sentarse ante el fuego y yo solté atropelladamente mis temores. Le dije que me preocupaba mi incapacidad de cambiar de dirección a mitad de la corriente; le expliqué que, junto con la confianza que le tenía, había aprendido también a respetar su forma de vivir y a considerarla intrínsecamente más racional, o al menos más funcional, que la mía. Dije que sus palabras me habían lanzado a un conflicto terrible porque involucraban la necesidad de cambiar mis sentimientos. Para ilustrar mi argumento, narré a don Juan la historia de un anciano de mi propia cultura: un abogado rico, conservador, que había vivido su vida convencido de sostener la verdad. En los primeros años del treinta, con el advenimiento de la política del presidente Roosevelt se vio envuelto apasionadamente en el drama político de aquella época. Poseía la seguridad categórica de que el cambio era perjudicial al país, y por devoción a su forma de vida y convicción de estar en lo justo, juró combatir lo que consideraba un mal político. Pero la marea de la época era demasiado fuerte; lo avasalló. Pugnó contra ella a lo largo de diez años, en la arena política y en el territorio de su vida personal; luego, la segunda guerra mundial selló sus esfuerzos con la derrota completa. Su caída política e ideológica dio por resultado una profunda amargura; se auto-exiló durante veinticinco años. Cuando lo conocí, tenía ochenta y cuatro y había vuelto a su ciudad natal a pasar sus últimos días en un asilo de ancianos. Me parecía inconcebible que hubiese vivido tanto, teniendo en cuenta la forma en que había despilfarrado su vida en amargura y autocompasión. Por algún motivo mi compañía le resultaba amena, y solíamos conversar largamente.

La última vez que lo vi, concluyó nuestra conversación en la forma siguiente:

—He tenido tiempo de volver la cara y examinar mi vida. Los asuntos de mi tiempo no son hoy más que una historia, y ni siquiera una historia interesante. Acaso desperdicié años de mi vida persiguiendo algo que nunca existió. Últimamente he tenido el sentimiento de que creí en algo que era una farsa. No valía la pena. Creo que ahora lo sé. Y sin embargo no puedo recobrar los cuarenta años que he perdido.

Dije a don Juan que mi conflicto surgía de las dudas a que me habían arrojado sus palabras sobre el desatino controlado.

—Si nada importa en realidad —dije—, al convertirse en hombre de conocimiento uno se hallaría, forzosamente, tan vacío como mi amigo y no en mejor posición.

—No es así —dijo don Juan, cortante—. Tu amigo se siente solo porque morirá sin *ver*. Su vida sólo fue para hacerse viejo y ahora ha de sentirse más mal que nunca. Siente haber desperdiciado cuarenta años porque buscaba victorias y no halló sino derrotas. Jamás sabrá que ser victorioso y ser derrotado son iguales.

"Conque ahora me tienes miedo por haberte dicho que eres igual a todo lo demás. Te estás haciendo el necio. Nuestra suerte como hombres es aprender, y al conocimiento se va como a la guerra; te lo he dicho incontables veces. Al conocimiento o a la guerra se va con miedo, con respeto, sabiendo que se va a la guerra, y con absoluta confianza en sí mismo. Confía en ti, no en mí.

"Conque temes el vacío de la vida de tu amigo. Pero no hay vacío en la vida de un hombre de conocimiento: te lo digo yo. Todo está lleno hasta el borde.

Don Juan se puso en pie y extendió los brazos como palpando cosas en el aire.

—Todo está lleno hasta el borde —repitió—, y todo es igual. Yo no soy como tu amigo que nada más se hizo viejo. Cuando yo te digo que nada importa, no lo digo como él. Para él, su lucha no valió la pena porque salió derrotado; para mí no hay victoria, ni derrota, ni vacío. Todo está lleno hasta el borde y todo es igual y mi lucha valió la pena.

"Para convertirse en hombre de conocimiento hay que ser un guerrero, no un niño llorón. Hay que luchar sin entregarse, sin una queja, sin titubear, hasta que uno *vea*, y sólo entonces puede uno darse cuenta que nada importa.

Don Juan revolvió la olla con una cuchara de madera. La comida estaba lista. Quitó la olla del fuego y la puso en un bloque rectangular de adobe que había construido contra la pared y que usaba como repisa o mesa. Empujó con el pie dos cajones pequeños que servían como sillas cómodas, especialmente si uno se recargaba contra las vigas que soportaban el muro. Me hizo seña de tomar asiento y sirvió un plato de sopa. Sonrió; sus ojos brillaban como si en verdad disfrutara mi presencia. Suavemente deslizó el plato en mi dirección. Había en su gesto tal calor y bondad que parecía estarme pidiendo restaurar mi confianza en él. Me sentí idiota; traté de romper mi pesadumbre mientras buscaba mi cuchara, pero no pude hallarla. La sopa estaba demasiado caliente para beberla del plato, y mientras se enfriaba pregunté a don Juan si desatino controlado quería decir que un hombre de conocimiento ya no podía querer a nadie.

Dejó de comer y rió.

—Te importa demasiado querer a los otros o que te quieran a ti —dijo—. Un hombre de conocimiento quiere, eso es todo. Quiere lo que se le antoja o a quien se le antoja, pero usa su desatino controlado para andar sin pena ni cuidado. Lo contrario de lo que tú haces ahora. Que los otros lo quieran o no lo quieran a uno no es todo lo que se puede hacer como hombre.

Se me quedó viendo un rato, con la cabeza algo ladeada.

—Piénsalo —dijo.

—Hay una cosa más que quiero preguntar, don Juan. Dijo usted que necesitamos mirar con nuestros ojos para reír, pero yo creo que nos reímos porque pensamos. Un ciego también se ríe.

—No —dijo—. Los ciegos no ríen. Sus cuerpos se sacuden un poquito con la oleada de la risa. Jamás han mirado el filo gracioso del mundo y tienen que imaginarlo. Su risa no es rugido.

No hablamos más. Yo experimentaba una sensación de bienestar, de felicidad. Comimos en silencio; luego don Juan empezó a reír. Yo estaba usando una rama seca para llevar las verduras a mi boca.

4 de octubre, 1968

Hoy, en cierto momento, pregunté a don Juan si tenía inconveniente en hablar un poco más sobre "ver". Pareció deliberar un instante; luego sonrió y dijo que de nuevo me hallaba envuelto en mi rutina de costumbre, tratando de hablar en vez de hacer.

—Si quieres *ver* deberás dejar que el humo te guíe —dijo con énfasis—. Ya no voy a hablar de esto.

Yo estaba ayudándole a limpiar unas hierbas secas. Trabajamos un buen rato en silencio completo. Cuando me veo forzado a un silencio prolongado me entra siempre la aprensión, sobre todo en presencia de don Juan. En un momento dado le presenté una pregunta en una especie de arranque compulsivo, casi beligerante.

—¿Cómo ejercita su desatino controlado un hombre de conocimiento en el caso de la muerte de una persona a quien ama?

Tomado por sorpresa, don Juan me miró extrañado.

—Digamos su nieto Lucio —dije—. ¿Serían desatino controlado los actos de usted en caso de que él muriera?

—Digamos mi hijo Eulalio, es mejor ejemplo —repuso con calma don Juan—. Lo aplastó un derrumbe cuando trabajaba en la construción de la Carretera Panamericana. La manera como actué con él en el momento de su muerte fue desatino controlado. Cuando llegué a la zona de explosivos, casi estaba muerto, pero su cuerpo era tan fuerte que seguía moviéndose y pataleando. Me puse frente a él y les dije a los muchachos de la cuadrilla que ya no lo acarrearan; me obedecieron y se quedaron allí parados alrededor de mi hijo, mirando su cuerpo maltrecho. Yo también me quedé allí parado, pero sin mirar. Cambié mis ojos para *ver* cómo su vida personal se deshacía, se extendía incontrolable más allá de sus límites, como una neblina de cristales, porque así es como la vida y la muerte se mezclan y se expanden. Eso fue lo que hice en la hora de la muerte de mi hijo. Eso es todo lo que uno podría hacer, y es desatino controlado. Si lo hubiera mirado, lo hubiera visto quedarse quieto y habría sentido un grito por dentro, porque ya nunca más miraría su hermosa figura caminando por la tierra. En lugar de eso *vi* su muerte, y no hubo tristeza ni sentimiento. Su muerte era igual a todo lo demás.

Don Juan guardó silencio unos instantes. Parecía triste,

pero entonces sonrió y golpeteó mi cabeza con un dedo.

—Puedes decir que, en el caso de la muerte de una persona a quien amo, mi desatino controlado es cambiar los ojos.

Pensé en la gente que yo amo, y una oleada de pena, terriblemente opresiva, me envolvió.

—Dichoso usted, don Juan —dije—. Usted puede cambiar los ojos, mientras que yo no puedo sino mirar.

Mis frases lo hicieron reír.

—¡Qué dichoso ni qué la chingada! —dijo—. Es trabajo duro.

Ambos reímos. Tras un largo silencio empecé a interrogarlo de nuevo, quizá sólo para disipar mi propia tristeza.

—Entonces, don Juan, si le he entendido correctamente —dije—, los únicos actos en la vida de un hombre de conocimiento que no son desatino controlado son aquéllos que realiza con su aliado o con Mescalito. ¿No es cierto?

—Es cierto —dijo chasqueando la lengua—. Mi aliado y Mescalito no están al nivel de nosotros los seres humanos. Mi desatino controlado se aplica sólo a mí mismo y a los actos que realizo en compañía de mis semejantes.

—Sin embargo —dije—, es una posibilidad lógica pensar que un hombre de conocimiento puede también considerar desatino controlado sus actos con su aliado o con Mescalito, ¿verdad?

Me miró un momento.

—Estás pensando otra vez —dijo—. Un hombre de conocimiento no piensa, por lo tanto no puede encontrarse con esa posibilidad. Aquí estoy yo, por ejemplo. Yo digo que mi desatino controlado se aplica a los actos que realizo en compañía de mis semejantes; lo digo porque puedo *ver* a mis semejantes. Sin embargo, no puedo *ver* a mi aliado y eso lo hace incomprensible para mí, así que ¿cómo voy a controlar mi desatino si no lo *veo*? Con mi aliado o con

Mescalito yo soy solamente un hombre que sabe cómo *ver* y se desconcierta con lo que *ve;* un hombre que sabe que jamás entenderá todo lo que lo rodea.

"Ahí estás tú, por ejemplo. A mí no me importa si te haces o no hombre de conocimiento; sin embargo, a Mescalito le importa. Si no le importara, no daría tantos pasos para mostrar que se ocupa de ti. Yo me doy cuenta de que se ocupa y actúo de acuerdo con eso, pero sus razones me son incomprensibles."

VI

Justamente cuando subíamos en mi coche para iniciar un viaje al estado de Oaxaca, el 5 de octubre de 1968, don Juan me detuvo.

—Te he dicho antes —dijo con expresión grave— que nunca hay que revelar el nombre ni el paradero de un brujo. Creo que entendiste que nunca debías revelar mi nombre ni el sitio donde está mi cuerpo. Ahora voy a pedirte que hagas lo mismo con un amigo mío, un amigo a quien llamarás Genaro. Vamos a ir a su casa; pasaremos allí un tiempo.

Aseguré a don Juan no haber traicionado jamás su confianza.

—Lo sé —dijo sin alterar su seriedad—. Pero me preocupa que vayas a volverte descuidado.

Protesté, y don Juan dijo que su propósito era únicamente recordarme que, cada vez que uno se descuidaba en asuntos de brujería, estaba jugando con una muerte inminente y sin sentido, la cual podía evitarse siendo precavido y alerta.

—Ya no tocaremos este asunto —dijo—. Una vez que salgamos de mi casa no mencionaremos a Genaro ni pensaremos en él. Quiero que desde ahora pongas en orden tus pensamientos. Cuando lo conozcas debes ser claro y no tener dudas en tu mente.

—¿A qué clase de dudas se refiere usted, don Juan?

—A cualquier clase de dudas. Cuando lo conozcas, debes ser claro como el cristal. ¡El te va a *ver*!

Sus extrañas admoniciones me produjeron una gran aprensión. Mencioné que acaso no debía conocer en absoluto a su amigo. Pensé que sólo debía llevar a don Juan cerca de donde aquél vivía y dejarlo allí.

—Lo que te dije fue sólo una precaución —dijo él—. Ya conociste a un brujo, Vicente, y casi te mató. ¡Ten cuidado esta vez!

Cuando llegamos a la parte central de México, nos tomó dos días caminar desde donde dejé mi coche hasta la casa del amigo, una chocita encaramada en la ladera de una montaña. El amigo de don Juan estaba en la puerta, como si nos aguardara. Lo reconocí de inmediato. Ya había tenido contacto con él, aunque brevemente, cuando llevé mi libro a don Juan. Aquella vez no lo había mirado en realidad, sino muy por encima, y tuve la impresión de que era de la misma edad que don Juan. Sin embargo, al verlo en la puerta de su casa advertí que definitivamente era más joven. No tendría muchos años más de los sesenta. Era más bajo y más esbelto que don Juan, muy moreno y magro. Tenía el cabello espeso, veteado de gris y un poco largo; le cubría en parte las orejas y la frente. Su rostro era redondo y duro. Una nariz muy prominente lo hacía parecer un ave de presa con pequeños ojos oscuros.

Habló primero con don Juan. Don Juan asintió con la cabeza. Conversaron brevemente. No hablaban en español, así que no entendí lo que decían. Luego don Genaro se volvió hacia mí.

—Sea usted bienvenido a mi humilde choza —dijo en español y en tono de disculpa.

Sus palabras eran una fórmula de cortesía que yo había oído antes en diversas áreas rurales de México. Pero al decirlas rió gozoso, sin ninguna razón evidente, y supe que estaba ejerciendo su desatino controlado. No le importaba en lo más mínimo que su casa fuera una choza. Don Genaro me simpatizó mucho.

Durante los dos días siguientes, fuimos a las montañas para recoger plantas. Don Juan, don Genaro y yo salíamos cada día al romper el alba. Los dos viejos se encaminaban juntos a una parte específica, pero no identificada, de las montañas, y me dejaban solo en cierta zona del bosque. Yo tenía allí una sensación exquisita. No advertía el paso del tiempo, ni me daba aprensión el quedarme solo; la experiencia extraordinaria que tuve ambos días fue una inexplicable capacidad para concentrarme en la delicada tarea de hallar las plantas específicas que don Juan me había confiado recoger.

Regresábamos a la casa al caer la tarde, y los dos días mi cansancio me hizo dormirme en el acto.

Pero el tercer día fue distinto. Los tres trabajamos juntos, y don Juan pidió a don Genaro enseñarme cómo seleccionar determinadas plantas. Regresamos alrededor del mediodía y los dos viejos estuvieron sentados frente a la casa horas enteras, en completo silencio, como si se hallaran en estado de trance. Pero no estaban dormidos. Caminé un par de veces alrededor de ellos; don Juan seguía con los ojos mis movimientos, y lo mismo hacía don Genaro.

—Hay que hablar con las plantas antes de cortarlas —dijo don Juan. Dejó caer al descuido sus palabras y repitió la frase tres veces, como para captar mi atención. Nadie había dicho una sola palabra hasta que él habló.

—Para *ver* a las plantas hay que hablarles personalmente —prosiguió—. Hay que llegar a conocerlas una por una; entonces las plantas te dicen todo lo que quieras saber de ellas.

Atardecía. Don Juan estaba sentado en una piedra plana, de cara a las montañas del oeste; don Genaro, junto a él, ocupaba un petate y miraba hacia el norte. Don Juan me había dicho, el primer día que estuvimos allí, que ésas eran las "posiciones" de ambos, y que yo debía sentarme en el suelo en cualquier sitio frente a los dos. Añadió que, mientras nos halláramos sentados en esas posiciones, yo tenía que mantener el rostro hacia el sureste, y mirarlos sólo en breves vistazos.

—Sí, así pasa con las plantas, ¿no? —dijo don Juan y se volvió a don Genaro, quien manifestó su acuerdo con un gesto afirmativo.

Le dije que el motivo de que yo no hubiera seguido sus instrucciones era que me sentía un poco estúpido hablando con las plantas.

—No acabas de entender que un brujo no está bromeando —dijo con severidad—. Cuando un brujo hace el intento de *ver,* hace el intento de ganar poder.

Don Genaro me observaba. Yo estaba tomando notas y eso parecía desconcertarlo. Me sonrió, meneó la cabeza y dijo algo a don Juan. Don Juan alzó los hombros. Verme escribir debe haber sido bastante extraño para don Genaro. Don Juan, supongo, se hallaba acostumbrado a mis anotaciones, y el hecho de que yo escribiera mientras él hablaba ya no le producía extrañeza; podía continuar hablando sin parecer advertir mis actos. Don Genaro, en cambio, no dejaba de reír, y tuve que abandonar mi escritura para no romper el tono de la conversación.

Don Juan volvió a afirmar que los actos de un brujo no debían tomarse como chistes, pues un brujo jugaba con

111

la muerte en cada vuelta del camino. Luego procedió a relatar a don Genaro la historia de cómo una noche, durante uno de nuestros viajes, yo había mirado las luces de la muerte, siguiéndome. La anécdota resultó absolutamente graciosa; don Genaro rodó por el suelo riendo.

Don Juan me pidió disculpas y dijo que su amigo era dado a explosiones de risa. Miré a don Genaro, a quien creí todavía rodando en el suelo, y lo vi ejecutar un acto de lo más insólito. Estaba parado de cabeza sin ayuda de brazos ni piernas, y tenía las piernas cruzadas como si se encontrara sentado. El espectáculo era tan insólito que me hizo saltar. Cuando tomé conciencia de que don Genaro estaba haciendo algo casi imposible, desde el punto de vista de la mecánica corporal, él había vuelto a sentarse en una postura normal. Don Juan, empero, parecía tener conocimiento de lo involucrado, y celebró a carcajadas la hazaña de don Genaro.

Don Genaro parecía haber notado mi confusión; palmoteó un par de veces y rodó nuevamente en el suelo; al parecer quería que yo lo observara. Lo que al principio había parecido rodar en el suelo era en realidad inclinarse estando sentado, y tocar el suelo con la cabeza. Aparentemente lograba su ilógica postura ganando impulso, inclinándose varias veces hasta que la inercia llevaba su cuerpo a una posición vertical, de modo que por un instante "se sentaba de cabeza".

Cuando la risa de ambos aminoró, don Juan siguió hablando; su tono era muy severo. Cambié la posición de mi cuerpo para estar cómodo y darle toda mi atención. No sonrió ni por asomo, como suele hacer, especialmente cuando trato de prestar atención deliberada a lo que dice. Don Genaro seguía mirándome como en espera de que yo empezase a escribir de nuevo, pero ya no tomé notas. Las palabras de don Juan eran una reprimenda por no hablar con las plantas que yo había cortado, como siempre me había dicho que hiciera. Dijo que las plantas que yo maté podrían también haberme matado; expresó su seguridad de que, tarde o temprano, harían que me enfermara. Añadió que si me enfermaba como resultado de dañar plantas, yo, sin embargo, no daría importancia al hecho y creería tener solamente un poco de gripe.

Los dos viejos tuvieron otro momento de regocijo; luego don Juan se puso serio nuevamente y dijo que, si yo no pensaba en mi muerte, mi vida entera no sería sino un caos personal. Se veía muy austero.

—¿Qué más puede tener un hombre aparte de su vida y su muerte? —me dijo.

En ese punto sentí que era indispensable tomar notas y empecé a escribir de nuevo. Don Genaro se me quedó mirando y sonrió. Luego inclinó la cabeza un poco hacia atrás y abrió sus fosas nasales. Al parecer controlaba en forma notable los músculos que operaban dichas fosas, pues éstas se abrieron como al doble de su tamaño normal.

Lo más cómico de su bufonería no eran tanto los gestos de don Genaro como sus propias reacciones a ellos. Después de agrandar sus fosas nasales se desplomó, riendo, y una vez más llevó su cuerpo a la misma extraña posición invertida de sentarse de cabeza.

Don Juan rió hasta que las lágrimas rodaron por sus mejillas. Me sentí algo apenado y reí con nerviosismo.

—A Genaro no le gusta que escribas —dijo don Juan a guisa de explicación.

Puse mis notas a un lado, pero don Genaro me aseguró que estaba bien escribir, porque en realidad no le importaba. Volví a recoger mis notas y empecé a escribir. Él repitió los mismos movimientos hilarantes y ambos tuvieron de nuevo las mismas reacciones.

Don Juan me miró, riendo aún, y dijo que su amigo

me estaba imitando; que yo tenía la tendencia de abrir las fosa nasales cada vez que escribía; y que don Genaro pensaba que tratar de llegar a brujo tomando notas era tan absurdo como sentarse de cabeza; por eso había inventado la ridícula postura de reposar en la cabeza el peso de su cuerpo sentado.

—A lo mejor a ti no te hace gracia —dijo don Juan—, pero sólo a Genaro se le puede ocurrir sentarse de cabeza, y sólo a ti se te ocurre aprender a ser brujo escribiendo de arriba abajo.

Ambos tuvieron otra explosión de risa, y don Genaro repitió su increíble movimiento.

Me agradaba. Había en sus actos enorme gracilidad y franqueza.

—Mis disculpas, don Genaro —dije señalando el bloque de notas.

—Está bien —dijo, y rió chasqueando la lengua.

Ya no pude escribir. Siguieron hablando largo rato acerca de la forma en que las plantas podían realmente matar, y de cómo los brujos las usaban en esa capacidad. Ambos me miraban continuamente al hablar, como si esperaran que escribiese.

—Carlos es como un caballo al que no le gusta la silla —dijo don Juan—. Hay que ir muy despacio con él. Lo asustaste y ahora no escribe.

Don Genaro expandió sus fosas nasales y dijo en súplica parodiada, frunciendo el ceño y la boca:

—¡Ándale, Carlitos, escribe! Escribe hasta que se te caiga el dedo.

Don Juan se levantó, estirando los brazos y arqueando la espalda. Pese a su avanzada edad, su cuerpo se veía potente y flexible. Fue a los matorrales a un lado de la casa y yo quedé solo con don Genaro. Él me miró y yo aparté los ojos, porque me hacía sentirme apenado.

—No me digas que ni siquiera vas a mirarme —dijo con una entonación extremadamente cómica.

Abrió las fosas nasales y las hizo vibrar; luego se puso en pie y repitió los movimientos de don Juan, arqueando la espalda y estirando los brazos, pero con el cuerpo contraído en una posición sumamente burlesca; era en verdad un gesto indescriptible que combinaba un exquisito sentido de la pantomima y un sentido de lo ridículo. Era una caricatura maestra de don Juan.

Don Juan regresó en ese momento y captó el gesto, y también la intención. Se sentó riendo por lo bajo.

—¿Qué dirección lleva el viento? —preguntó como si nada don Genaro.

Don Juan señaló el oeste con un movimiento de cabeza.

—Mejor voy a donde sopla el viento —dijo don Genaro con expresión de seriedad.

Luego se volvió y sacudió un dedo en mi dirección.

—Y tú no hagas caso si oyes ruidos raros —dijo—. Cuando Genaro caga, las montañas se estremecen.

Saltó a los matorrales y un momento después oí un ruido muy extraño, un retumbar profundo, ultraterreno. No supe qué interpretación darle. Miré a don Juan buscando un indicio, pero él estaba doblado de risa.

17 de octubre, 1968

No recuerdo qué cosa motivó a don Genaro a hablarme sobre el orden del "otro mundo", como él lo llamaba. Dijo que un maestro brujo era un águila, o más bien que podía convertirse en águila. En cambio, un brujo malo era un tecolote. Don Genaro dijo que un brujo malo era hijo de la noche y que para un hombre así los animales más útiles eran el león de montaña u otros felinos salvajes, o bien las aves nocturnas, el tecolote en especial. Dijo que los "brujos líricos", o simples aficionados, preferían otros animales: el cuervo, por ejemplo. Don Juan rió; había estado escuchando en silencio.

Don Genaro se volvió a él y dijo:

—Eso es cierto; tú lo sabes, Juan.

Luego dijo que un maestro brujo podía llevar consigo a su discípulo en un viaje y atravesar literalmente las diez capas del otro mundo. El maestro, siempre y cuando fuera un águila, podía empezar en la capa de abajo y luego atravesar cada mundo sucesivo hasta llegar a la cima. Los brujos malos y los líricos, dijo, sólo podían cuando mucho atravesar tres capas.

Don Genaro describió aquellos pasos diciendo:

—Empiezas en el mero fondo y entonces tu maestro te lleva en su vuelo y al rato, ¡pum! Atraviesas la primera capa. Luego, un ratito después, ¡pum! Atraviesas la segunda; y ¡pum! Atraviesas la tercera...

En tal forma don Genaro me llevó hasta la última capa del mundo. Cuando hubo terminado de hablar, don Juan me miró y sonrió sabiamente.

—Las palabras no son la predilección de Genaro —dijo—, pero si quieres recibir una lección, él te enseñará acerca del equilibrio de las cosas.

Don Genaro asintió con la cabeza; frunció la boca y entrecerró los párpados.

Su gesto me pareció delicioso.

Don Genaro se puso en pie y lo mismo hizo don Juan.

—Muy bien —dijo don Genaro—. Vamos, pues. Podemos ir a esperar a Néstor y Pablito. Ya terminaron. Los jueves terminan temprano.

Ambos subieron en mi coche, don Juan en el asiento delantero. No les pregunté nada; simplemente eché a andar el motor. Don Juan me guió a un sitio que según dijo era la casa de Néstor; don Genaro entró en la casa y un rato después salió con Néstor y Pablito, dos jóvenes que eran sus aprendices. Todos subieron en mi coche y don Juan me indicó tomar el camino hacia las montañas del oeste.

Dejamos el auto al lado del camino de tierra y seguimos la ribera de un río, que tendría cinco o seis metros de ancho, hasta una cascada visible desde donde me había estacionado. Atardecía. El paisaje era impresionante. Directamente sobre nuestras cabezas había una nube enorme, oscura, azulosa, que parecía un techo flotante; tenía un borde bien definido y la forma de un gigantesco semicírculo. Hacia el oeste, en las altas montañas de la Cordillera Central, la lluvia parecía estar descendiendo sobre las laderas. Se veía como una cortina blancuzca que caía sobre los picos verdes. Al este se hallaba el valle largo y hondo; sobre él sólo había nubes desparramadas, y el sol brillaba allí. El contraste entre ambas áreas era magnífico. Nos detuvimos al pie de la cascada; tenía quizás unos cuarenta y cinco metros de altura: el rugido era muy fuerte.

Don Genaro se puso un cinturón del que colgaban siete o más objetos. Parecían guajes pequeños. Se quitó el sombrero y dejó que colgara, sobre su espalda, de un cordón atado alrededor de su cuello. Se puso en la cabeza una banda que sacó de un morral hecho de gruesa tela de lana. La banda era también de lana de diversos colores; el que más resaltaba era un amarillo vívido. En la banda insertó tres plumas. Parecían ser plumas de águila. Noté que los sitios donde las insertó no eran simétricos. Una pluma quedó sobre la curva posterior de su oreja derecha, otra unos centímetros más adelante y la tercera sobre la sien izquierda. Luego se quitó los huaraches, los enganchó o ató a la cintura de sus pantalones y aseguró el cinturón por encima de su poncho. El cinturón estaba hecho, al parecer, de tiras de cuero entretejidas. No pude ver si don Genaro lo amarró o si tenía hebilla. Don Genaro caminó hacia la cascada.

117

Don Juan manipuló una piedra redonda hasta dejarla en una posición firme, y tomó asiento en ella. Los dos jóvenes hicieron lo mismo con otras piedras y se sentaron a su izquierda. Don Juan señaló el sitio junto a él, a su derecha, y me indicó traer una piedra y sentarme a su lado.

—Hay que hacer una línea aquí —dijo, mostrándome que los tres se hallaban sentados en fila.

Para entonces, don Genaro había llegado al pie del desplomadero y había empezado a trepar por una vereda a la derecha de la cascada. Desde donde nos encontrábamos, la vereda se veía bastante empinada. Había muchos arbustos que don Genaro usaba como barandales. En cierto momento pareció perder pie y casi se deslizó hacia abajo, como si la tierra estuviera resbaladiza. Un momento después ocurrió lo mismo, y por mi mente cruzó la idea de que tal vez don Genaro era demasiado viejo para andar escalando. Lo vi resbalar y trastabillar varias veces antes de llegar al punto en que la vereda terminaba.

Experimenté una especie de aprensión cuando empezó a trepar por las rocas. No podía figurarme qué iba a hacer.

—¿Qué hace? —pregunté a don Juan en un susurro.

Don Juan no me miró.

—No ves que está trepando —dijo.

Don Juan miraba directamente a don Genaro. Tenía los ojos fijos, los párpados entrecerrados. Estaba sentado muy erecto, con las manos descansando entre las piernas, sobre el borde de la piedra.

Me incliné un poco para ver a los dos jóvenes. Don Juan hizo un ademán imperativo para hacerme volver a la línea. Me retraje de inmediato. Tuve sólo un vislumbre de los jóvenes. Parecían igual de atentos que él.

Don Juan hizo otro ademán y señaló en dirección de la cascada.

Miré de nuevo. Don Genaro había trepado un buen trecho por la pared rocosa. En el momento en que miré se hallaba encaramado en una saliente; avanzaba despacio, centímetro a centímetro, para rodear un enorme peñasco. Tenía los brazos extendidos, como abrazando la roca. Se movió lentamente hacia su derecha y de pronto perdió pie. Di una boqueada involuntaria. Por un instante, su cuerpo entero pendió en el aire. Me sentí seguro de que caería, pero no fue así. Su mano derecha había aferrado algo, y muy ágilmente sus pies volvieron a la saliente. Pero antes de seguir adelante se volvió a mirarnos. Fue apenas un vistazo. Había, sin embargo, tal estilización en el movimiento de volver la cabeza, que empecé a dudar. Recordé que había hecho lo mismo, volverse a mirarnos, cada vez que resbalaba. Yo había pensado que don Genaro debía de sentirse apenado por su torpeza y que volteaba a ver si lo observábamos.

Trepó un poco más hacia la cima, sufrió otra pérdida de apoyo y quedó colgando peligrosamente de la saledíza superficie de roca. Esta vez se sostenía con la mano izquierda. Al recuperar el equilibrio se volvió nuevamente a mirarnos. Resbaló dos veces más antes de llegar a la cima. Desde donde nos hallábamos sentados, la cresta de la cascada parecía tener de seis a ocho metros de ancho.

Don Genaro permaneció inmóvil un momento. Quise preguntar a don Juan qué iba a hacer don Genaro allá arriba, pero don Juan parecía tan absorto en observar que no me atrevía a molestarlo.

De pronto, don Genaro saltó hacia el agua. Fue una acción tan completamente inesperada que sentí un vacío en la boca del estómago. Fue un salto magnífico, extravagante. Durante un segundo tuve la clara sensación de haber visto una serie de imágenes superpuestas de su cuerpo en vuelo elíptico hasta la mitad de la corriente.

Al aminorar mi sorpresa, advertí que don Genaro había

aterrizado en una piedra al borde de la caída: una piedra apenas visible desde donde nos encontrábamos.

Permaneció largo tiempo allí encaramado. Parecía combatir la fuerza del agua precipitada. Dos veces se inclinó sobre el precipicio y no pude determinar a qué estaba asido. Alcanzó el equilibrio y se acuclilló en la piedra. Luego saltó de nuevo, como un tigre. Mis ojos apenas si percibían la siguiente piedra donde aterrizó; era como un cono pequeño en el borde mismo del despeñadero.

Se quedó allí casi diez minutos. Estaba inmóvil. Su quietud me impresionaba a tal grado que empecé a tiritar. Quería levantarme y caminar por ahí.

Don Juan advirtió mi nerviosismo y con tono autoritario me instó a calmarme.

La inmovilidad de don Genaro me precipitó a un terror extraordinario y misterioso. Sentí que, si seguía más tiempo allí encaramado, yo no podría controlarme.

De pronto saltó de nuevo, ahora hasta la otra ribera de la cascada. Cayó sobre los pies y las manos, como un felino. Permaneció acuclillado un momento; luego se incorporó y miró a través del torrente, hacia la otra orilla, y luego hacia abajo, en nuestra dirección. Se estuvo enteramente quieto, mirándonos. Tenía las manos a los lados, ahuecadas como aferrando un barandal invisible.

Había en su postura algo verdaderamente exquisito; su cuerpo parecía tan flexible, tan frágil. Pensé que don Genaro con su banda y sus plumas, su poncho oscuro y sus pies descalzos, era el ser humano más hermoso que yo hubiera visto.

Repentinamente echó los brazos hacia arriba, alzó la cabeza, y con gran rapidez lanzó su cuerpo a la izquierda, en una especie de salto mortal lateral. El peñasco donde había estado era redondo, y al saltar desapareció tras él.

En ese momento empezaron a caer grandes gotas de lluvia. Don Juan se levantó y lo mismo hicieron los dos jóvenes. Su movimiento fue tan abrupto que me confundió. La experta hazaña de don Genaro me había puesto en un estado de profunda excitación emotiva. Sentía que el viejo era un artista consumado y quería verlo en ese mismo instante para aplaudirlo.

Me esforcé por escudriñar el lado izquierdo de la cascada para ver si don Genaro descendía, mas no lo hizo. Insistí en saber qué le había pasado. Don Juan no respondió.

—Más vale que nos vayamos aprisa —dijo—. Está fuerte el aguacero. Hay que llevar a Néstor y Pablito a su casa, y luego tendremos que irnos regresando.

—Ni siquiera le dije adiós a don Genaro —me quejé.

—Él ya te dijo adiós —repuso don Juan con aspereza.

Me observó un instante y luego suavizó el ceño y sonrió.

—También te dio su afecto —dijo—. Le caíste bien.

—Pero ¿no vamos a esperarlo?

—¡No! —dijo don Juan con brusquedad—. Déjalo tranquilo, ahí donde esté. Capaz ya es un águila volando al otro mundo, o capaz ya se murió allá arriba. Ahorita ya no le hace.

23 de octubre, 1968

Don Juan mencionó casualmente que iba a hacer otro viaje a México central en un futuro cercano.

—¿Va usted a visitar a don Genaro? —pregunté.

—A lo mejor —dijo sin mirarme.

—Don Genaro está bien, ¿verdad, don Juan? Digo, no le pasó nada malo allá arriba de la catarata, ¿no?

—No le pasó nada; tiene aguante.

Hablamos un rato de su proyectado viaje y luego dije que había gozado mucho de la compañía y los chistes de

121

don Genaro. Se rió y dijo que don Genaro era en verdad como un niño. Hubo una larga pausa; yo pugnaba mentalmente por hallar una frase inicial para inquirir acerca de su lección. Don Juan me miró y dijo en tono malicioso:

—Ya te matan las ganas de preguntarme por la lección de Genaro, ¿no?

Reí con turbación. Todo lo ocurrido en la catarata me había estado obsesionando. Daba yo vueltas y más vueltas a todos los detalles que podía recordar, y mis conclusiones eran que había sido testigo de una increíble hazaña de destreza física. Pensaba que don Genaro era, sin lugar a dudas, un incomparable maestro del equilibrio; cada uno de sus movimientos había sido ejecutado con un alto toque ritual y, obviamente, debía de tener algún inextricable sentido simbólico.

—Sí —dije—. Admito que me muero por saber cuál fue su lección.

—Déjame decirte algo —dijo don Juan—. Para ti fue una pérdida de tiempo. Su lección era para alguien que pudiera *ver*. Pablito y Néstor agarraron el hilo, aunque no *ven* muy bien. Pero tú, tú fuiste a mirar. Le dijo a Genaro que eras medio idiota y muy raro, todo atascado, y que a lo mejor te destapabas con su lección, pero no. No importa, de todos modos. *Ver* es muy difícil.

"No quise que hablaras después con Genaro; por eso tuvimos que irnos. Lástima. Pero habría salido peor quedarse. Genaro arriesgó mucho por mostrarte algo magnífico. Qué lástima que no puedas *ver*.

—Quizá, don Juan, si usted me dice cuál fue la lección, yo descubra que en realidad *vi*.

Don Juan se dobló de risa.

—Tu mejor detalle es hacer preguntas —dijo.

Parecía dispuesto a relegar nuevamente el tema. Como de costumbre, estábamos sentados en el área frente a su casa; de pronto, don Juan se puso en pie y entró. Fui tras él e insistí en describirle lo que yo había visto. Seguí con fidelidad la secuencia de los hechos, según la recordaba. Don Juan sonreía al escucharme. Cuando terminé, meneó la cabeza.

—*Ver* es muy difícil —dijo.

Le supliqué explicar su aseveración.

—*Ver* no es cosa de hablar —dijo imperativamente.

Resultaba obvio que no iba a decirme nada más, de modo que desistí y salí de la casa a cumplir unos encargos suyos.

Al regresar ya era de noche: comimos algo y después salimos a la ramada. Acabábamos de tomar asiento cuando don Juan empezó a hablar sobre la lección de don Genaro. No me dio tiempo de prepararme para ello. Tenía conmigo mis notas, pero estaba demasiado oscuro para escribir, y no quise alterar el fluir de la conversación yendo al interior de la casa por la lámpara de petróleo.

Dijo que don Genaro, siendo un maestro del equilibrio, podía ejecutar movimientos muy complejos y difíciles. Sentarse de cabeza era uno de tales movimientos, y con él había intentado mostrarme que era imposible "ver" mientras uno tomaba notas. La acción de sentarse de cabeza sin ayuda de las manos era, en el mejor de los casos, una treta extravagante que duraba sólo un momento. Según la opinión de don Genaro, escribir acerca de "ver" era lo mismo; es decir, una maniobra precaria, tan curiosa y superflua como sentarse de cabeza.

Don Juan me escudriñó en la oscuridad y dijo, en un tono muy dramático, que mientras don Genaro traveseaba sentándose de cabeza, yo estuve al borde mismo de "ver". Don Genaro, advirtiéndolo, repitió sus maniobras una y otra vez, sin resultado, pues yo perdí el hilo inmediatamente.

Don Juan dijo que después don Genaro, movido por la simpatía personal que me tenía, intentó en una forma muy dramática llevarme de nuevo a ese borde de "ver". Tras una deliberación muy cuidadosa, decidió mostrarme una hazaña de equilibrio cruzando la cascada. Sintió que la cascada era como la orilla en que yo estaba parado, y confió en que yo también podría realizar el cruce.

A continuación, don Juan explicó la hazaña de don Genaro. Dijo que ya me había indicado que los seres humanos eran, para quienes "veían", seres luminosos compuestos por una especie de fibras de luz, que giraban del frente a la espalda y mantenían la apariencia de un huevo. También me había dicho que la parte más asombrosa de las criaturas ovoides era un grupo de fibras largas que surgían del área alrededor del ombligo; don Juan dijo que tales fibras tenían una importancia primordial en la vida de un hombre. Esas fibras eran el secreto del equilibrio de don Genaro y su lección no tenía nada que ver con saltos acrobáticos en la cascada. Su hazaña de equilibrio consistía en la forma en que usaba esas fibras "como tentáculos".

Don Juan se apartó del tema tan repentinamente como lo había traido a cuento, y empezó a hablar de algo sin ninguna relación.

24 de octubre, 1968

Arrinconé a don Juan y le dije que intuitivamente sentía que jamás recibiría otra lección de equilibrio, y que él debía explicarme todos los detalles pertinentes, pues de otro modo nunca podría descubrirlos por mí mismo. Don Juan dijo que yo tenía razón con respecto a que don Genaro no volvería a darme otra lección.

—¿Qué más quieres saber? —preguntó.

—¿Qué son esas fibras como tentáculos, don Juan?

—Son los tentáculos que salen del cuerpo de un hombre y son visibles para cualquier brujo que *ve*. Los brujos actúan con la gente de acuerdo a la forma en que *ven* sus tentáculos. Las personas débiles tienen fibras cortas, casi invisibles; las personas fuertes las tienen largas y brillantes. Las de Genaro, por ejemplo, son tan brillantes que parecen gruesas. Por las fibras se conoce si una persona está sana o está enferma, si es mezquina o bondadosa o traicionera. También se conoce, por las fibras, si una persona puede *ver*. Aquí hay un problema desconcertante. Cuando Genaro te *vio* supo, igual que mi amigo Vicente, que podías *ver;* cuando yo te *veo, veo* que puedes ver, y sin embargo sé muy bien que no puedes. ¡Qué contrariedad! Genaro no podía creerlo. Le dije que eras un sujeto raro. Creo que quiso *verlo* por sí mismo y te llevó a la cascada.

—¿Por qué piensa usted que doy la impresión de que puedo *ver?*

Don Juan no respondió. Permaneció largo rato en silencio. No quise preguntarle nada más. Finalmente me habló y dijo que sabía por qué, pero no cómo explicarlo.

—Piensas que todo el mundo es sencillo de entender —dijo— porque todo cuanto tú haces es una rutina sencilla de entender. En la caída de agua, cuando miraste a Genaro cruzar el agua, creíste que era un maestro de los saltos mortales, porque sólo en eso pudiste pensar. Y eso es todo lo que siempre creerás que hizo. Pero Genaro nunca saltó al cruzar esa agua. Si hubiera saltado, habría muerto. Genaro se equilibró con sus magníficas fibras brillantes. Las alargó lo suficiente para poder, digamos, rodar en ellas hasta el otro lado de la caída de agua. Demostró la manera correcta de alargar esos tentáculos, y la manera de moverlos con precisión.

"Pablito *vio* casi todos los movimientos de Genaro. Néstor, en cambio, sólo *vio* las maniobras más obvias. Se perdió los detalles delicados. Pero tú, tú no *viste* nada de nada.

—Quizá si me hubiera usted dicho por anticipado qué cosa observar...

Me interrumpió y dijo que el darme instrucciones sólo habría estorbado a don Genaro. De haber yo sabido lo que iba a ocurrir, mis fibras, agitadas, habrían interferido con las de don Genaro.

—Si pudieras *ver* —dijo—, te habría sido evidente, desde el primer paso que Genaro dio, que no estaba resbalando al subir por las peñas. Estaba aflojando sus tentáculos. Dos veces los enredó en las piedras y se sostuvo como una mosca en la mera roca. Cuando llegó arriba y estuvo listo para cruzar el agua, los enfocó sobre una piedra chica en medio de la corriente, y una vez que los tuvo afianzados dejó que las fibras lo jalaran. Genaro jamás saltó; por eso podía aterrizar en las piedras resbalosas en el mero borde del agua. Genaro todo el tiempo tenía las fibras bien enredadas en cada roca que usó.

"No se estuvo mucho tiempo en la primera piedra, porque tenía el resto de sus fibras amarradas a otra, todavía más chica, en el sitio donde mayor era el empellón del agua. Sus tentáculos volvieron a jalarlo y aterrizó en ella. Esa fue la más notable de todas las cosas que hizo. La superficie era demasiado chica para que un hombre se sostuviera, y el empellón del agua habría arrastrado su cuerpo al precipicio si él no hubiera tenido algunas de sus fibras enfocadas todavía en la primera roca.

"Genaro se mantuvo mucho rato en esa segunda posición, porque tenía que sacar otra vez sus tentáculos y mandarlos hasta el otro lado del despeñadero. Después de afianzarlos, tuvo que soltar las fibras enfocadas en la primera roca. Eso era muy arriesgado. Tal vez solamente Genaro es capaz de hacerlo. Casi perdió 'el control, o a lo mejor nada más se estaba burlando de nosotros: nunca lo sabremos con certeza. En lo personal, pienso que de veras estuvo a punto de perder el equilibrio. Lo sé porque se puso tieso y mandó un brote magnífico, como un rayo de luz cruzando el agua. Me parece que tan sólo ese rayo habría bastado para jalarlo al otro lado. Cuando llegó a la orilla, se paró y dejó brillar sus fibras como un racimo de luces. Eso lo hizo solamente para ti. De haber podido *ver*, habrías *visto* eso.

"Genaro estuvo allí parado, mirándote, y entonces supo que no habías *visto*."

127

Segunda parte

LA TAREA DE "VER"

VII

Don Juan no estaba en su casa cuando llegué a ella el mediodía del 8 de noviembre de 1968. Como no tenía idea de dónde buscarlo, me senté a esperar. Por alguna razón desconocida, sabía que regresaría pronto. Un rato después, don Juan entró en su casa. Asintió mirándome. Cambiamos saludos. Parecía estar cansado y se tendió en su petate. Bostezó un par de veces.

La idea de "ver" se me había vuelto obsesión, y yo había decidido usar nuevamente la mezcla alucinógena de fumar. Fue terriblemente difícil hacer esa decisión, así que todavía deseaba discutirla un poco.

—Quiero aprender a *ver*, don Juan —dije de sopetón—. Pero en realidad no quiero tomar nada; no quiero fumar su mezcla. ¿Piensa usted que hay alguna posibilidad de que yo aprenda a *ver* sin ella?

Se sentó, se me quedó viendo unos segundos y volvió a acostarse.

—¡No! —dijo—. Tendrás que usar el humo.

—Pero usted dijo que con don Genaro estuve a punto de *ver*.

—Quise decir que algo en ti brillaba como si de verdad te dieras cuenta de lo que Genaro hacía, pero nada más estabas mirando. La verdad es que hay algo en ti que se asemeja a *ver*, pero no es; estás atascado y sólo el humo puede ayudarte.

—¿Por qué hay que fumar? ¿Por qué no puede uno, simplemente, aprender a *ver* por sí mismo? Yo tengo un deseo ferviente. ¿No es bastante?

—No, no es bastante. *Ver* no es tan sencillo, y sólo el humo puede darte a ti la velocidad que necesitas para echar un vistazo a ese mundo fugaz. De otro modo no harás sino mirar.

—¿Qué quiere usted decir con lo de mundo fugaz?

—El mundo, cuando *ves*, no es como ahora piensas que es. Es más bien un mundo fugaz que se mueve y cambia. Por cierto que uno puede aprender a capturar por sí mismo ese mundo fugaz, pero a ti de nada te servirá, porque tu cuerpo se gastará con la tensión. Con el humo, en cambio, jamás sufrirás de agotamiento. El humo te dará la velocidad necesaria para asir el movimiento fugaz del mundo, y al mismo tiempo mantendrá intactos tu cuerpo y su fuerza.

—¡Muy bien! —dije con dramatismo—. No quiero andarme ya por las ramas. Fumaré.

Don Juan rió de mi arrebato histriónico.

—Párale —dijo—. Siempre te agarras a lo que no debes. Ahora piensas que la simple decisión de dejarte guiar por el humo va a hacerte *ver*. Hay mucho pan por rebanar. En todo hay siempre más de lo que uno cree.

Se puso serio un momento.

—He tenido mucho cuidado contigo, y mis actos han sido deliberados —dijo—, porque es el deseo de Mescalito que comprendas mi conocimiento. Pero ahora sé que no tendré tiempo de enseñarte todo lo que quiero. Nada más tendré tiempo de ponerte en el camino, y confío en que buscarás del mismo modo que yo busqué. Debo admitir que eres más indolente y más terco que yo. Pero tienes otras ideas, y la dirección que seguirá tu vida es algo que no puedo predecir.

El tono deliberado de su voz, algo en su actitud, despertaron en mí un viejo sentimiento: una mezcla de miedo, soledad y expectativa.

—Pronto sabremos como andas —dijo crípticamente.

No dijo nada más. Tras un rato salió de la casa. Lo seguí y me paré frente a él, no sabiendo si sentarme o si descargar unos paquetes que le había traído.

—¿Será peligroso? —pregunté, sólo por decir algo.

—Todo es peligroso —respondió.

Don Juan no parecía dispuesto a decirme ninguna otra cosa; reunió unos bultos pequeños que estaban apilados en un rincón y los puso en una bolsa de red. No ofrecí ayudarlo por saber que si quisiera mi ayuda la habría pedido. Luego se acostó en su petate. Me dijo que me calmase y descansara. Me acosté en mi petate y traté de dormir, pero no estaba cansado; la noche anterior había parado en un motel y dormido hasta mediodía, sabiendo que en sólo tres horas de viaje llegaría a la casa de don Juan. El tampoco dormía. Aunque sus ojos estaban cerrados, noté un movimiento de cabeza rítmico, casi imperceptible. Se me ocurrió la idea de que tal vez canturreaba para sí mismo.

—Comamos algo —dijo de pronto don Juan, y su voz me hizo saltar—. Vas a necesitar toda tu energía. Debes estar en buena forma.

Preparó sopa, pero yo no tenía hambre.

Al siguiente día, 9 de noviembre, don Juan sólo me dejó comer un bocado y me dijo que descansara. Estuve acostado toda la mañana, pero sin poder relajarme. No imaginaba qué tenía en mente don Juan y, peor aun, no me hallaba seguro de lo que yo mismo tenía en mente.

A eso de las 3 pm. estábamos sentados bajo su ramada.

Yo tenía mucha hambre. Varias veces había sugerido que comiéramos, pero don Juan había rehusado.

Llevas tres años sin preparar tu mezcla —dijo de repente—. Tendrás que fumar mi mezcla, así que digamos que la he juntado para ti. Sólo necesitarás un poquito. Llenaré una vez el cuenco de la pipa. Te lo fumas todo y luego descansas. Entonces vendrá el guardián del otro mundo. No harás nada más que observarlo. Observa cómo se mueve; observa todo lo que hace. Tu vida puede depender de lo bien que vigiles.

Don Juan había dejado caer sus instrucciones en forma tan abrupta que no supe qué decir, ni siquiera qué pensar. Masculló incoherencias durante un momento. No podía organizar mis ideas. Finalmente, pregunté la primera cosa clara que me vino a la mente:

—¿Quién es ese guardián?

Don Juan se negó, de plano, a participar en conversación, pero yo estaba demasiado nervioso para dejar de hablar e insistí desesperadamente en que me hablara del guardián.

—Ya lo *verás* —dijo con despreocupación—. Custodia el otro mundo.

—¿Qué mundo? ¿El mundo de los muertos?

—No es el mundo de los muertos ni el mundo de nada. Sólo es otro mundo. No tiene caso hablarte de él. *Velo* tú mismo.

Con eso, don Juan entró en la casa. Lo seguí a su cuarto.

—Espere, espere, don Juan. ¿Qué va usted a hacer?

No respondió. Sacó su pipa de un envoltorio y tomó asiento en un petate en el centro de la habitación, mirándome inquisitivo. Parecía esperar mi consentimiento.

—Eres medio tonto —dijo con suavidad—. No tienes miedo. Nada más dices que tienes miedo.

Meneó lentamente la cabeza de lado a lado. Luego tomó

la bolsita de la mezcla de fumar y llenó el cuenco de la pipa.

—Tengo miedo, don Juan. De veras tengo miedo.

—No, no es miedo.

Traté con desesperación de ganar tiempo e inicié una larga discusión sobre la naturaleza de mis sentimientos. Mantuve con toda sinceridad que tenía miedo, pero él señaló que yo no jadeaba ni mi corazón latía más rápido que de costumbre.

Pensé unos momentos en lo que había dicho. Se equivocaba; yo sí tenía muchos de los cambios físicos que suelen asociarse con el miedo, y me hallaba desesperado. Un sentido de condenación inminente permeaba todo en mi derredor. Tenía el estómago revuelto y la seguridad de estar pálido; mis manos sudaban profusamente; y sin embargo pensé realmente que no tenía miedo. No tenía el sentimiento de miedo al que había estado acostumbrado durante toda mi vida. El miedo que siempre había sido idiosincrásicamente mío no estaba presente. Hablaba caminando de un lado a otro frente a don Juan, que seguía sentado en el petate, sosteniendo su pipa y mirándome en forma inquisitiva; y al considerar el asunto llegué a la conclusión de que lo que sentía, en vez de mi miedo usual, era un profundo sentimiento de desagrado, una incomodidad ante la mera idea de la confusión creada por la ingestión de plantas alucinógenas.

Don Juan se me quedó viendo un instante; luego miró más allá de mí, guiñando como si se esforzara por discernir algo en la distancia.

Seguí caminando de un lado a otro enfrente de él hasta que en tono enérgico me indicó tomar asiento y calmarme. Estuvimos sentados en silencio unos minutos.

—No quieres perder tu claridad, ¿verdad? —dijo abruptamente.

—Eso es muy cierto, don Juan —dije.

Rió, al parecer con deleite.

—La claridad, el segundo enemigo de un hombre de conocimiento, ha descendido sobre ti.

"No tienes miedo —dijo con voz reconfortante—, pero ahora odias perder tu claridad, y como eres un idiota, llamas miedo a eso."

Rió chasqueando la lengua.

—Traeme unos carbones —ordenó.

Su tono era amable y confortante. Automáticamente me puse en pie y fui a la parte trasera de la casa; saqué algunas brasas del fuego, las puse sobre una pequeña laja y regresé a la habitación.

—Ven aquí a la ramada —llamó desde afuera don Juan, en voz alta.

Había colocado un petate en el sitio donde yo suelo sentarme. Puse los carbones a su lado y él los sopló para activar el fuego. Yo iba a sentarme, pero me detuvo y me dijo que tomara asiento en el borde derecho del petate. Luego metió una brasa en la pipa y me la tendió. La tomé. Me asombraba la silenciosa energía con que don Juan me había guiado. No se me ocurrió nada que decir. Ya no tenía más argumentos. Me hallaba convencido de que no sentía miedo, sino sólo renuencia a perder mi claridad.

—Fuma, fuma —me ordenó con gentileza—. Nada más un cuenco esta vez.

Chupé la pipa y oí el chirriar de la mezcla al encenderse. Sentí una capa instantánea de hielo dentro de la boca y la nariz. Di otra fumada y el recubrimiento se extendió a mi pecho. Cuando hube fumado por última vez sentí que todo el interior de mi cuerpo se hallaba recubierto por una peculiar sensación de calor frío.

Don Juan tomó la pipa de mis manos y golpeó el cuenco contra la palma de la suya, para aflojar el residuo. Luego, como siempre hace, se mojó el dedo de saliva y frotó el interior del cuenco.

Mi cuerpo estaba aterido, pero podía moverse. Cambié de postura para hallarme más cómodo.

—¿Qué va a pasar? —pregunté.

Tuve cierta dificultad para vocalizar.

Con mucho cuidado, don Juan metió la pipa en su funda y la envolvió en un largo trozo de tela. Luego se sentó erguido, encarándome. Yo me sentía mareado; los ojos se me cerraban involuntariamente. Don Juan me movió con energía y me ordenó permanecer despierto. Dijo que yo sabía muy bien que de quedarme dormido moriría. Eso me sacudió. Pensé que probablemente don Juan sólo lo decía para mantenerme despierto, pero por otro lado se me ocurrió también que podía tener razón. Abrí los ojos tanto como pude y eso hizo reír a don Juan. Dijo que yo debía esperar un rato y tener los ojos abiertos todo el tiempo, y que en un momento dado podría ver al guardián del otro mundo.

Sentía un calor muy molesto en todo el cuerpo; traté de cambiar de postura, pero ya no podía moverme. Quise hablar a don Juan; las palabras parecían estar tan dentro de mí que no podía sacarlas. Entonces caí sobre el costado izquierdo y me hallé mirando desde el piso a don Juan.

Se inclinó para ordenarme, en un susurro, que no lo mirara, sino fijase la vista en un punto del petate que estaba directamente frente a mis ojos. Dijo que yo debía mirar con un ojo, el izquierdo, y que tarde o temprano *vería* al guardián.

Fijé la mirada en el sitio indicado, pero no vi nada. En cierto momento, sin embargo, advertí un mosquito que volaba frente a mis ojos. Se posó en el petate. Seguí sus movimientos. Se acercó mucho a mí; tanto, que mi percepción visual se emborronó. Y entonces, de pronto, sentí como si me hubiera puesto de pie. Era una sensación muy desconcertante que merecía algo de cavilación, pero no había tiempo para ello. Tenía la sensación total de estar mirando al frente desde mi acostumbrado nivel ocular, y lo que veía estremeció la última fibra de mi ser. No hay otra manera de describir la sacudida emocional que experimenté. Allí mismo, encarándome, a poca distancia, había un animal gigantesco y horrendo. ¡Algo verdaderamente monstruoso! Ni en las más locas fantasías de la ficción había yo encontrado nada parecido. Lo miré con desconcierto absoluto y extremo.

Lo primero que en realidad noté fue su tamaño. Pensé, por algún motivo, que debía de tener casi treinta metros de alto. Parecía hallarse en pie, erecto, aunque yo no podía saber cómo se tenía en pie. Luego, noté que tenía alas: dos alas cortas y anchas. En ese punto tomé conciencia de que insistía en examinar al animal como si se tratase de una visión ordinaria; es decir, lo miraba. Sin embargo, no podía realmente mirarlo en la forma en que me hallaba acostumbrado a mirar. Me di cuenta de que, más bien, notaba yo cosas de él, como si la imagen se aclarara conforme se añadían partes. Su cuerpo estaba cubierto por mechones de pelo negro. Tenía un hocico largo y babeaba. Sus ojos eran saltones y redondos, como dos enormes pelotas blancas.

Entonces empezó a batir las alas. No era el aleteo de un pájaro, sino una especie de tremor parpadeante, vibratorio. Ganó velocidad y empezó a describir círculos frente a mí; más que volar, se deslizaba, con asombrosa rapidez y agilidad, a unos cuantos centímetros del piso. Durante un momento me hallé abstraído en observarlo. Pensé que sus movimientos eran feos, y sin embargo su velocidad y soltura eran espléndidas.

Dio dos vueltas en torno mío, vibrando las alas, y la

baba que caía de su boca volaba en todas direcciones. Luego giró sobre sí mismo y se alejó a una velocidad increíble, hasta desaparecer en la distancia. Miré fijamente en la dirección que había seguido, pues no me era posible hacer nada más. Tenía una peculiarísima sensación de pesadez, la sensación de ser incapaz de organizar mis pensamientos en forma coherente. No podía irme. Era como si me hallara pegado al sitio.

Entonces vi en la distancia algo como una nube; un instante después la bestia gigantesca daba vueltas nuevamente frente a mí, a toda velocidad. Sus alas tajaron el aire cada vez más cerca de mis ojos, hasta golpearme. Sentí que las alas habían literalmente golpeado la parte de mí que estaba en ese sitio, fuera la que fuera. Grité con toda mi fuerza, invadido por uno de los dolores más torturantes que jamás he sentido.

Lo próximo que supe fue estar sentado en mi petate; don Juan me frotaba la frente. Frotó con hojas mis brazos y piernas; luego me llevó a una zanja de irrigación detrás de su casa, me quitó la ropa y me sumergió por entero; me sacó y volvió a sumergirme una y otra vez.

Mientras yo yacía en el fondo, poco profundo, de la zanja, don Juan me jalaba de tiempo en tiempo el pie izquierdo y daba golpecitos suaves en la planta. Tras un rato sentí un cosquilleo. Él lo advirtió y dijo que yo estaba bien. Me puse la ropa y regresamos a su casa. Volví a sentarme en mi petate y traté de hablar, pero me sentí incapacitado de concentrarme en lo que quería decir, aunque mis pensamientos eran muy claros. Asombrado, tomé conciencia de cuánta concentración se necesitaba para hablar. También noté que, para decir algo, tenía que dejar de mirar las cosas. Tuve la impresión de que me hallaba enredado en un nivel muy profundo y cuando quería hablar tenía que salir a la superficie como un buceador; tenía que ascender como si me jalaran mis palabras. Dos veces logré incluso aclararme la garganta en una forma perfectamente ordinaria. Pude haber dicho entonces lo que deseaba decir, pero no lo dije. Preferí permanecer en el extraño nivel de silencio donde podía limitarme a mirar. Tuve el sentimiento de que empezaba a conectarme con lo que don Juan llamaba "ver", y eso me hacía muy feliz.

Después, don Juan me dio sopa y tortillas y me ordenó comer. Pude hacerlo sin ningún problema y sin perder lo que yo consideraba mi "poder de ver". Enfoqué los ojos en todo lo que me rodeaba. Estaba convencido de que podía "ver" todo, y sin embargo el mundo se miraba igual, hasta donde me era posible juzgar. Pugné por "ver" hasta que la oscuridad fue completa. Finalmente me cansé y me dormí.

Desperté cuando don Juan me cubrió con una frazada. Tenía jaqueca y estaba mal del estómago. Tras un rato me sentí mejor y dormí tranquilamente hasta el día siguiente.

A la mañana, era de nuevo yo mismo. Ansioso, pregunté a don Juan:

—¿Qué cosa me ocurrió?

Don Juan rió, taimado.

—Fuiste a buscar al cuidador y claro que lo hallaste —dijo.

—¿Pero qué era, don Juan?

—El guardián, el cuidador, el centinela del otro mundo —dijo don Juan, concretando.

Intenté narrarle los detalles de esa bestia fea y portentosa, pero él hizo caso omiso, diciendo que mi experiencia no era nada especial, que cualquiera podía hacer eso.

Le dije que el guardián había sido para mí un choque tal, que todavía no me era posible pensar realmente en él.

137

Don Juan rió e hizo burla de lo que llamó una inclinación demasiado dramática de mi naturaleza.

—Esa cosa, fuera lo que fuera, me lastimó —dije—. Era tan real como usted y yo.

—Claro que era real. Te hizo doler, ¿no?

Al rememorar la experiencia creció mi excitación. Don Juan me pidió calma. Luego me preguntó si de veras había tenido miedo del guardián; enfatizó el "de veras".

—Estaba yo petrificado —dije—. Jamás en mi vida he experimentado un susto tan imponente.

—Qué va —dijo, riendo—. No tuviste tanto miedo.

—Le juro —dije con fervor genuino— que de haberme podido mover habría corrido como histérico.

Mi aseveración le pareció graciosa y le causó risa.

—¿Qué caso tenía el hacerme ver esa monstruosidad, don Juan?

Se puso serio y me contempló.

—Era el guardián —dijo—. Si quieres *ver*, debes vencer al guardián.

—¿Pero cómo voy a vencerlo, don Juan? Ha de tener unos treinta metros de alto.

Don Juan rió con tantas ganas que las lágrimas rodaron por sus mejillas.

—¿Por qué no me deja decirle lo que vi, para que no haya malentendidos? —dije.

—Si eso te hace feliz, ándale, dime.

Narré cuanto podía recordar, pero eso no pareció alterar su humor.

—Sigue sin ser nada nuevo —dijo sonriendo.

—¿Pero cómo espera usted que yo venza una cosa así? ¿Con qué?

Estuvo callado un rato. Luego me miró y dijo:

—No tuviste miedo, no realmente. Tuviste dolor, pero no tuviste miedo.

Se reclinó contra unos bultos y puso los brazos detrás de la cabeza. Pensé que había abandonado el tema.

—Sabes —dijo de pronto, mirando el techo de la ramada—, cada hombre puede *ver* al guardián. Y el guardián es a veces, para algunos de nosotros, una bestia imponente del alto del cielo. Tienes suerte; para ti fue nada más de treinta metros. Y sin embargo, su secreto es tan simple.

Hizo una pausa momentánea y tarareó una canción ranchera.

—El guardián del otro mundo es un mosquito —dijo despacio, como si midiera el efecto de sus palabras.

—¿Cómo dijo usted?

—El guardián del otro mundo es un mosquito —repitió—. Lo que encontraste ayer era un mosquito; y ese mosquito te cerrará el paso hasta que lo venzas.

Por un momento no creí lo que don Juan decía, pero al rememorar la secuencia de mi visión hube de admitir que en cierto momento me hallaba mirando un mosquito, y un instante después tuvo lugar una especie de espejismo y me encontré mirando la bestia.

—¿Pero cómo pudo lastimarme un mosquito, don Juan? —pregunté, verdaderamente confundido.

—No era un mosquito cuando te lastimó —dijo él—; era el guardián del otro mundo. Capaz algún día tengas el valor de vencerlo. Ahora no; ahora es una bestia babeante de treinta metros. Pero no tiene caso hablar de eso. Parársele enfrente no es ninguna hazaña, así que si quieres conocer más a fondo, busca otra vez al guardián.

Dos días más tarde, el 11 de noviembre, fumé nuevamente la mezcla de don Juan.

Le había pedido dejarme fumar de nuevo para hallar al guardián. No se lo pedí en un arranque momentáneo, sino después de larga deliberación. Mi curiosidad con respecto al guardián era desproporcionadamente mayor que mi miedo, o que la desazón de perder mi claridad.

El procedimiento fue el mismo. Don Juan llenó una vez el cuenco de la pipa, y cuando hube terminado todo el contenido la limpió y la guardó.

El efecto fue marcadamente más lento; cuando empecé a sentirme un poco mareado don Juan se acercó y, sosteniendo mi cabeza en sus manos, me ayudó a acostarme sobre el lado izquierdo. Me dijo que estirara las piernas y me relajara, y luego me ayudó a poner el brazo derecho frente a mi cuerpo, al nivel del pecho. Volteó mi mano para que la palma presionara contra el petate, y dejó que mi peso descansara sobre ella. No hice nada por ayudarlo ni por estorbarlo, pues no supe qué estaba haciendo.

Tomó asiento frente a mí y me dijo que no me preocupara por nada. Dijo que el guardián vendría, y que yo tenía un asiento de primera fila para *verlo*. Añadió, en forma casual, que el guardián podía causar gran dolor, pero que había un modo de evitarlo. Dos días atrás, dijo, me había hecho sentarme al juzgar que yo ya tenía suficiente. Señaló mi brazo derecho y dijo que lo había puesto deliberadamente en esa posición para que yo pudiera usarlo como una palanca con la cual impulsarme hacia arriba cuando así lo deseara.

Cuando hubo terminado de decirme todo eso, mi cuerpo estaba ya adormecido por completo. Quise presentar a su atención el hecho de que me sería imposible empujarme hacia arriba porque había perdido el control de mis músculos. Traté de vocalizar las palabras, pero no pude. Sin embargo, él parecía habérseme anticipado, y explicó que el truco estaba en la voluntad. Me instó a recordar la ocasión, años antes, en que yo había fumado los hongos por vez primera. En dicha ocasión caí al suelo y salté a mis pies nuevamente por un acto de lo que él llamó, en ese entonces, mi "voluntad"; me "levanté con el pensamiento". Dijo que ésa era, de hecho, la única manera posible de levantarse.

Lo que decía me resultaba inútil, pues yo no recordaba lo que en realidad había hecho años antes. Tuve un avasallador sentido de desesperación y cerré los ojos.

Don Juan me aferró por el cabello, sacudió vigorosamente mi cabeza y me ordenó, imperativo, no cerrar los ojos. No sólo los abrí, sino que hice algo que me pareció asombroso. Dije:

—No sé cómo me levanté aquella vez.

Quedé sobresaltado. Había algo muy monótono en el ritmo de mi voz, pero claramente se trataba de mi voz, y sin embargo creí con toda honestidad que no podía haber dicho eso, porque un minuto antes me hallaba incapacitado para hablar.

Miré a don Juan. El volvió el rostro hacia un lado y rió.

—Yo no dije eso —dije.

Y de nuevo me sobresaltó mi voz. Me sentí exaltado. Hablar bajo estas condiciones se volvía un proceso regocijante. Quise pedir a don Juan que explicara mi habla, pero me descubrí nuevamente incapaz de pronunciar una sola palabra. Luché con fiereza por dar voz a mis pensamientos, pero fue inútil. Desistí y en ese momento, casi involuntariamente, dije:

—¿Quién habla, quién habla?

Esa pregunta causó tanta risa a don Juan que en cierto momento se fue de lado.

Al parecer me era posible decir cosas sencillas, siempre y cuando supiera exactamente qué deseaba decir.

—¿Estoy hablando? ¿Estoy hablando? —pregunté.

Don Juan me dijo que, si no dejaba yo mis juegos, saldría a acostarse bajo la ramada y me dejaría solo con mis payasadas.

—No son payasadas —dije.

El asunto me parecía de gran seriedad. Mis pensamientos eran muy claros; mi cuerpo, sin embargo, estaba entumido: no podía sentirlo. No me hallaba sofocado, como alguna vez anterior bajo condiciones similares; estaba cómodo porque no podía sentir nada; no tenía el menor control sobre mi sistema voluntario, y no obstante podía hablar. Se me ocurrió la idea de que, si podía hablar, probablemente podría levantarme, como don Juan había dicho.

—Arriba —dije en inglés, y en un parpadeo me hallaba de pie.

Don Juan meneó la cabeza con incredulidad y salió de la casa.

—¡Don Juan! —llamé tres veces.

Regresó.

—Acuésteme —pedí.

—Acuéstate tú solo —dijo—. Parece que estás en gran forma.

Dije: —Abajo— y de pronto perdí de vista el aposento. No podía ver nada. Tras un momento, la habitación y don Juan volvieron a entrar en mi campo de visión. Pensé que debía haberme acostado con la cara contra el piso, y que él me había alzado la cabeza agarrándome del cabello.

—Gracias —dije con voz muy lenta y monótona.

—De nada —repuso, remedando mi entonación, y tuvo otro ataque de risa.

Luego tomó unas hojas y empezó a frotarme con ellas los brazos y los pies.

—¿Qué hace usted? —pregunté.

—Te estoy sobando —dijo, imitando mi penoso hablar monótono.

Su cuerpo se sacudía de risa. Sus ojos brillaban, amistosos. Me agradaba verlo. Sentí que don Juan era compasivo y justo y gracioso. No podía reír con él, pero me habría gustado hacerlo. Otro sentimiento de regocijo me invadió, y reí; fue un sonido tan horrible que don Juan se desconcertó un instante.

—Más vale que te lleve a la zanja —dijo—, porque si no te vas a matar a payasadas.

Me puse en pie y me hizo caminar alrededor del cuarto. Poco a poco empecé a sentir los pies, y las piernas, y finalmente todo el cuerpo. Mis oídos reventaban con una presión extraña. Era como la sensación de una pierna o un brazo que se han dormido. Sentía un peso tremendo sobre la nuca y bajo el cuero cabelludo, arriba de la cabeza.

Don Juan me llevó apresuradamente a la zanja de irrigación atrás de su casa; me arrojó allí con todo y ropa. El agua fría redujo gradualmente la presión y el dolor, hasta que desaparecieron por entero.

Me cambié de ropa en la casa y tomé asiento y de nuevo sentí el mismo tipo de alejamiento, el mismo deseo de permanecer callado. Pero esta vez noté que no era claridad de mente ni poder de enfocar; más bien era una especie de melancolía y una fatiga física. Por fin, me quedé dormido.

12 de noviembre, 1968

Esta mañana, don Juan y yo fuimos a los cerros cercanos a recoger plantas. Caminamos unos diez kilómetros sobre terreno extremadamente áspero. Me cansé mucho. Nos sentamos a descansar, a iniciativa mía, y él abrió una conversación diciendo que se hallaba satisfecho de mis progresos.

—Ahora sé que era yo quien hablaba —dije—, pero en esos momentos podría haber jurado que era alguien más.

—Eras tú, claro —dijo—.

—¿Por qué no pude reconocerme?

—Eso es lo que hace el humito. Uno puede hablar sin darse cuenta; uno puede moverse miles de kilómetros y tampoco darse cuenta. Así es también como se pueden atravesar las cosas. El humito se lleva el cuerpo y uno está libre, como el viento; mejor que el viento: al viento lo para una roca o una pared o una montaña. El humito lo hace a uno tan libre como el aire; quizás hasta más libre: el aire se queda encerrado en una tumba y se vicia, pero con la ayuda del humito nada puede pararlo a uno ni encerrarlo.

Las palabras de don Juan desataron una mezcla de euforia y duda. Sentí una incomodidad avasalladora, una sensación de culpa indefinida.

—¿Entonces uno de verdad puede hacer todas esas cosas, don Juan?

—¿Tú qué crees? Preferirías creer que estás loco, ¿no? —dijo, cortante.

—Bueno, para usted es fácil aceptar todas esas cosas. Para mí es imposible.

—Para mí no es fácil. No tengo ningún privilegio sobre ti. Esas cosas son igualmente difíciles de aceptar para ti o para mí o para cualquier otro.

—Pero usted está en su elemento con todo esto, don Juan.

—Sí, pero bastante me costó. Tuve que luchar, quizá más de lo que tú luches nunca. Tú tienes un modo inexplicable de hacer que todo marche para ti. No tienes idea de cuánto hube de esforzarme para hacer lo que tú hiciste ayer. Tienes algo que te ayuda en cada paso del camino. No hay otra explicación posible de la manera en que aprendes las cosas de los poderes. Lo hiciste antes con Mescalito, ahora lo has hecho con el humito. Deberías concentrarte en el hecho de que tienes un gran don, y dejar de lado otras consideraciones.

—Lo hace usted sonar muy fácil, pero no lo es. Estoy roto por dentro.

—Te compondrás pronto. Una cosa es cierta, no has cuidado tu cuerpo. Estás demasiado gordo. No quise decirte nada antes. Siempre hay que dejar que los otros hagan lo que tienen que hacer. Te fuiste años enteros. Pero te dije que volverías, y volviste. Lo mismo pasó conmigo. Me rajé durante cinco años y medio.

—¿Por qué se alejó usted, don Juan?

—Por la misma razón que tú. No me gustaba.

—¿Por qué volvió?

—Por la misma razón por la que tú has vuelto: porque no hay otra manera de vivir.

Esa declaración tuvo un gran impacto sobre mí, pues yo me había descubierto pensando que tal vez no había otra manera de vivir. Jamás había expresado a nadie este pensamiento, pero don Juan lo había inferido correctamente.

Tras un silencio muy largo le pregunté:

—¿Qué hice ayer, don Juan?

—Te levantaste cuando quisiste.

—Pero no sé cómo lo hice.

—Toma tiempo perfeccionar esa técnica. Pero lo importante es que ya sabes cómo hacerlo.

—Pero no sé. Ese es el punto, que de veras no sé.

—Claro que sabes.

—Don Juan, le aseguro, le juro . . .

No me dejó terminar; se puso en pie y se alejó.

Más tarde, hablamos de nuevo sobre el guardián del otro mundo.

—Si creo que lo que he experimentado, sea lo que sea, tiene una realidad concreta —dije—, entonces el guardián es una criatura gigantesca que puede causar increíble dolor físico; y si creo que uno puede en verdad viajar distancias enormes por un acto de la voluntad, entonces es lógico concluir que también podría, con mi voluntad, hacer que el monstruo desapareciera. ¿Correcto?

—No del todo —dijo él—. Tu voluntad no puede hacer que el guardián desaparezca. Puede evitar que te haga daño; eso sí. Por supuesto, si llegas a lograr eso, tienes el camino abierto. Puedes pasar junto al guardián y no hay nada que él pueda hacer, ni siquiera revolotear como loco.

—¿Cómo puedo lograr eso?

—Ya sabes cómo. Nada más te hace falta práctica.

Le dije que sufríamos un malentendido brotado de nuestras diferencias en percibir el mundo. Dije que para mí saber algo significaba que yo debía tener plena conciencia de lo que estaba haciendo y que podía repetir a voluntad lo que sabía, pero en este caso ni tenía conciencia de lo que había hecho bajo la influencia del humo, ni podría repetirlo aunque mi vida dependiera de ello.

Don Juan me miró inquisitivo. Lo que yo decía parecía divertirlo. Se quitó el sombrero y se rascó las sienes, como hace cuando desea fingir desconcierto.

—De veras sabes hablar sin decir nada, ¿no? —dijo, riendo—. Ya te lo he dicho: hay que tener un empeño inflexible para llegar a ser hombre de conocimiento. Pero tú pareces tener el empeño de confundirte con acertijos. Insistes en explicar todo como si el mundo entero estuviera hecho de cosas que pueden explicarse. Ahora te enfrentas con el guardián y con el problema de moverte usando tu voluntad. ¿Alguna vez se te ha ocurrido que, en este mundo, sólo unas cuantas cosas pueden explicarse a tu modo? Cuando yo digo que el guardián te cierra realmente el paso y que podría sacarte el pellejo, sé lo que estoy diciendo. Cuando digo que uno puede moverse con su voluntad, también sé lo que digo. Quise enseñarte, poco a poco, cómo moverse, pero entonces me di cuenta de que sabes cómo hacerlo aunque digas que no.

—Pero de veras no sé cómo —protesté.

—Sí sabes, idiota —dijo con severidad, y luego sonrió—.

Esto me hace acordar la vez que alguien puso a aquel muchacho Julio en una máquina segadora; sabía cómo manejarla aunque jamás lo había hecho antes.

—Sé a lo que se refiere usted, don Juan; de cualquier modo, siento que no podría hacerlo de nuevo, porque no estoy seguro de qué cosa hice.

—Un brujo charlatán trata de explicar todo en el mundo con explicaciones de las que no está seguro —dijo—, así que todo sale siendo brujería. Pero tú andas igual. También quieres explicarlo todo a tu manera, pero tampoco estás seguro de tus explicaciones.

VIII

Don Juan me preguntó abruptamente si planeaba irme a casa durante el fin de semana. Dije que mi intención era marcharme el lunes en la mañana. Estábamos sentados bajo su ramada a eso del mediodía del sábado 18 de enero de 1969, descansando tras una larga caminada en los cerros cercanos. Don Juan se levantó y entró en la casa. Unos momentos más tarde, me llamó. Se hallaba sentado a la mitad de su cuarto y había puesto mi petate frente al suyo. Me hizo seña de tomar asiento y sin decir palabra desenvolvió la pipa, la sacó de su funda, llenó el cuenco con la mezcla para fumar, y la encendió. Incluso llevó a su habitación una bandeja de barro llena de carbones pequeños.

No preguntó si yo estaba dispuesto a fumar. Simplemente me pasó la pipa y me dijo que chupara. No titubeé. Al parecer, don Juan había evaluado correctamente mi estado de ánimo; mi curiosidad avasalladora con respecto al guardián debe de haberle sido obvia. Sin necesidad de instancia alguna, fumé ávidamente todo el cuenco.

147

Las reacciones que tuve fueron idénticas a las que había experimentado antes. También don Juan procedió en forma muy similar. Esta vez, sin embargo, en vez de ayudarme a hacerlo, se limitó a indicarme que apuntalara el brazo derecho sobre el petate y me acostara del lado izquierdo. Sugirió que cerrara el puño si eso mejoraba el apalancamiento.

Cerré, efectivamente, el puño derecho, pues me resultaba más fácil que volver la palma contra el piso yaciendo con el peso sobre la mano. No tenía sueño; sentí calor durante un rato, luego perdí toda sensación.

Don Juan se acostó de lado, encarándome; su antebrazo izquierdo descansaba sobre el codo y apoyaba su cabeza como en un cojín. Reinaba una placidez perfecta, incluso en mi cuerpo, que para entonces carecía de sensaciones táctiles. Me sentía muy a gusto.

—Es agradable —dije.

Don Juan se levantó apresuradamente.

—No vayas a empezar con tus carajadas —dijo con acritud—. No hables. Toda la energía se te va a ir en hablar, y entonces el guardián te aplastará como quien apachurra un mosquito.

Sin duda pensó que su símil era chistoso, pues empezó a reír, pero se detuvo de pronto.

—No hables, por favor no hables —dijo con una expresión seria en el rostro.

—No iba a decir nada —dije, y en realidad no quería decir eso.

Don Juan se puso en pie. Lo vi alejarse hacia la parte trasera de su casa. Un momento después advertí que un mosquito había aterrizado en mi petate, y eso me llenó de un tipo de ansiedad que jamás había experimentado antes. Era una mezcla de exaltación, angustia y miedo. Me hallaba totalmente consciente de que algo transcendental estaba a punto de revelarse frente a mí; un mosco que guardaba el otro mundo. La idea era ridícula; sentí ganas de reír con fuerza, pero entonces me di cuenta de que mi exaltación me distraía y de que iba a perderme un periodo de transición que deseaba clarificar. En mi anterior intento de ver al guardián, primero había mirado al mosquito con el ojo izquierdo, y luego sentí que me había incorporado y lo miraba con ambos ojos, pero no tuve conciencia de cómo ocurrió esa transición.

Vi al mosquito girar sobre el petate, frente a mi rostro, y advertí que lo miraba con ambos ojos. Se acercó mucho; en un momento dado ya no pude verlo con los dos ojos y cambié el enfoque a mi ojo izquierdo, que se hallaba al nivel del piso. En el instante en que alteré el enfoque sentí también haber enderezado mi cuerpo hasta cobrar una posición completamente vertical, y me hallé mirando a un animal increíblemente enorme. Era de pelambre negra brillante.

Su parte delantera estaba cubierta de pelo largo, negro, insidioso, que daba la impresión de espigones que brotaban por las ranuras de unas escamas lisas y brillosas. De hecho, el pelo se hallaba dispuesto en mechones. El cuerpo era macizo, grueso y redondo. Las alas eran anchas y cortas en comparación con el largo del cuerpo. La criatura tenía dos ojos blancos saltones y una trompa larga. Esta vez semejaba más un lagarto. Parecía tener orejas largas, o acaso cuernos, y babeaba.

Me esforcé por contemplarlo con fijeza y entonces cobré plena conciencia de que no podía mirarlo igual que como miro ordinariamente las cosas. Tuve una idea extraña; mirando el cuerpo del guardián sentí que cada una de sus partes poseía vida independiente, así como están vivos los ojos de los hombres. Advertí entonces, por primera vez en mi existencia, que los ojos de un hombre eran la única parte de su persona capaz de indicarme si estaba vivo o no. El guardián, en cambio, tenía un "millón de ojos".

Consideré que éste era un descubrimiento notable. Antes de esta experiencia, yo había especulado sobre las comparaciones aptas para describir las "distorsiones" que convertían a un mosquito en una bestia gigantesca, y había pensado que un buen símil era "como mirar un insecto a través del lente de aumento de un microscopio". Pero no era así. Al parecer, ver al guardián era mucho más complejo que mirar un insecto amplificado.

El guardián empezó a girar frente a mí. En cierto momento se detuvo y sentí que me estaba mirando. Noté entonces que no producía sonido alguno. La danza del guardián era silenciosa. Lo imponente estaba en su aspecto: sus ojos saltones; su horrenda boca; su babear; su pelo insidioso; y sobre todo su increíble tamaño. Observé con mucha atención la forma en que movía las alas, cómo las hacía vibrar sin sonido. Observé cómo se deslizaba sobre el piso semejando un monumental patinador sobre hielo.

Mirando esa criatura pesadillesca frente a mí, me sentía en verdad exaltado. Creía realmente haber descubierto el secreto de vencerla. Pensé que el guardián era sólo una imagen en movimiento sobre una pantalla muda; no podía hacerme daño; únicamente parecía aterradora.

El guardián estaba inmóvil, encarándome; de pronto aleteó y dio la media vuelta. Su lomo parecía una armadura de color brillante; el resplandor deslumbraba pero el matiz era repugnante: era mi color desfavorable. El guardián permaneció un rato dándome la espalda y luego, aleteando, volvió a deslizarse hasta que se perdió de vista.

Me vi ante un dilema muy extraño. Honradamente creía haberlo vencido al tomar conciencia de que sólo presentaba una imagen de ira. Mi creencia se debía tal vez a la insistencia de don Juan en que yo conocía más de lo que estaba dispuesto a admitir. En todo caso, sentía haber vencido al guardián y tener despejado el camino. Pero no sabía cómo proceder. Don Juan no me había dicho qué hacer en una situación así. Traté de volverme a mirar a mi espalda, pero no pude moverme. Sin embargo, podía ver muy bien la mayor parte de un panorama de 180 grados ante mis ojos. Y lo que veía era un horizonte nebuloso, amarillo pálido; parecía gaseoso. Una especie de tono limón cubría uniformemente todo cuanto me era posible observar. Al parecer me hallaba en una meseta llena de vapores sulfurosos.

De improviso, el guardián volvió a aparecer en un punto del horizonte. Describió un amplio círculo antes de pararse frente a mí; su hocico estaba muy abierto, como una enorme caverna; no tenía dientes. Vibró las alas un instante y luego me embistió. Se lanzó contra mí como un toro, y sus alas gigantescas oscilaron buscando mis ojos. Grité de dolor y luego volé, o más bien sentí haberme disparado hacia arriba, me remonté más allá del guardián, más allá de la meseta amarillenta, hasta otro mundo, el mundo de los hombres, y me encontré de pie a mitad del cuarto de don Juan.

19 de enero, 1969

—Realmente pensé haber vencido al guardián —dije a don Juan.

—Debes de estar bromeando —dijo él.

Don Juan no me había dicho una sola palabra desde el día anterior, y eso no me causaba molestia. Había estado inmerso en una especie de ensoñación, y nuevamente había sentido que de mirar con empeño sería capaz de "ver". Pero no vi nada diferente. El no hablar, sin embargo, me había hecho descansar muchísimo.

Don Juan me pidió referir la secuencia de mi experiencia, y lo que le interesó particularmente fue el color que yo había visto en el lomo del guardián. Don Juan suspiró, al parecer realmente preocupado.

—Tuviste suerte de que el color estuviera en el lomo del guardián —dijo con rostro serio—. Si hubiera estado en la parte delantera de su cuerpo, o peor todavía, en su cabeza, ahora estarías muerto. No debes tratar de *ver* al guardián nunca más. No es tu temperamento cruzar esa llanura; sin embargo, yo estaba convencido de que podrías atravesarla. Pero ya no hablemos de eso. Éste era sólo uno de diversos caminos.

Capté una pesadez fuera de lo común en el tono de don Juan.

—¿Qué me pasará si trato de *ver* nuevamente al guardián?

—El guardián te llevará —dijo él—. Te cogerá con la boca y te llevará a esa llanura y te dejará allí para siempre. Es evidente que el guardián supo que no es tu temperamento y te advirtió que te fueras.

—¿Cómo piensa usted que el guardián supo eso?

Don Juan me dedicó una mirada larga y firme. Trató de decir algo, pero desistió como incapaz de hallar las palabras adecuadas.

—Siempre caigo en tus preguntas —dijo sonriendo—. Cuando me preguntaste eso no estabas pensando en realidad, ¿no?

Protesté y volví a afirmar que me desconcertaba el conocimiento que el guardián tenía de mi temperamento.

Don Juan tenía un brillo extraño en los ojos al decir:

—Y tú que ni siquiera le mencionaste al guardián nada acerca de tu temperamento, ¿verdad?

Su tono era tan cómicamente serio que ambos reímos. Tras un rato, empero, don Juan dijo que el guardián, siendo el cuidador, el vigía de ese mundo, conocía muchos secretos que un brujo tenía derecho a compartir.

—Esa es una manera en que un brujo llega a *ver* —dijo—. Pero ése no será tu dominio, así que no tiene caso hablar de ello.

—¿Fumar es el único modo de *ver* al guardián? —pregunté.

—No. También podrías *verlo* sin fumar. Hay montones de gente que pueden hacerlo. Yo prefiero el humo porque es más efectivo y menos peligroso para uno. Si tratas de *ver* al guardián sin ayuda del humo, lo más probable es que tardes en quitártele del paso. En tu caso, por ejemplo, es obvio que el guardián te estaba advirtiendo cuando te dio la espalda para que miraras tu color enemigo. Entonces se fue; pero cuando volvió tú seguías allí, así que te embistió. Pero tú estabas preparado y saltaste. El humito te dio la protección que necesitabas; de haberte metido en ese mundo sin su asistencia, no habrías podido librarte de la garra del guardián.

—¿Por qué no?

—Tus movimientos habrían sido demasiado lentos. Para sobrevivir en ese mundo hay que ser veloz como el rayo. Cometí un error al salirme del cuarto, pero no quería que siguieras hablando. Eres un lengualarga y hablas aunque no quieras. De haber estado allí contigo, te habría subido la cabeza. Saltaste solo y eso fue todavía mejor, pero prefiero no correr esos riesgos; el guardián no es cosa de juego.

IX

Durante tres meses, don Juan evitó sistemáticamente hablar del guardián. En dicho lapso le hice cuatro visitas; él me mandaba a realizar encargos y, cuando se hallaban cumplidos, me decía simplemente que regresara a mi casa. El 24 de abril de 1969, la cuarta vez que estuve con él, tuvimos por fin una confrontación, después de cenar, sentados junto a su estufa de tierra. Le dije que me estaba haciendo algo incongruente; yo estaba dispuesto a aprender y él ni siquiera quería tenerme cerca. Yo había tenido que luchar muy duro para superar mi aversión a usar sus hongos alucinógenos y sentía, como él mismo había dicho, que no tenía tiempo que perder.

Don Juan escuchó pacientemente mis quejas.

—Eres demasiado débil —dijo—. Te apuras cuando deberías esperar, pero esperas cuando deberías darte prisa. Piensas demasiado. Ahora piensas que no hay tiempo que perder.

"Y hace poco pensabas que no querías volver a fumar. Tu vida es como una pelota desinflada y ahorita no te da para encontrarte con el humito. Yo soy responsable de ti y no quiero que mueras como un idiota."

Me sentí apenado.

—¿Qué puedo hacer, don Juan? Soy muy impaciente.

—¡Vive como guerrero! Ya te he dicho: un guerrero acepta la responsabilidad de sus actos, del más trivial de sus actos. Tú actúas tus pensamientos y eso está mal. Fallaste con el guardián a causa de tus pensamientos.

—¿Cómo fallé, don Juan?

—Pensando todo. Pensaste en el guardián y por eso no pudiste vencerlo.

"Primero debes vivir como un guerrero. Creo que entiendes eso muy bien."

Quise intercalar algo en mi defensa, pero él me calló con un ademán.

—Tu manera de vivir es suficientemente templada —prosiguió—. En realidad, es más templada que la de Pablito o la de Néstor, los aprendices de Genaro, y así y todo ellos *ven* y tú no. Tu vida es más compacta que la de Eligio y él probablemente *verá* antes que tú. Eso de veras me confunde. Ni siquiera Genaro puede acabar de entenderlo. Has cumplido fielmente todo lo que te he mandado hacer. Todo cuanto mi benefactor me enseñó, en la primera etapa del aprendizaje, te lo he pasado. La regla es justa, los pasos no pueden cambiarse. Has hecho todo cuanto uno tiene que hacer y sin embargo no *ves*; pero a los que *ven*, como Genaro, les parece que *ves*. Yo me fío de eso y caigo en una trampa. Siempre acabas portándote como un tonto que no *ve*, y por supuesto eso es lo que eres.

Las palabras de don Juan me despertaron una profunda zozobra. Sin saber por qué, me hallaba a punto de llorar. Empecé a hablar de mi niñez y una oleada de pesar me envolvió. Don Juan se me quedó viendo un instante y luego apartó los ojos. Fue una mirada penetrante. Sentí que literalmente me había agarrado con los ojos. Tuve la sensación de dos dedos que me asían con suavidad y advertí una agitación extraña, una comezón, una desazón agradable en la zona de mi plexo solar. Estaba tremendamente consciente de mi región abdominal. Percibí su calor. Ya no pude hablar coherentemente; mascullé algo antes de callar por entero.

—Ha de ser la promesa —dijo don Juan tras una larga pausa.

—¿Cómo?

—Una promesa que hiciste una vez, hace mucho.

—¿Qué promesa?

—A lo mejor tú puedes decírmelo. Sí te acuerdas de ella, ¿no?

—No.

—Una vez prometiste algo muy importante. Pensé que quizá tu promesa te evitaba *ver*.

155

—No sé de qué habla usted.

—¡Hablo de una promesa que hiciste! Tienes que recordarla.

—Si usted sabe cuál fue la promesa, ¿por qué no me lo dice, don Juan?

—No. De nada serviría decirte.

—¿Fue una promesa que me hice a mí mismo?

Por un momento pensé que podría estarse refiriendo a mi decisión de abandonar el aprendizaje.

—No. Esto es algo que pasó hace mucho tiempo —dijo.

Reí, seguro de que don Juan estaba jugando conmigo. Me sentí lleno de malicia. Tuve un sentimiento de exaltación ante la idea de poder engañar a don Juan, quien, me hallaba convencido, sabía tan poco como yo acerca de la supuesta promesa. Sin duda buscaba en la oscuridad y trataba de improvisar. La idea de seguirle la corriente me deleitó.

—¿Fue algo que le prometí a mi abuelito?

—No —dijo él, y sus ojos brillaron—. Tampoco fue algo que le prometiste a tu abuelita.

La ridícula entonación que dio a la palabra "abuelita" me hizo reír. Pensé que don Juan me estaba poniendo alguna trampa, pero me hallaba dispuesto a jugar el juego hasta el final. Empecé a enumerar todos los posibles individuos a quienes yo habría podido prometer algo de gran importancia. El dijo no cada vez. Luego encaminó la conversación hacia mi niñez.

—¿Por qué fue triste tu niñez? —preguntó con gesto serio.

Le dije que mi infancia no había sido en verdad triste, sino acaso un poco difícil.

—Todo el mundo siente lo mismo —dijo, mirándome de nuevo—. También yo pasé de niño muchas desdichas y temores. Ser un niño indio es duro, muy duro. Pero el

156

recuerdo de aquel tiempo ya no tiene otro significado sino que fue duro. Dejé de pensar en las penalidades de mi vida aún antes de que aprendiera a *ver*.

—Yo tampoco pienso en mi niñez —dije.

—¿Entonces por qué te entristece? ¿Por qué tienes ganas de llorar?

—No sé. Tal vez cuando me recuerdo de niño siento lástima de mí mismo y de todos mis semejantes. Me siento indefenso y triste.

Me miró con fijeza y de nuevo mi región abdominal registró la extraña sensación de dos dedos suaves que la aferraban. Aparté los ojos y luego volví a mirarlo. Él miraba la distancia más allá de mí; tenía los ojos nebulosos, desenfocados.

—Fue una promesa de tu niñez —dijo tras un silencio momentáneo.

—¿Qué cosa prometí?

No respondió. Tenía los ojos cerrados. Sonreí involuntariamente; sabía que don Juan estaba tentaleando en la oscuridad; sin embargo, había perdido en parte mi ímpetu original de seguirle el juego.

—Yo era un niño flaco —prosiguió—, y siempre tenía miedo.

—También yo —dije.

—Lo que más recuerdo es el terror y la tristeza que se me vinieron encima cuando los soldados yoris mataron a mi madre —dijo suavemente, como si el recuerdo fuera aún doloroso—. Era una india pobre y humilde. Tal vez fue mejor que su vida se acabara entonces. Yo quería que me mataran con ella, porque era un niño. Pero los soldados me levantaron y me golpearon. Cuando me agarré al cuerpo de mi madre, me rompieron los dedos de un fuetazo. No sentí dolor, pero ya no pude cerrar las manos, y entonces me llevaron a rastras.

Dejó de hablar. Sus ojos seguían cerrados y pude percibir un temblor muy leve en sus labios. Una profunda tristeza empezó a invadirme. Imágenes de mi propia infancia inundaban mi mente.

—¿Cuántos años tenía usted, don Juan? —pregunté, sólo por disipar mi tristeza.

—Como siete. Era el tiempo de las grandes guerras yaquis. Los soldados yoris nos cayeron de sorpresa mientras mi madre preparaba algo de comer. Era una mujer indefensa. La mataron sin ningún motivo. No tiene nada que ver el que haya muerto así, en realidad no importa, pero para mí sí. No puedo decirme por qué, sin embargo; nada más me importa. Creí que también habían matado a mi padre, pero no. Estaba herido. Luego nos metieron en un tren, como reses, y cerraron la puerta. Días y días nos tuvieron allí en la oscuridad, como animales. Nos mantenían vivos con pedazos de comida que de vez en cuando echaban en el vagón.

"Mi padre murió de sus heridas en ese vagón. En el delirio del dolor y la fiebre me decía y me repetía que yo tenía que vivir. Siguió diciéndome eso hasta el último momento de su vida.

"La gente me cuidaba; me daba comida; una vieja curandera me compuso los huesos rotos de la mano. Y como puedes ver, viví. La vida no ha sido ni buena ni mala conmigo; la vida ha sido dura. La vida es dura, y para un niño es a veces el horror mismo."

Quedamos largo rato sin hablar. Alrededor de una hora transcurrió en silencio completo. Yo experimentaba sentimientos muy confusos. Me sentía algo afligido, pero no podía saber la razón. Experimentaba un sentido de remordimiento. Un rato antes había estado dispuesto a seguirle la corriente a don Juan, pero de pronto él había trastocado la situación con su relato directo. Había sido sencillo y conciso y me había producido un sentimiento extraño. La idea de un niño soportando dolor era un tema al que yo siempre había sido susceptible. En un instante, mis sentimientos de empatía hacia don Juan cedieron el paso a una sensación de disgusto conmigo mismo. Allí estaba yo, tomando notas, como si la vida de don Juan fuera sólo un caso clínico. Estaba a punto de romper mis notas cuando don Juan me dio un leve puntapié en la pantorrilla para llamar mi atención. Dijo que "veía" a mi alrededor una luz de violencia y que se preguntaba si iba yo a empezar a golpearlo. Su risa fue un alivio delicioso. Dijo que yo era dado a explosiones de conducta violenta, pero que en realidad no era malo y que la mayor parte del tiempo la violencia era contra mí mismo.

—Tiene usted razón, don Juan —dije.

—Por supuesto —dijo, riendo.

Me instó a hablar de mi niñez. Empecé a contarle mis años de miedo y soledad y me metí a describirle lo que yo consideraba mi abrumadora lucha por sobrevivir y conservar mi espíritu. Rió de la metáfora de "conservar mi espíritu".

Hablé largo rato. El escuchaba con expresión grave. Entonces, en un momento dado, sus ojos volvieron a "asirme" y dejé de hablar. Tras una pausa momentánea, don Juan dijo que nadie me había humillado nunca, y que ése era el motivo de que yo no fuera realmente malo.

—Todavía no has sido derrotado —dijo.

Repitió la frase cuatro o cinco veces, de manera que me sentí obligado a preguntarle qué quería decir con ella. Explicó que la derrota era una condición inevitable de la vida. Los hombres eran victoriosos o derrotados y, según eso, se convertían en perseguidores o en víctimas. Estas dos condiciones prevalecían mientras uno no "veía"; el "ver" disipaba la ilusión de la victoria, la derrota o el sufrimiento. Añadió que yo debía aprender a "ver" mientras fuese victorioso, para evitar el tener jamás el recuerdo de una humillación.

Protesté: no era victorioso ni lo había sido nunca, en nada; mi vida era, si acaso, una derrota.

Rió y arrojó al suelo su sombrero.

—Si tu vida es la derrota que dices, pisa mi sombrero —me desafió en broma.

Argumenté sinceramente mi parecer. Don Juan se puso serio. Sus ojos se achicaron hasta convertirse en finas ranuras. Dijo que las razones por las que yo consideraba mi vida una derrota no eran la derrota en sí. Luego, en un movimiento rápido y completamente inesperado, me tomó la cabeza entre las manos colocando sus palmas contra mis sienes. Sus ojos cobraron fiereza al mirar los míos. Asustado, aspiré por la boca, profunda e involuntariamente. Soltó mi cabeza y se reclinó contra la pared, aún escudriñándome. Se había movido con tal rapidez que, cuando se relajó y se recargó cómodamente en la pared, yo seguía a la mitad de mi aspiración profunda. Me sentí mareado, incómodo.

—*Veo* un niño que llora —dijo don Juan tras una pausa.

Lo repitió varias veces, como si yo no comprendiera. Tuve el sentimiento de que su frase se refería a mí, de modo que no le presté verdadera atención.

—¡Oye! —dijo, exigiendo mi concentración total—. *Veo* un niño que llora.

Le pregunté si ese niño era yo. Dijo que no. Le pregunté entonces si era una visión de mi vida o sólo un recuerdo de la suya. No respondió.

—*Veo* un niño —siguió diciendo—. Llora y llora.

—¿Es un niño que yo conozco? —pregunté.

—Sí.

—¿Es mi niño?

—No.

—¿Está llorando ahora?

—Está llorando ahora —dijo con convicción.

Pensé que don Juan tenía una visión de un niño que yo conocía y que en ese mismo instante estaba llorando. Pronuncié los nombres de todos los niños que conocía, pero él dijo que esos niños no tenían que ver con mi promesa, y que el niño que lloraba era muy importante con relación a ella.

Las aseveraciones de don Juan parecían incongruentes. Había dicho que yo prometí algo a alguien durante mi infancia, y que el niño que lloraba en ese preciso momento era importante para mi promesa. Le dije que sus palabras no tenían sentido. Repitió calmadamente que "veía" a un niño llorar en ese momento, y que el niño estaba herido.

Luché seriamente por dar a sus afirmaciones algún tipo de ilación ordenada, pero no podía relacionarlas con nada de lo cual yo tuviera conciencia.

—No doy en el clavo —dije—, porque no puedo recordar haber hecho a nadie una promesa importante, y menos a un niño.

Achicó de nuevo los ojos y dijo que el niño que lloraba en ese preciso momento era un niño de mi infancia.

—¿Era niño durante mi niñez y sigue llorando ahora? —pregunté.

—Es un niño que está llorando ahora —insistió.

—¿Se da usted cuenta de lo que dice, don Juan?

—Sí.

—No tiene sentido. ¿Cómo puede ser un niño ahora, si lo fue cuando yo mismo era niño?

—Es un niño y está llorando ahora —dijo con terquedad.

—Explíqueme eso, don Juan.

—No. *Tú* me lo tienes que explicar a mí.

A fe, me resultaba imposible sondear aquello a lo cual se refería.

—¡Está llorando! ¡Está llorando! —siguió diciendo don Juan en tono hipnótico—. Y ahora te abraza. ¡Está herido! ¡Está herido! Y te mira. ¿Sientes sus ojos? Está hincado y te abraza. Es más chico que tú. Vino a ti corriendo. Pero tiene el brazo roto. ¿Sientes su brazo? Ese niño tiene una nariz que parece botón. ¡Sí! Es una nariz de botón.

Mis oídos empezaron a zumbar y perdí la noción de hallarme en la casa de don Juan. Las palabras "nariz de botón" me arrojaron de inmediato en una escena de mi niñez. ¡Yo conocía a un niño con nariz de botón! Don Juan se había colado en uno de los sitios más recónditos de mi vida. Supe entonces de qué promesa hablaba. Experimenté exaltación, desesperación, reverencia temerosa hacia don Juan y su espléndida maniobra. ¿Cómo demonios sabía lo del niño con nariz de botón de mi infancia? El recuerdo evocado en mí por don Juan me agitó a tal grado que el poder de mi memoria me hizo retroceder a un tiempo en el que yo tenía ocho años. Esa fue sin duda la época más atormentada de mi niñez. El carácter dulce y apacible de mis padres no contribuyó de ninguna manera a prepararme para el embate de mis compañeros de escuela y primos de mi edad. Había más de veinte niños con quien vérmelas día a día. Eran fuertes y, sin darse cuenta, absolutamente brutales. Su crueldad llegaba a extremos verdaderamente extravagantes. Yo sentía entonces estar rodeado de enemigos, y en los torturantes años siguientes libré una guerra sórdida y desesperada. Finalmente, por medios que a estas alturas sigo sin conocer, logré someter a todos mis primos. Era en verdad victorioso. Ya no tenía competidores que contaran. Sin embargo, yo no me di cuenta de eso, ni tampoco sabía cómo detener mi guerra, que lógicamente se extendió a los terrenos de la escuela.

Los salones de la escuela rural a la que asistía eran mixtos, y los años primero y tercero estaban separados única-

162

mente por un espacio entre los pupitres. Fue allí donde conocí a un niño de nariz plana, a quien fastidiaban con el apodo "Nariz de botón". Cursaba el primer año. Yo solía ensañarme con él al azar, sin verdadera intención de hacerlo.

Pero él parecía simpatizar conmigo a pesar de cuanto le hacía. Solía seguirme a todas partes e incluso guardaba el secreto de que yo era el responsable de algunas de las maldades que desconcertaban al director. Sin embargo, yo seguía molestándolo. Un día derribé a propósito un pesado pizarrón de caballete; cayó sobre él; el pupitre donde se hallaba sentado absorbió parte del impacto, pero así y todo el golpe le rompió la clavícula. Cayó al suelo. Lo ayudé a levantarse y vi el dolor y el susto en sus ojos mientras él me miraba y se me abrazaba. El choque de verlo sufrir con un brazo destrozado fue más de lo que pude soportar. Durante años, yo había batallado sañudamente contra mis primos, y había vencido; había sojuzgado a mis enemigos; me había sentido bueno y poderoso hasta el momento en que la figura llorosa del niñito con nariz de botón demolió mis victorias. Allí mismo abandoné la batalla. En todas las formas de que era capaz, me hice el propósito de no triunfar nunca más. Pensé que tendrían que cortarle el brazo, y prometí que si el niño se curaba yo jamás volvería a ser victorioso. Renuncié por él a mis victorias. Así fue como lo comprendí entonces.

Don Juan había abierto una llaga purulenta en mi vida. Me sentí aturdido, acongojado. Un pozo de tristeza sin alivio me llamaba, y sucumbí a él. Sentí sobre mí el peso de mis acciones. El recuerdo de aquel niñito con nariz de botón, cuyo nombre era Joaquín, me produjo una angustia tan vívida que lloré. Hablé a don Juan de mi tristeza por ese niño que jamás tuvo nada, ese Joaquincito que no tenía dinero para ver a un médico y cuyo brazo nunca sanó debi-

163

damente. Y todo lo que yo pude darle fueron mis victorias pueriles. Me sentía lleno de vergüenza.

—Déjate de babosadas —dijo don Juan, imperioso—. Diste bastante. Tus victorias eran fuertes y eran tuyas. Diste bastante. Ahora debes cambiar tu promesa.

—¿Cómo la cambio? ¿Lo digo y ya?

—Una promesa de ésas no se cambia nada más con decirlo. Quizá muy pronto puedas saber qué se hace para cambiarla. Entonces a lo mejor hasta llegas a *ver*.

—¿Puede usted darme algunas sugerencias, don Juan?

—Debes esperar con paciencia, sabiendo que esperas y sabiendo qué cosa esperas. Ése es el modo del guerrero. Y si se trata de cumplir tu promesa, debes conocer que la estás cumpliendo. Entonces llegará un momento en el que tu espera habrá terminado y ya no tendrás que honrar tu promesa. No hay nada que puedas hacer por la vida de ese niño. Sólo él podría cancelar ese acto.

—¿Pero cómo?

—Aprendiendo a reducir a nada sus necesidades. Mientras piense que fue una víctima, su vida será un infierno. Y mientras tú pienses lo mismo, tu promesa vale. Lo que nos hace desdichados es la necesidad. Pero si aprendemos a reducir a nada nuestras necesidades, la cosa más pequeña que recibamos será un verdadero regalo. Ten paz: le hiciste un buen regalo a Joaquín. Ser pobre o necesitado es sólo un pensamiento; y lo mismo es odiar, o tener hambre, o sentir dolor.

—No puedo creer eso en verdad, don Juan. ¿Cómo pueden ser sólo pensamientos el hambre y el dolor?

—Para mí, ahora, son sólo pensamientos. Eso es todo lo que sé. He logrado esa hazaña. Esa hazaña es poder y ese poder es todo lo que tenemos, fíjate bien, para oponernos a las fuerzas de nuestras vidas; sin ese poder somos basuras, polvo en el viento.

—No dudo que usted lo hay logrado, don Juan, ¿pero cómo puede un hombre común, digamos yo o el Joaquincito, llegar a eso?

—A nosotros, como individuos, nos toca oponernos a las fuerzas de nuestras vidas. Esto te lo he dicho mil veces: sólo un guerrero puede sobrevivir. Un guerrero sabe que espera y sabe lo que espera, y mientras espera no quiere nada y así cualquier cosita que recibe es más de lo que puede tomar. Si necesita comer halla el modo, porque no tiene hambre; si algo lastima su cuerpo halla el modo de pararlo, porque no siente dolor. Tener hambre o sentir dolor significa que uno se ha entregado y que ya no se es guerrero; las fuerzas de su hambre y su dolor lo destruirán.

Quise seguir discutiendo el tema, pero me detuve al darme cuenta de que con la discusión estaba levantando una barrera para protegerme de la fuerza devastadora de la prodigiosa hazaña de don Juan, que me había tocado tan hondo y con tal poder. ¿Cómo supo? Pensé que tal vez le había contado la historia del niño con nariz de botón durante uno de mis estados profundos de realidad no ordinaria. No recordaba haberlo hecho, pero el olvido bajo tales condiciones era comprensible.

—¿Cómo supo usted de mi promesa, don Juan?

—La *vi*.

—¿La *vio* usted cuando tomé Mescalito, o cuando fumé su mezcla?

—La *vi* hoy. Ahorita.

—¿*Vio* usted todo el episodio?

—Ahí vas otra vez. Ya te dije: no tiene caso hablar de cómo es *ver*. No es nada.

No prolongué más el asunto. Emotivamente me hallaba convencido.

—Yo también hice una vez un juramento —dijo don Juan de repente.

El sonido de su voz me hizo saltar.

—Prometí a mi padre que viviría para destruir a sus asesinos. Años enteros cargué con esa promesa. Ahora la promesa está cambiada. Ya no me interesa destruir a nadie. No odio a los yoris. No odio a nadie. He aprendido que los incontables caminos que uno recorre en su vida son todos iguales. Los opresores y los oprimidos se encuentran al final, y lo único que sigue valiendo es que la vida fue demasiado corta para ambos. Hoy no me siento triste porque mis padres murieran como murieron; me siento triste porque eran indios. Vivieron como indios y murieron como indios y nunca se dieron cuenta de que antes que nada eran gente.

X

Volví a visitar a don Juan el 30 de mayo de 1969, y de buenas a primeras le dije que deseaba hacer un nuevo intento por "ver". Meneó la cabeza negativamente y rió, y me sentí impelido a protestar. Me dijo que yo debía ser paciente y que el tiempo no era propicio, pero yo insistí obstinadamente en que me hallaba preparado.

No pareció molestarse con mi insistencia. Sin embargo, trató de cambiar el tema. No cedí, y le pedí consejo acerca de cómo superar mi impaciencia.

—Debes actuar como guerrero —dijo.

—¿Cómo?

—Uno aprende a actuar como guerrero actuando, no hablando.

—Dijo usted que un guerrero piensa en su muerte. Yo hago eso todo el tiempo; por lo visto no es suficiente.

Pareció tener un estallido de impaciencia e hizo con los labios un sonido chasqueante. Le dije que no era mi intención hacerlo enojar, y que si no me necesitaba allí en su casa, estaba dispuesto a regresar a Los Ángeles. Don Juan me dio palmaditas en la espalda y dijo que jamás se enojaba conmigo; sencillamente, había supuesto que yo sabía lo que significaba ser un guerrero.

—¿Qué puedo hacer para vivir como un guerrero? —pregunté.

Se quitó el sombrero y se rascó las sienes. Me miró con fijeza y sonrió.

—Te gusta que todo te lo deletreen, ¿verdad?

—Mi mente trabaja en esa forma.

—No hay necesidad de ser así.

—No sé cómo cambiar. Por eso le pido que me diga exactamente qué hacer para vivir como guerrero; si lo supiera, podría hallar un modo de adaptarme a ello.

Debe de haber pensado que mis frases eran humorísticas; me palmeó la espalda mientras reía.

Tuve la impresión de que en cualquier momento me pediría marcharme, de modo que rápidamente tomé asiento en mi petate, frente a él, y empecé a hacerle más preguntas. Quise saber por qué tenía que esperar.

Me explicó que si yo trataba de "ver" a lo loco, antes de "sanar las heridas" que recibí luchando contra el guardián, lo más probable era que volviese a encontrarme con el guardián aunque no anduviera buscándolo. Don Juan me aseguró que nadie en esa posición podría sobrevivir tal encuentro.

—Debes olvidar por completo al guardián antes de embarcarte nuevamente en la empresa de *ver* —dijo.

—¿Cómo es posible olvidar al guardián?

—Un guerrero tiene que usar su voluntad y su paciencia para olvidar. De hecho, un guerrero no tiene más que su voluntad y su paciencia, y con ellas construye todo lo que quiere.

—Pero yo no soy un guerrero.

—Has empezado a aprender las brujerías. Ya no te queda más tiempo para retiradas ni para lamentos. Sólo tienes tiempo para vivir como un guerrero y trabajar por la paciencia y la voluntad, quieras o no quieras.

—¿Cómo trabaja un guerrero por ellas?

Don Juan meditó largo rato antes de responder.

—Creo que no hay manera de hablar de eso —dijo por fin—. Y menos de la voluntad. La voluntad es algo muy especial. Ocurre misteriosamente. No hay en realidad manera de decir cómo la usa uno, excepto que los resultados de usar la voluntad son asombrosos. Acaso lo primero que se debe hacer es saber que uno puede desarrollar la voluntad. Un guerrero lo sabe y se pone a esperar. Tu error es no saber que estás esperando a tu voluntad.

"Mi benefactor decía que un guerrero sabe que espera y sabe lo que espera. En tu caso, tú sabes que esperas. Llevas años aquí conmigo, pero no sabes qué estás esperando. Es muy difícil, si no imposible, que el hombre común y corriente sepa lo que está esperando. Pero un guerrero no tiene problemas; sabe que está esperando a su voluntad."

—¿Qué es exactamente la voluntad? ¿Es determinación, como la determinación de su nieto Lucio de tener una motocicleta?

—No —dijo don Juan suavemente, y soltó una risita—. Eso no es voluntad. Lucio nada más se entrega. La voluntad es otra cosa, algo muy claro y poderoso que dirige nuestros actos. La voluntad es algo que un hombre usa, por ejemplo, para ganar una batalla que, según todos los cálculos, debería perder.

—Entonces la voluntad debe ser lo que llamamos valor —dije.

—No. El valor es otra cosa. Los hombres valientes son hombres dignos de confianza, hombres nobles perennemente rodeados de gente que se congrega en torno suyo y los admira; pero muy pocos hombres valientes tienen voluntad. Por lo general son hombres sin miedo, dados a hacer acciones temerarias de sentido común; casi siempre, un hombre valiente es también temible y temido. La voluntad, en cambio, tiene que ver con hazañas asombrosas que desafían nuestro sentido común.

—¿Es la voluntad el dominio que podemos tener sobre nosotros mismos? —pregunté.

—Se puede decir que es una especie de dominio.

—¿Cree usted que yo pueda ejercitar mi voluntad, por ejemplo, negándome ciertas cosas?

—¿Como el hacer preguntas? —interpuso.

Lo dijo en un tono tan malicioso que tuve que dejar de escribir para mirarlo. Ambos reímos.

—No —dijo—. Negarte es una entrega, y no recomiendo ninguna cosa por el estilo. Ese es el motivo de que te deje hacer todas las preguntas que quieres. Si te forzara a parar de preguntar, podrías torcer tu voluntad tratando de obedecer. Entregarse a la negación es el peor de todos los modos de entrega; nos fuerza a creer que estamos haciendo cosas buenas, cuando en efecto sólo estamos fijos dentro de nosotros mismos. Dejar de hacer preguntas no es la voluntad de la que te hablo. La voluntad es un poder. Y como es un poder, tiene que ser controlado y afinado, y eso toma tiempo. Lo sé y soy paciente contigo. A tu edad, yo era igual de impulsivo. Pero he cambiado. Nuestra voluntad opera a pesar de nuestra indulgencia. Por ejemplo, tu voluntad ya está abriendo tu boquete, poco a poco.

—¿De qué boquete habla usted?

—Hay en nosotros una abertura; como la parte blanda de la cabeza de un niño, que se cierra con la edad, esta abertura se abre conforme uno desarrolla su voluntad.

—¿Dónde está?

—En el sitio de tus fibras luminosas —dijo, señalando su área abdominal.

—¿Cómo es? ¿Para qué es?

—Es una abertura. Da un espacio para que la voluntad se dispare, como una flecha.

—¿Es la voluntad un objeto? ¿O es como un objeto?

—No. Sólo dije eso para hacerte entender. Lo que un brujo llama voluntad es un poder dentro de nosotros. No es un pensamiento, ni un objeto, ni un deseo. Dejar de preguntar no es voluntad porque requiere pensamiento y deseo.

La voluntad es lo que puede darte el triunfo cuando tus pensamientos te dicen que estás derrotado. La voluntad es lo que te hace invulnerable. La voluntad es lo que manda a un brujo a través de una pared; a través del espacio; a la luna, si él lo quiere.

No había nada más que yo deseara preguntar. Estaba cansado y algo tenso. Temía que don Juan fuera a pedirme que me marchara, y eso me molestaba.

—Vamos a los cerros —dijo abruptamente, y se puso de pie.

En el camino, empezó nuevamente a hablar de la voluntad, y rió de mi desaliento por no poder tomar notas.

Describió la voluntad como una fuerza que era la verdadera liga entre los hombres y el mundo. Tuvo buen cuidado de establecer que el mundo era lo que percibimos, en cualquier manera que podemos elegir percibirlo. Don Juan sostenía que "percibir el mundo" involucra un proceso de aprehender lo que se presenta ante nosotros. Esta "percepción" particular se lleva a cabo con nuestros sentidos y nuestra voluntad.

Le pregunté si la voluntad era un sexto sentido. Dijo que más bien era una relación entre nosotros mismos y el mundo percibido.

Sugerí que nos detuviéramos para que yo pudiese tomar notas. El rió y siguió caminando.

No me hizo marcharme aquella noche, y al día siguiente, después del desayuno, él mismo trajo a colación el tema de la voluntad.

—Lo que tú llamas voluntad es carácter y disposición fuerte —dijo—. Lo que un brujo llama voluntad es una fuerza que viene de dentro y se prende al mundo de fuera. Sale por la barriga, por aquí, donde están las fibras luminosas —se frotó el ombligo para señalar la zona—. Digo que sale por aquí porque uno lo siente salir.

—¿Por qué lo llama usted voluntad?

—Yo no lo llamo nada. Mi benefactor lo llamaba voluntad, y otros hombres de conocimiento lo llaman voluntad.

—Ayer dijo usted que uno puede percibir el mundo con los sentidos así como con la voluntad. ¿Cómo puede ser posible eso?

—Un hombre común nada más agarra las cosas del mundo con las manos, o los ojos, o los oídos, pero un brujo también las agarra con la nariz, o la lengua, o la voluntad, sobre todo con la voluntad. No puedo describir realmente cómo se hace, pero tú mismo, por ejemplo, no puedes describirme cómo oyes. Lo que sucede es que yo también puedo oír, de modo que podemos hablar de lo que oímos, pero no de cómo oímos. Un brujo usa su voluntad para percibir el mundo. Pero no es como percibirlo con el oído. Cuando miramos el mundo o cuando lo oímos, tenemos la impresión de que está allí y de que es real. Cuando percibimos el mundo con la voluntad, sabemos que no está tan allí ni es tan real como pensamos.

—¿Es la voluntad lo mismo que *ver*?

—No. La voluntad es una fuerza, un poder. *Ver* no es una fuerza, sino más bien un modo de atravesar cosas.

171

Un brujo puede tener una voluntad muy fuerte y sin embargo quizá no *vea*; eso significa que sólo un hombre de conocimiento percibe el mundo con sus sentimientos y con su voluntad y también con su *ver*.

Le dije que me hallaba más confuso que nunca con respecto a la forma de usar mi voluntad para olvidar al guardián. Esa afirmación y mi perplejidad de ánimo parecieron deleitarlo.

—Ya te he dicho que cuando hablas nada más te confundes —dijo, y rió—. Pero por lo menos ahora sabes que estás esperando a tu voluntad. Todavía no sabes qué es ni cómo podría ocurrirte. Así que vigila con cuidado todo lo que hagas. La cosa misma que podría ayudarte a desarrollar tu voluntad está entre todas las cositas que haces.

Don Juan se fue toda la mañana; regresó en las primeras horas de la tarde con un bulto de plantas secas. Me hizo con la cabeza señal de que lo ayudara, y trabajamos durante horas en silencio completo, separando las plantas. Al terminar nos sentamos a descansar y él me sonrió con benevolencia.

Le dije con mucha seriedad que había esta leyendo mis notas y que aún no podía comprender qué implicaba el ser guerrero ni qué significaba la idea de la voluntad.

—La voluntad no es una idea —dijo.

Era la primera vez que me hablaba en todo el día. Tras una larga pausa continuó:

—Somos distintos, tú y yo. No tenemos el mismo carácter. Tu naturaleza es más violenta que la mía. Yo a tu edad, no era violento, sino malo; tú eres lo opuesto. Mi benefactor era así; habría estado como mandado hacer para maestro tuyo. Era un gran brujo, pero no *veía*; no del modo como yo *veo* o como Genaro *ve*. Yo entiendo el mundo y vivo según lo que *veo*. Mi benefactor, en cambio, tenía que vivir como guerrero. Un hombre que *ve* no necesita vivir como guerrero ni como ninguna otra cosa, porque puede *ver* las cosas como son y dirigir su vida de acuerdo con eso. Pero, teniendo en cuenta tu carácter, yo diría que tal vez nunca aprendas a *ver*, y en ese caso tendrás que vivir como guerrero toda tu vida.

"Mi benefactor decía que, cuando un hombre se embarca en los caminos de la brujería, poco a poco se va dando cuenta de que la vida ordinaria ha quedado atrás para siempre; de que el conocimiento es en verdad algo que da miedo; de que los medios del mundo ordinario ya no le sirven de sostén; y de que si desea sobrevivir debe adoptar una nueva forma de vida. Lo primero que debe hacer, en ese punto, es querer llegar a ser un guerrero, un paso y una decisión muy importantes. La aterradora naturaleza del conocimiento no le permite a uno otra alternativa que la de llegar a ser un guerrero.

"Ya cuando el conocimiento se convierte en algo que da miedo, el hombre también se da cuenta de que la muerte es la compañera inseparable que se sienta a su lado en el petate. Cada trocito de conocimiento que se vuelve poder tiene a la muerte como fuerza central. La muerte da el último toque, y lo que la muerte toca se vuelve en verdad poder.

"Un hombre que sigue los caminos de la brujería se enfrenta en cada recodo con la aniquilación inminente, y sin poder evitarlo se vuelve terriblemente consciente de su muerte. Sin la conciencia de la muerte no sería más que un hombre común envuelto en actos comunes. Carecería de la potencia necesaria, de la concentración necesaria que transforman en poder mágico nuestro tiempo ordinario sobre la tierra.

"De ese modo, para ser un guerrero un hombre debe estar, antes que nada y con justa razón, terriblemente consciente de su propia muerte. Pero preocuparse por la muerte forzaría a cualquiera de nosotros a enfocar su propia persona, y eso es debilitante. De modo que lo otro que uno necesita para ser guerrero es el desapego. La idea de la muerte inminente, en vez de convertirse en obsesión, se convierte en indiferencia."

Don Juan dejó de hablar y me miró. Parecía esperar un comentario.

—¿Entiendes? —preguntó.

Yo entendía lo que había dicho, pero personalmente me resultaba imposible ver cómo podía alguien llegar a un sentido de desapego. Dije que, desde el punto de vista de mi propio aprendizaje, ya había experimentado el momento en que el conocimiento se convertía en algo atemorizante. También podía decir con toda veracidad que ya no encontraba apoyo en las premisas ordinarias de mi vida cotidiana. Y deseaba, o quizá más que desear, necesitaba, vivir como un guerrero.

—Ahora debes despegarte —dijo don Juan.

—¿De qué?

—Despégate de todo.

—Eso es imposible. No quiero ser un ermitaño.

—Ser ermitaño es una entrega y jamás me referí a eso. Un ermitaño no está despegado, pues se abandona voluntariamente a ser ermitaño.

"Sólo la idea de la muerte da al hombre el despego suficiente para que sea incapaz de abandonarse a nada. Sólo la idea de la muerte da al hombre el desapego suficiente para que no pueda negarse nada. Pero un hombre de tal suerte no ansía, porque ha adquirido una lujuria callada por la vida y por todas las cosas de la vida. Sabe que su muerte lo anda cazando y que no le dará tiempo de adherirse a nada, así que prueba, sin ansias, todo de todo.

"Un hombre despegado, sabiendo que no tiene posibilidad de poner vallas a su muerte, sólo tiene una cosa que lo respalde: el poder de sus decisiones. Tiene que ser, por así decirlo, el amo de su elección. Debe comprender por completo que su preferencia es su responsabilidad, y una vez que hace su selección no queda tiempo para lamentos ni recriminaciones. Sus decisiones son definitivas, simplemente porque su muerte no le da tiempo de adherirse a nada.

"Y así, con la conciencia de su muerte, con desapego y con el poder de sus decisiones, un guerrero arma su vida en forma estratégica. El conocimiento de su muerte lo guía y le da desapego y lujuria callada; el poder de sus decisiones definitivas le permite escoger sin lamentar, y lo que escoge es siempre estratégicamente lo mejor; así cumple con gusto y con eficiencia lujuriosa, todo cuanto tiene que hacer.

"¡Cuando un hombre se porta de esa manera puede decirse con justicia que es un guerrero y que ha adquirido paciencia!"

Don Juan me preguntó si tenía algo que decir, y señalé que cumplir la tarea que había descrito llevaría toda una vida. Me contestó que yo protestaba demasiado en su presencia, y que él sabía que en mi vida cotidiana me portaba, o al menos trataba de portarme, en términos de guerrero.

—Tienes garras bastante buenas —dijo riendo—. Enséñamelas de vez en cuando. Es buena práctica.

Hice un ademán prensil, gruñendo, y él rió. Después se aclaró la garganta y siguió hablando.

—Cuando un guerrero ha adquirido paciencia, está en camino hacia la voluntad. Sabe cómo esperar. Su muerte se sienta junto a él en su petate, son amigos. Su muerte le aconseja, en formas misteriosas, cómo escoger, cómo vivir estratégicamente. ¡Y el guerrero espera! Yo diría que el guerrero aprende sin apuro porque sabe que está esperando su voluntad; y un día logra hacer algo que por lo común es imposible de ejecutar. A lo mejor ni siquiera advierte su acto extraordinario. Pero conforme sigue ejecutando actos imposibles, o siguen pasándole cosas imposibles, se da cuenta de que una especie de poder está surgiendo. Un poder que sale de su cuerpo conforme progresa en el camino del conocimiento. Al principio es como una comezón en la barriga, o un calor que no puede mitigarse; luego se convierte en un dolor, en un gran malestar. A veces el dolor y el malestar son tan grandes que el guerrero tiene convulsiones durante meses; mientras más duras sean, mejor para él. Un magnífico poder es siempre anunciado por grandes dolores.

"Cuando las convulsiones cesan, el guerrero advierte que tiene sensaciones extrañas con respecto a las cosas. Advierte que puede tocar cualquier cosa que quiera con una sensación que sale de su cuerpo por un sitio abajo o arriba de su ombligo. Esa sensación es la voluntad, y cuando el guerrero es capaz de agarrar con ella, puede decirse con justicia que es un brujo y que ha adquirido voluntad."

Don Juan cesó de hablar y pareció esperar mis comentarios o preguntas. Yo no tenía nada que decir. Me preocupaba hondamente la idea de que un brujo debía experimentar dolor y convulsiones, pero me apenaba el preguntarle si también yo tendría que atravesar eso. Finalmente, tras un largo silencio, se lo pregunté, y él soltó una risita, como si hubiera estado esperándolo. Dijo que el dolor no era absolutamente necesario; él, por ejemplo, jamás lo tuvo, y la voluntad simplemente le aconteció.

—Un día andaba yo en las montañas —dijo— y me encontre con una leona; era grande y tenía hambre. Eché a correr y corrió tras de mí. Me trepé a una peña y ella se paró a unos metros, lista para saltar. Le tiré piedras. Gruñó y empezó a embestirme. Entonces fue cuando mi voluntad acabó de salir, y con ella la detuve antes de que me brincara encima. La acaricié con mi voluntad. Como lo oyes: le restregué las tetas. La leona me miró con ojos dormidos y se echó, y yo corrí como la chingada antes de que se repusiera.

Don Juan hizo un gesto muy cómico para representar a

176

un hombre en carrera frenética, agarrándose el sombrero. Le dije que odiaba pensar que, de querer voluntad, no tenía más alternativas que leonas de montaña o convulsiones.

—Mi benefactor era un brujo de grandes poderes —prosiguió—. Era un guerrero hecho y derecho. Su voluntad era en verdad su hazaña suprema. Pero un hombre puede ir todavía más allá; puede aprender a *ver*. Al aprender a *ver*, ya no necesita vivir como guerrero, ni ser brujo. Al aprender a *ver*, un hombre llega a ser todo llegando a ser nada. Desaparece, por así decirlo, y sin embargo está allí. Yo diría que éste es el tiempo en que un hombre puede ser o puede obtener cualquier cosa que desea. Pero no desea nada, y en vez de jugar con sus semejantes como si fueran juguetes, los encuentra en medio de su desatino. La única diferencia es que un hombre que *ve* controla su desatino, mientras que sus semejantes no pueden hacerlo. Un hombre que *ve* ya no tiene un interés activo en sus semejantes. El *ver* lo ha despegado de absolutamente todo lo que conocía antes.

—La sola idea de despegarme de todo lo que conozco me da escalofríos —dije.

—¡Has de estar bromeando! Lo que debería darte escalofríos es no tener nada que esperar más que una vida de hacer lo que siempre has hecho. Piensa en el hombre que planta maíz año tras año hasta que está demasiado viejo y cansado para levantarse y se queda echado como un perro viejo. Sus pensamientos y sentimientos, lo mejor que tiene, vagan sin ton ni son y se fijan en lo único que ha hecho: plantar maíz. Para mí, ése es el desperdicio más aterrador que existe.

"Somos hombres y nuestra suerte es aprender y ser arrojados a mundos nuevos, inconcebibles."

—¿Hay de veras algún mundo nuevo para nosotros? —pregunté, medio en broma.

—No hemos agotado nada, idiota —dijo él, imperioso—.

177

Ver es para hombres impecables. Tiempla tu espíritu, llega a ser un guerrero, aprende a *ver,* y entonces sabrás que no hay fin a los mundos nuevos para nuestra visión.

XI

Don Juan no me hizo marcharme después de que cumplí sus encargos, como había dado en hacer últimamente. Dijo que podía quedarme, y al día siguiente, 28 de junio de 1969, me anunció que iba a fumar de nuevo.

—¿Voy a tratar de *ver* otra vez al guardián?

—No, eso ya no. Es otra cosa.

Don Juan llenó sosegadamente su pipa, la encendió y me la entregó. No experimenté aprensión alguna. Una agradable soñolencia me envolvió de inmediato. Cuando hube terminado de fumar todo el cuenco de mezcla, don Juan guardó su pipa y me ayudó a ponerme de pie. Habíamos estado sentados, el uno frente al otro, en dos petates que él colocó en el centro de su cuarto. Dijo que íbamos a dar un paseo y me animó a caminar, empujándome suavemente. Di un paso y mis piernas se doblaron. No sentí dolor cuando mis rodillas dieron contra el piso. Don Juan sostuvo mi brazo y me empujó nuevamente a mis pies.

—Tienes que caminar —dijo— igual que como te levantaste la otra vez. Debes usar tu voluntad.

Yo parecía hallarme pegado al suelo. Intenté dar un paso con el pie derecho y casi perdí el equilibrio. Don Juan asió mi brazo derecho a la altura del sobaco y me aventó con suavidad hacia adelante, pero las piernas no me sostuvieron, y habría caído sobre la cara si don Juan no hubiese tomado mi brazo y amortiguado mi caída. Me sostuvo por el sobaco derecho y me hizo reclinarme en él. Yo no sentía nada, pero estaba seguro de que mi cabeza reposaba en su hombro; mi perspectiva de la habitación era sesgada. Me arrastró en esa postura alrededor de la ramada. Dimos dos vueltas en forma por demás penosa; finalmente, supongo, mi peso se hizo tan grande que don Juan tuvo que dejarme caer en el suelo. Supe que no le sería posible moverme. En cierto modo, era como si una parte de mí quisiera deliberadamente hacerse pesada como el plomo. Don Juan no hizo ningún esfuerzo por levantarme. Me miró un instante; yo yacía sobre la espalda, encarándolo. Traté de sonreírle y él empezó a reír; luego se agachó y me golpeó el vientre con la palma de la mano. Tuve una sensación de lo más peculiar. No era dolorosa ni agradable ni nada que se me ocurriera. Fue más bien una sacudida. Inmediatamente, don Juan empezó a rodarme. Yo no sentía nada: supuese que me hacía rodar porque mi visión del pórtico cambiaba de acuerdo con un movimiento circular. Cuando don Juan me tuvo en la posición que deseaba, retrocedió unas pasos.

—¡Párate! —ordenó imperiosamente—. Párate como el otro día. No te andes con tonterías. Sabes cómo pararte. ¡Párate ya!

Apliqué mi atención a recordar las acciones que había ejecutado en aquella ocasión, pero no podía pensar con claridad; era como si mis pensamientos tuviesen voluntad propia por más que yo trataba de controlarlos. Finalmente, se me ocurrió la idea de que si decía "arriba", como había hecho antes, me levantaría sin duda alguna. Dije:

—Arriba —claro y fuerte, pero nada sucedió.

Don Juan me miró con disgusto evidente y luego caminó hacia la puerta. Yo estaba acostado sobre el lado izquierdo y tenía a la vista el área frente a la casa; la puerta quedaba a mi espalda, de modo que cuando don Juan se perdió de vista detrás de mí supuse inmediatamente que había entrado.

—¡Don Juan! —exclamé, pero no respondió.

Tuve un avasallador sentimiento de impotencia y desesperación. Quería levantarme. Dije: —Arriba— una y otra vez, como si ésa fuera la palabra mágica que me haría moverme. No pasó nada. Sufrí un ataque de frustración y tuve una especie de berrinche. Quería golpearme la cabeza contra el piso y llorar. Pasé momentos de tortura deseando moverme o hablar y sin poder hacer ninguna de las dos cosas. Me hallaba en verdad inmóvil, paralizado.

—¡Don Juan, ayúdeme! —logré berrear por fin.

Don Juan regresó y tomó asiento frente a mí, riendo. Dijo que me estaba poniendo histérico y que cuanto me hallara experimentando carecía de importancia. Me alzó la cabeza y, mirándome de lleno, dijo que yo sufría un ataque de falso miedo. Me dijo que no me agitara.

—Tu vida se está complicando —dijo—. Líbrate de lo que te está haciendo perder la compostura. Quédate aquí calmado y recomponte.

Puso mi cabeza en el suelo. Pasó por encima de mí y todo lo que pude percibir fue el arrastrar de sus huaraches mientras se alejaba.

Mi primer impulso fue agitarme de nuevo, pero no pude reunir la energía necesaria para llevarme a ese punto. En vez de ello, me sentí deslizar a un raro estado de serenidad; un gran sentimiento de calma me envolvió. Supe cuál era la complejidad de mi vida. Era mi niño. Más que ninguna otra cosa en el mundo, yo quería ser su padre. Me gustaba la idea de moldear su carácter y llevarlo a excursiones y enseñarle "cómo vivir", y sin embargo aborrecía la idea de coaccionarlo para que adoptara mi forma de vida, pero eso era precisamente lo que yo tendría que hacer: coaccionarlo por medio de la fuerza o por medio de ese mañoso conjunto de razones y recompensas que llamamos comprensión.

"Debo soltarlo —pensé—. No debo adherirme a él. Debo ponerlo en libertad."

Mis pensamientos evocaron un aterrador sentimiento de melancolía. Empecé a llorar. Mis ojos se llenaron de lágrimas y se nubló mi visión del pórtico. De pronto tuve una gran urgencia de levantarme a buscar a don Juan para explicarle lo de mi niño, y cuando me di cuenta ya estaba mirando el pórtico desde una posición erecta. Me volví hacia la casa y hallé a don Juan parado frente a mí. Al parecer había estado allí detrás todo el tiempo.

Aunque no pude sentir mis pasos, debo haber caminado hacia él, pues me moví. Don Juan se acercó sonriendo y me sostuvo de los sobacos. Su cara estaba muy cerca de la mía.

—Bien, muy bien —dijo alentador.

En ese instante cobré conciencia de que algo extraordinario tenía lugar allí mismo. Tuve al principio la sensación de hallarme tan sólo recordando un evento ocurrido años antes. Una vez había visto yo muy de cerca la cara de don Juan; también entonces bajo los efectos de su mezcla para fumar, tuve la sensación de que el rostro se hallaba sumergido en un tanque de agua. Era enorme y luminoso y se movía. La imagen fue tan breve que no hubo tiempo para evaluarla realmente. Pero esta vez don Juan me sostenía y su rostro no estaba a más de treinta centímetros del mío y tuve tiempo de examinarlo. Al levantarme y darme la vuelta, vi definitivamente a don Juan; "el don Juan que conozco" caminó definitivamente hacia mí y me sostuvo. Pero cuando enfoqué su rostro no vi a don Juan tal como suelo verlo; vi un objeto grande frente a mis ojos. Sabía que era el rostro de don Juan, pero ése no era un conocimiento guiado por mi percepción; era más bien una conclusión lógica por parte mía; después de todo, mi memoria confirmaba que un momento antes "el don Juan que conozco" me sostenía de los sobacos. Por lo tanto, el extraño objeto luminoso frente a mí tenía que ser el rostro de don Juan; había en él cierta familiaridad, pero ningún parecido con lo que yo llamaría el "verdadero" rostro de don Juan. Lo que me encontraba mirando era un objeto redondo con luminosidad propia. Cada una de sus partes se movía. Percibí un fluir contenido, ondulatorio, rítmico; era como si el fluir estuviese encerrado en sí mismo, sin pasar nunca de sus límites, y sin embargo el objeto frente a mis ojos exudaba movimiento en cualquier sitio de su superficie. Pensé que exudaba vida. De hecho, estaba tan vivo que me ensimismé mirando su movimiento. Era un oscilar hipnótico. Se hizo cada vez más absorbente, hasta no serme posible discernir qué era el fenómeno frente a mis ojos.

Experimenté una sacudida súbita; el objeto luminoso se emborronó, como si algo lo sacudiera, y luego perdió su brillo para hacerse sólido y carnal. Me hallé entonces mirando el conocido rostro moreno de don Juan. Sonreía con placidez. La visión de su rostro "verdadero" duró un instante y luego la cara adquirió nuevamente un brillo, un resplandor, una iridiscencia. No era luz como estoy acostumbrado a percibirla, ni siquiera un resplandor; más bien era movimiento, el parpadeo increíblemente rápido de algo. El objeto brillante empezó otra vez a sacudirse de arriba a abajo, y eso rompía su continuidad ondulatoria. Su brillo disminuía con las sacudidas, hasta que de nuevo se volvió la cara "sólida" de don Juan, como lo veo en la vida cotidiana. En ese momento me di cuenta, vagamente, de que don Juan me sacudía. También me hablaba. Yo no comprendía lo que estaba diciendo, pero como siguió sacudiéndome terminé por oírlo.

—No te me quedes viendo. No te me quedes viendo —repetía—. Rompe tu mirada. Rompe tu mirada. Aparta los ojos.

El sacudir de mi cuerpo pareció forzarme a desplantar mi mirada fija; aparentemente no veía el objeto luminoso más que cuando escudriñaba el rostro de don Juan. Al apartar mis ojos de su cara y mirarlo, por así decir, con el rabo del ojo, percibía yo su solidez; esto es, percibía una persona tridimensional; sin mirarlo realmente podía yo, de hecho, percibir todo su cuerpo, pero al enfocar mis ojos el rostro se hacía de inmediato el objeto luminoso.

—No me mires para nada —dijo don Juan con gravedad.

Aparté los ojos y miré el suelo.

—No claves la vista en ninguna cosa —dijo don Juan imperiosamente, y se hizo a un lado para ayudarme a caminar.

Yo no sentía mis pasos ni podía explicarme cómo ejecutaba el acto de caminar, pero, con don Juan sosteniéndome del sobaco, llegamos hasta la parte trasera de su casa. Nos detuvimos junto a la zanja de irrigación.

—Ahora quédate viendo el agua —me ordenó don Juan.

Miré el agua, pero no podía fijar la vista. De algún modo, el movimiento de la corriente me distraía. Don Juan siguió instándome, en son de broma, a ejercitar mis "poderes de contemplación", pero no pude concentrarme. Observé de nuevo el rostro de don Juan, pero el resplandor ya no se hizo evidente.

Empecé a experimentar un extraño cosquilleo en mi cuerpo, la sensación de un miembro dormido; los músculos de mis piernas comenzaron a crisparse. Don Juan me empujó al agua y caí hasta el fondo. Al parecer tenía asida mi mano derecha al empujarme, y cuando toqué el escaso fondo volvió a jalarme hacia arriba.

Me tomó largo tiempo recobrar el dominio de mis acciones. Cuando volvimos a su casa, horas más tarde, le pedí explicar mi experiencia. Mientras me ponía ropa seca describí excitado lo que había percibido, pero él descartó por entero mi relato, diciendo que no contenía nada de importancia.

—¡Gran cosa! —dijo, burlándose—. Viste un resplandor, gran cosa.

Insistí en una explicación y él se puso de pie y dijo que tenía que irse. Eran casi las cinco de la tarde.

Al día siguiente, volví a sacar a colación mi peculiar experiencia.

—¿Eso es *ver,* don Juan? —pregunté.

Permaneció en silencio, con una sonrisa misteriosa, mientras yo seguía presionando en busca de respuesta.

—Digamos que *ver* es un poco como eso —dijo por fin—. Mirabas mi cara y la veías brillar, pero seguía siendo mi cara. Sucede que el humito lo hace mirar así a uno. No es nada.

—¿Pero en qué forma sería distinto *ver?*

—Cuando uno *ve,* ya no hay detalles familiares en el mundo. Todo es nuevo. Nada ha sucedido antes. ¡El mundo es increíble!

—¿Por qué dice usted increíble, don Juan? ¿Qué cosa lo hace increíble?

—Nada es ya familiar. ¡Todo lo que miras se vuelve nada! Ayer no *viste.* Miraste mi cara y, como te caigo bien, notaste mi resplandor. No era yo monstruoso, como el guardián, sino bello e interesante. Pero no me *viste.* No me volví nada frente a tus ojos. De todos modos estuviste bien. Diste el primer paso verdadero hacia *ver.* El único inconveniente fue que te concentraste en mí, y en ese caso yo no soy para ti mejor que el guardián. Sucumbiste en ambos casos, y no *viste.*

—¿Desaparecen las cosas? ¿Cómo se vuelven nada?

—Las cosas no desaparecen. No se pierden, si eso es

lo que quieres decir; simplemente se vuelven nada y sin embargo siguen estando allí.

—¿Cómo puede ser eso posible, don Juan?

—¡Me lleva la chingada con tu insistencia en hablar! —exclamó don Juan con rostro serio—. Creo que no dimos bien con tu promesa. A lo mejor lo que de verdad prometiste fue que nunca te ibas a callar la boca.

El tono de don Juan era severo. Su rostro lucía preocupado. Quise reír, pero no me atreví. Pensé que don Juan hablaba en serio, pero no era así. Empezó a reír. Le dije que si yo no hablaba me ponía muy nervioso.

—Vamos a caminar, pues —dijo.

Me llevó a la boca de una cañada en el fondo de los cerros. Caminamos como por una hora. Descansamos un poco y luego me guió, a través de los densos matorrales del desierto, hasta un ojo de agua; es decir, a un sitio que según él era un ojo de agua. Estaba tan seco como cualquier otro sitio en el área circundante.

—Siéntate en medio del ojo de agua —me ordenó.

Obedecí y tomé asiento.

—¿Va usted también a sentarse aquí? —pregunté.

Lo vi disponer un sitio donde sentarse a unos veinte metros del centro del ojo de agua, contra las rocas en la ladera de la montaña.

Dijo que iba a vigilarme desde allí. Yo estaba sentado con las rodillas contra el pecho. Corrigió mi postura y me dijo que me sentara sobre la pierna izquierda, con la derecha doblada y la rodilla hacia arriba. El brazo derecho debía estar a un lado, con el puño descansando sobre el suelo, mientras mi brazo izquierdo se hallaba cruzado sobre el pecho. Me dijo que lo encarara y que permaneciera allí, relajado pero no "abandonado". Luego sacó de su morral una especie de cordón blancuzco. Parecía un gran lazo. Lo enlazó en torno de su cuello y lo estiró con la mano izquierda hasta que estuvo tenso. Rasgueó la apretada cuerda con la mano derecha. Hizo un sonido opaco, vibratorio.

Aflojó el brazo y me miró y dijo que yo debía gritar una palabra específica si empezaba a sentir que algo se venía a mí cuando él tocara la cuerda.

Pregunté qué era lo que se suponía que viniera hacia mí y él me ordenó callarme. Me hizo con la mano seña de que iba a comenzar, pero no lo hizo; antes me dio una indicación más. Dijo que si algo se venía hacia mí de modo muy amenazante, yo debía adoptar la posición de pelea que él me había enseñado años antes: consistía en danzar, golpeando el suelo con la punta del pie izquierdo, mientras se daban palmadas vigorosas en el muslo derecho. La posición de pelea era parte de una técnica defensiva usada en casos de extremo apuro y peligro.

Tuve un momento de aprensión genuina. Quise inquirir el motivo de nuestra presencia allí, pero él no me dio tiempo y empezó a pulsar la cuerda. Lo hizo varias veces, a intervalos regulares de unos veinte segundos. Advertí que, conforme tocaba la cuerda, iba aumentando la tensión. Podía yo ver claramente el temblor que el esfuerzo producía en sus brazos y cuello. El sonido se hizo más claro y entonces me di cuenta de que don Juan añadía un grito peculiar en cada pulsación. El sonido compuesto de la cuerda tensa y de la voz humana producía una reverberación extraña, ultraterrena.

No sentí nada que viniera a mí, pero la visión de los afanes de don Juan y el escalofriante sonido que producía me tenían casi en estado de trance.

Don Juan aflojó los músculos y me miró. Al tocar me daba la espalda y encaraba el sureste, igual que yo; al relajarse me dio la cara.

—No me mires cuando toco —dijo—. Pero no vayas

a cerrar los ojos. Por nada del mundo. Mira el suelo enfrente de ti y escucha.

Tensó de nuevo la cuerda y se puso a tocar. Miré al suelo y me concentré en el sonido. Nunca lo había oído en toda mi vida.

Me asusté mucho. La extraña reverberación llenó la cañada estrecha y empezó a resonar. De hecho, el sonido que don Juan producía me llegaba como un eco desde el contorno de los muros de la cañada. Don Juan también debe haber notado eso, y aumentó la tensión de su cuerda. Aunque don Juan había cambiado totalmente el tono, el eco pareció amainar, y luego concentrarse en un punto, hacia el sureste.

Don Juan redujo por grados la tensión de la cuerda, hasta que oí un apagado vibrar final. Metió la cuerda en su morral y vino hacia mí. Me ayudó a incorporarme. Noté entonces que los músculos de mis brazos y piernas estaban tiesos, como piedras; me hallaba literalmente empapado de sudor. No tenía idea de haber transpirado a tal grado. Gotas de sudor caían en mis ojos y los hacían arder.

Don Juan casi me sacó a rastras del lugar. Traté de decir algo, pero me puso la mano en la boca.

En vez de salir de la cañada por donde habíamos entrado, don Juan dio un rodeo. Trepamos la ladera del monte y fuimos a dar a unos cerros muy lejos de la boca de la cañada.

Caminamos hacia la casa en silencio de tumba. Ya había oscurecido cuando llegamos. Traté nuevamente de hablar, pero don Juan volvió a taparme la boca.

No comimos ni encendimos la lámpara de petróleo. Don Juan puso mi petate en su cuarto y lo señaló con la barbilla. Interpreté el gesto como indicación de que me acostara a dormir.

—Ya sé lo que te conviene hacer —me dijo don Juan apenas desperté la mañana siguiente—. Vas a empezarlo hoy. No hay mucho tiempo, ya sabes.

Tras una pausa muy larga e incómoda me sentí compelido a preguntarle:

—¿Qué me tenía usted haciendo ayer en la cañada?

Don Juan rió como un niño.

—Nada más toqué al espíritu de ese ojo de agua —dijo—. A esa clase de espíritus hay que tocarlos cuando el ojo de agua está seco, cuando el espíritu se ha retirado a la montaña. Ayer, dijéramos, lo desperté de su sueño. Pero no lo tomó a mal y señaló tu dirección afortunada. Su voz vino de esa dirección.

Don Juan señaló el sureste.

—¿Qué era la cuerda que usted tocó, don Juan?

—Un cazador de espíritus.

—¿Puedo verlo?

—No. Pero te haré uno. O mejor aun, tú mismo te harás el tuyo algún día, cuando aprendas a *ver*.

—¿De qué está hecho, don Juan?

—El mío es un jabalí. Cuando tengas uno te darás cuenta de que está vivo y puede enseñarte los diversos sonidos de su gusto. Con práctica, llegarás a conocer tan bien a tu cazador de espíritus, que juntos harán sonidos llenos de poder.

—¿Por qué me llevó usted a buscar el espíritu del ojo de agua, don Juan?

—Eso lo sabrás muy pronto.

A eso de las 11:30 a.m. nos sentamos bajo su ramada, donde él preparó su pipa para que yo fumase.

Me dijo que me levantara cuando mi cuerpo estuviese totalmente adormecido; lo logré con gran facilidad. Me ayudó a caminar un poco. Quedé sorprendido de mi control; pude dar dos vueltas a la ramada por mí mismo. Don Juan permanecía junto a mí, pero sin guiarme ni apuntalarme. Luego, tomándome por el brazo me llevó a la zanja de irrigación. Me hizo sentar en el borde y me ordenó imperiosamente mirar el agua y no pensar en nada más.

Traté de enfocar mi mirada en el agua, pero su movimiento me distraía. Mi mente y mis ojos empezaron a vagar a otros elementos del entorno inmediato. Don Juan me sacudió la cabeza de arriba a abajo y me ordenó de nuevo mirar sólo el agua y no pensar en absoluto. Dijo que quedarse viendo el agua móvil era difícil, y que había que seguir tratando. Intenté tres veces, y en cada ocasión otra cosa me distrajo. Don Juan, con gran paciencia, me sacudía la cabeza. Finalmente noté que mi mente y mis ojos se enfocaban en el agua; pese a su movimiento yo me sumergía en la visión de su liquidez. El agua se alteró levemente. Parecía más pesada, verde grisácea pareja. Me era posible distinguir las ondas que hacía al moverse. Eran ondulaciones extremadamente marcadas. Y entonces tuve de pronto la sensación de no estar mirando una masa de agua móvil sino una imagen del agua; lo que tenía ante mis ojos era un segmento congelado del agua fluyente. Las ondas estaban inmóviles. Podía mirar cada una. Luego empezaron a adquirir una fosforescencia verde, y una especie de niebla verde manó de ellas. La niebla se expandía en ondas, y al moverse abrillantaba su verdor, hasta ser un brillo deslumbrante que todo lo cubría.

No sé cuánto tiempo permanecí junto a la zanja. Don Juan no me interrumpió. Me hallaba inmerso en el verde resplandor de la niebla. Podía sentirlo en todo mi derredor. Me confortaba. No tenía yo pensamientos ni sensaciones. Sólo tenía una tranquila percepción, la percepción de un verdor brillante y apaciguador.

Una gran frialdad y humedad fue lo siguiente de lo que tuve conciencia. Gradualmente me di cuenta de que estaba sumergido en la zanja. En cierto momento el agua se metió en mi nariz, y la tragué y me hizo toser. Tenía una molesta comezón en la nariz, y estornudé repetidamente. Me puse en pie y solté un estornudo tan fuerte que una ventosidad lo acompañó. Don Juan aplaudió riendo.

—Si un cuerpo se pedorrea, es que está vivo —dijo.

Me hizo seña de seguirlo y caminamos a su casa.

Pensé quedarme callado. En cierto sentido, esperaba hallarme en un estado de ánimo solitario y hosco, pero realmente no me sentía cansado ni melancólico. Me sentía más bien alegre, y me cambié de ropa muy rápido. Empecé a silbar. Don Juan me miró con curiosidad y fingió sorprenderse; abrió la boca y los ojos. Su gesto era muy gracioso, y me reí bastante más de lo que venía al caso.

—Estás medio loco —dijo, y rió mucho por su parte.

Le expliqué que no deseaba caer en el hábito de sentirme malhumorado después de usar su mezcla para fumar. Le dije que después de que él me sacó de la zanja de irrigación, durante mis intentos por encontrarme con el guardián, yo había quedado convencido de que podría "ver" si me quedaba mirando el tiempo suficiente las cosas a mi alrededor.

—*Ver* no es cosa de mirar y estarse quieto —dijo él—. *Ver* es una técnica que hay que aprender. O a lo mejor es una técnica que algunos de nosotros ya conocemos.

Me escudriñó como insinuando que yo era uno de quienes ya conocían la técnica.

—¿Tienes fuerzas para caminar? —preguntó.

Dije que me sentía bien, lo cual era cierto. No tenía hambre, aunque no había comido en todo el día. Don Juan puso en una mochila algo de pan y carne seca, me la dio y con la cabeza me hizo gesto de seguirlo.

—¿Dónde vamos? —pregunté.

Señaló los cerros con un leve movimiento de cabeza. Nos encaminamos hacia la misma cañada donde estaba el ojo de agua, pero no entramos en ella. Don Juan trepó por las peñas a nuestra derecha, en la boca misma de la cañada. Ascendimos la ladera. El sol estaba casi en el horizonte. Era un día templado, pero yo sentía calor y sofoco. Apenas podía respirar.

Don Juan me llevaba mucha ventaja y tuvo que detenerse para que yo lo alcanzara. Dijo que me hallaba en pésimas condiciones físicas y que acaso no era prudente ir más allá. Me dejó descansar como una hora. Seleccionó un peñasco liso, casi redondo, y me dijo que me acostara allí. Acomodó mi cuerpo sobre la roca. Me dijo que estirara brazos y piernas y los dejara colgar. Mi espalda se hallaba ligeramente arqueada y mi cuello relajado, así que mi cabeza colgaba también. Me hizo permanecer en esa postura unos quince minutos. Luego me indicó descubrir mi región abdominal. Eligió cuidadosamente algunas ramas y hojas y las amontonó sobre mi vientre desnudo. Sentí una tibieza instantánea en todo el cuerpo. Don Juan me tomó entonces por los pies y me dio vuelta hasta que mi cabeza apuntó hacia el sureste.

—Vamos a llamar al espíritu ése del ojo de agua. —dijo.

Traté de volver la cabeza para mirarlo. Me detuvo vigorosamente por el cabello y dijo que me encontraba en una posición muy vulnerable y en una condición terriblemente débil y que debía permanecer callado e inmóvil. Me había puesto en la barriga todas esas ramas especiales para protegerme, e iba a permanecer junto a mí por si acaso yo no podía cuidarme solo.

Estaba de pie junto a la coronilla de mi cabeza, y girando los ojos yo podía verlo. Tomó su cuerda y la tensó y entonces se dio cuenta de que yo lo miraba con las pupilas casi hundidas en la frente. Me dio un coscorrón seco y me ordenó mirar el cielo, no cerrar los ojos y concentrarme en el sonido. Añadió, como recapacitando, que yo no debía titubear en gritar la palabra que él me había enseñado si sentía que algo venía hacia mí.

Don Juan y su "cazador de espíritus" empezaron con un rasgueo de baja tensión. Fue aumentándola lentamente, y empecé a oír, primero, una especie de reverberación, y luego un eco definido que llegaba constantemente de una dirección hacia el sureste. La tensión aumentó. Don Juan y su "cazador de espíritus" se hermanaban a la perfección. La cuerda producía una nota de tono bajo y don Juan la amplificaba, acrecentando su intensidad hasta que era un grito penetrante, un aullido de llamada. El remate fue un chillido ajeno, inconcebible desde el punto de vista de mi propia experiencia.

El sonido reverberó en las montañas y volvió en eco hacia nosotros. Imaginé que venía directamente hacia mí. Sentí que algo tenía que ver con la temperatura de mi cuerpo. Antes de que don Juan iniciara sus llamados yo había sentido tibieza y comodidad, pero durante el punto más alto del clamor me entró un escalofrío; mis dientes castañeteaban fuera de control y tuve en verdad la sensación de que algo venía a mí. En cierto punto noté que el cielo estaba muy oscuro. No me había dado cuenta del cielo aunque lo estaba mirando. Tuve un momento de pánico intenso y grité la palabra que don Juan me había enseñado.

Don Juan empezó inmediatamente a disminuir la tensión de sus extraños gritos, pero eso no me trajo ningún alivio.

—Tápate los oídos —murmuró don Juan, imperioso.

Los cubrí con mis manos. Tras algunos minutos don Juan cesó por entero y vino a mi lado. Después de quitar de mi vientre las ramas y las hojas, me ayudó a levantarme y cuidadosamente las puso en la roca donde yo había yacido. Hizo con ellas una hoguera, y mientras ardía frotó mi estómago con otras hojas de su morral.

Me puso la mano en la boca cuando yo estaba a punto de decirle que tenía una jaqueca terrible.

Nos quedamos allí hasta que todas las hojas ardieron. Ya había oscurecido bastante. Bajamos el cerro y volví el estómago.

Mientras caminábamos a lo largo de la zanja, don Juan dijo que yo había hecho bastante y que no debía quedarme. Le pedí explicar qué era el espíritu del ojo de agua, pero me hizo gesto de callar. Dijo que hablaríamos de eso algún otro día, luego cambió deliberadamente el tema y me dio una larga explicación acerca de "ver". Dije que era lamentable no poder escribir en la oscuridad. Pareció muy complacido y dijo que la mayor parte del tiempo yo no prestaba atención a lo que él decía a causa de mi decisión de escribirlo todo.

Habló de "ver" como un proceso independiente de los aliados y las técnicas de la brujería. Un brujo era una persona que podía dominar a un aliado y, en esa forma, manipular para su propia ventaja el poder de un aliado, pero el hecho de que dominara un aliado no significaba que pudiera "ver". Le recordé que antes me había dicho que era imposible "ver" si no se tenía un aliado. Don Juan repuso con mucha calma que había llegado a la conclusión de que era posible "ver" sin dominar un aliado. Sentía que no había razón para lo contrario, pues "ver" no tenía nada en común con las técnicas manipulatorias de la brujería, que sólo servían para actuar sobre nuestros semejantes. Las técnicas de "ver", por otra parte, no tenían efecto sobre los hombres.

Mis ideas eran muy claras. No experimentaba fatiga ni

soñolencia ni tenía ya malestar de estómago, caminando con don Juan. Tenía mucha hambre, y cuando llegamos a su casa me atraganté de comida.

Después le pedí hablarme más sobre las técnicas de "ver". Sonrió ampliamente y dijo que yo era de nuevo yo mismo.

—¿Cómo es —dije— que las técnicas de *ver* no tienen ningún efecto sobre nuestros semejantes?

—Ya te dije —respondió—. *Ver* no es brujería. Pero es fácil confundirnos, porque un hombre que *ve* puede aprender, en menos que te lo cuente, a manipular un aliado y puede hacerse brujo. O también, un hombre puede aprender ciertas técnicas para dominar un aliado y así hacerse brujo, aunque tal vez nunca aprenda a *ver*.

"Además, *ver* es contrario a la brujería. *Ver* le hace a uno darse cuenta de la insignificancia de todo eso."

—¿La insignificancia de qué, don Juan?

—La insignificancia de todo.

No dijimos nada más. Me sentía muy calmado y ya no quería hablar. Yacía de espaldas sobre un petate. Había hecho una almohada con mi chaqueta. Me sentía cómodo y feliz y pasé horas escribiendo mis notas a la luz de la lámpara de petróleo.

De pronto don Juan habló de nuevo.

—Hoy estuviste muy bien —dijo—. Estuviste muy bien en el agua. El espíritu del ojo de agua simpatiza contigo y te ayudó en todo momento.

Me di cuenta entonces de que había olvidado relatarle mi experiencia. Empecé a describir la forma en que había percibido el agua. No me dejó continuar. Dijo saber que yo había percibido una niebla verde.

Me sentí compelido a preguntar:

—¿Cómo sabía usted eso, don Juan?

—Te *vi*.

—¿Qué hice?

—Nada, estuviste allí sentado mirando el agua, y por fin percibiste la neblina verde.

—¿Fue eso *ver*?

—No. Pero anduviste muy cerca. Te estás acercando.

Me excité mucho. Quise saber más al respecto. Don Juan rió e hizo burla de mis ansias. Dijo que cualquiera podía percibir la niebla verde porque era como el guardián, algo que inevitablemente estaba allí, de modo que percibirla no era gran hazaña.

—Cuando dije que estuviste bien, me refería a que no te inquietaste —dijo—, como cuando te encontraste con el guardián. Si te hubieras puesto inquieto yo habría tenido que sacudirte la cabeza y regresarte. Siempre que un hombre entra en la niebla verde, su maestro tiene que quedarse con él por si la niebla lo empieza a atrapar. Tú sólo puedes dar el salto y escapar del guardián, pero no puedes escapar por ti mismo de las garras de la niebla verde. Al menos al principio. A lo mejor más tarde aprendes un modo de hacerlo. Ahora estamos tratando de averiguar otra cosa.

—¿Qué estamos tratando de averiguar?

—Si puedes *ver* el agua.

—¿Cómo sabré que la he *visto*, o que la estoy *viendo*?

—Sabrás. Te confundes sólo cuando hablas.

XII

Trabajando en mis notas había tropezado con varias preguntas.

—¿Es la neblina verde, como el guardián, algo que debe vencerse para *ver*? —dije a don Juan apenas nos sentamos ambos bajo su ramada el 8 de agosto de 1969.

—Sí. Hay que vencer a todo eso —respondió.

—¿Cómo puedo vencer a la neblina verde?

—Del mismo modo que debiste vencer al guardián: dejandolo que se vuelva nada.

—¿Qué debo hacer?

—Nada. Para ti, la neblina verde es mucho más fácil que el guardián. Le caes bien al espíritu del ojo de agua, mientras que tus asuntos con el guardián estaban muy lejos de tu temperamento. Nunca *viste* realmente al guardián.

—Quizá porque no me caía bien. ¿Y si encontrara yo un guardián que me gustase? Ha de haber personas a quienes el guardián que yo vi les parecería hermoso. ¿Lo vencerían porque les caería bien?

—¡No! Sigues sin entender. No importa cómo te caiga el guardián. Mientras tengas cualquier sentimiento hacia él, el guardián permanecerá igual, monstruoso, hermoso o lo que fuese. En cambio, si no tienes sentimiento alguno hacia él, el guardián se volverá nada y todavía estará allí frente a ti.

La idea de que algo tan colosal como el guardián pudiera hacerse nada y sin embargo seguir allí carecía en absoluto de sentido. Imaginé que era una de las premisas alógicas del conocimiento de don Juan. Sin embargo, también me parecía que, de querer, él podría explicármela. Insistí en preguntarle qué quería decir con eso.

—Pensaste que el guardián era algo que conocías, eso es lo que quiero decir.

—Pero yo no pensé que fuera algo que yo conocía.

—Pensaste que era feo. Tenía un tamaño imponente. Era un monstruo. Tú conoces todas esas cosas. Así que el guardián fue siempre algo que conocías, y como era algo que conocías, no lo *viste*. Ya te dije: el guardián tenía

196

que volverse nada y sin embargo tenía que seguir parado frente a ti. Tenía que estar allí y tenía, al mismo tiempo, que ser nada.

—¿Cómo puede ser, don Juan? Lo que usted dice es absurdo.

—Sí. Pero eso es *ver*. No hay en realidad ningún modo de hablar sobre eso. *Ver,* como te dije antes, se aprende *viendo.*

"Al parecer no tienes problema con el agua. El otro día casi la *viste.* El agua es tu coyuntura. Ahora sólo necesitas perfeccionar tu técnica de *ver.* Tienes un ayudante poderoso en el espíritu del ojo de agua."

—Ahí tengo otra preguntota, don Juan.

—Puedes tener todas las preguntotas que quieras, pero no podemos hablar del espíritu del ojo de agua en estos rumbos. De hecho, es mejor no pensar en eso para nada. Para nada. De lo contrario el espíritu te atrapará, y si eso ocurre no hay manera de que ningún hombre vivo te ayude. De modo que cierra la boca y piensa en otra cosa.

A eso de las 10 de la mañana siguiente, don Juan desenfundó su pipa, la llenó de mezcla para fumar; y me la entregó con la indicación de que la llevara a la ribera de la corriente. Sosteniendo la pipa en ambas manos, me las ingenié para desabotonar mi camisa y poner dentro la pipa y apretarla. Don Juan llevaba dos petates y una bandejita con brasas. Era un día soleado. Nos sentamos en los petates, a la sombra de una pequeña arboleda de breas en la orilla misma del agua. Don Juan metió un carbón en el cuenco de la pipa y me dijo que fumara. Yo no tenía ninguna aprensión, ningún sentimiento exaltado. Recordé que al iniciar mi segundo intento por "ver" al guardián, habiendo don Juan explicado su naturaleza, me había embargado una peculiar sensación de maravilla y respeto.

Esta vez, sin embargo, aunque don Juan me había dado a conocer la posibilidad de "ver" realmente el agua, no me hallaba involucrado emocionalmente; sólo curiosidad.

Don Juan me hizo fumar dos tantos de lo que había fumado en ocasiones anteriores. En algún momento se inclinó a susurrar en mi oído derecho que iba a enseñarme a usar el agua para moverme. Sentí su rostro muy cercano, como si hubiera puesto la boca junto a mi oreja. Me dijo que no observara el agua, sino enfocara los ojos en la superficie y los tuviera fijos hasta que el agua se tornase una niebla verde. Repitió una y otra vez que yo debía poner toda mi atención en la niebla hasta no discernir ninguna otra cosa.

—Mira el agua frente a ti —oí que decía—, pero no dejes que su sonido te arrastre a ningún lado. Si dejas que el sonido del agua te arrastre, quizá nunca pueda yo encontrarte y regresarte. Ahora métete en la niebla verde y escucha mi voz.

Lo oía y comprendía con claridad extraordinaria. Empecé a mirar fijamente el agua, y tuve una sensación muy peculiar de placer físico; una comenzón; una felicidad indefinida. Miré largo tiempo, pero sin detectar la niebla verde. Sentía que mis ojos se desenfocaban y tenía que esforzarme por seguir mirando el agua; finalmente no pude ya controlar mis ojos y debo haberlos cerrado, o acaso fue un parpadeo, o bien simplemente perdí la capacidad de enfocar; en todo caso, en ese mismo instante el agua quedó fija; cesó de moverse. Parecía una pintura. Las ondas estaban inmóviles. Entonces el agua empezó a burbujear: era como si tuviese partículas carbonadas que explotaban de una vez. Por un instante vi la efervescencia como una lenta expansión de materia verde. Era una explosión silenciosa; el agua estalló en una brillante neblina verde que se expandió hasta rodearme.

Permanecí suspendido en ella hasta que un ruido muy agudo, sostenido y penetrante lo sacudió todo; la niebla pareció congelarse en las formas habituales de la superficie del agua. El ruido era un grito de don Juan: "¡Oooye!", cerca de mi oído. Me dijo que prestara atención a su voz y regresara a la niebla y esperara su llamada Dije: "O.K." en inglés y oí el ruido crepitante de su risa.

—Por favor, no hables —dijo—. Guárdate tus oquéis.

Podía oírlo bien. El sonido de su voz era melodioso y sobre todo amigable. Supe eso sin pensar; fue una convicción que me llegó y luego pasó.

La voz de don Juan me ordenó enfocar toda mi atención en la niebla, pero sin abandonarme a ella. Dijo repetidas veces que un guerrero no se abandona a nada, ni siquiera a su muerte. Volví a sumergirme en la neblina y advertí que no era niebla en absoluto, o al menos no era lo que yo concibo como niebla. El fenómeno neblinoso se componía de burbujas diminutas, objetos redondos que entraban en mi campo de "visión", y salían de él, desplazándose como si estuviesen a flote. Observé un rato sus movimientos; luego un ruido fuerte y distante sacudió mi atención y perdí la capacidad de enfoque y ya no pude percibir las burbujitas. Sólo tenía conciencia de un resplandor verde, amorfo, como niebla. Oí de nuevo el ruido y la sacudida que me dio hizo desaparecer la niebla inmediatamente, y me hallé mirando el agua de la zanja de irrigación.

Entonces volví a oírlo, ahora mucho más cerca; era la voz de don Juan. Me estaba diciendo que le prestara atención, porque su voz era mi única guía. Me ordenó mirar la ribera de la corriente y la vegetación directamente ante mis ojos. Vi algunos juncos y un espacio libre de ellos. Era un recoveco en la ribera, un sitio donde don Juan cruza para sumergir su balde y llenarlo de agua. Tras unos momentos don Juan me ordenó regresar a la niebla y me pidió nuevamente prestar atención a su voz, porque iba a guiarme para que yo aprendiera a moverme; dijo que al ver las burbujas debía abordar una de ellas y dejar que me llevara.

Lo obedecí y de inmediato me rodeó la neblina verde, y luego vi las burbujas diminutas. Oí nuevamente la voz de don Juan como un retumbar extraño y atemorizante. En el momento de oírla, empecé a perder la capacidad de percibir las burbujas.

—Monta una de esas burbujas —lo oí decir.

Pugné por conservar mi percepción de las burbujas verdes y a la vez seguir oyendo la voz. No sé cuánto tiempo me esforcé, pero de pronto me di cuenta de que podía escuchar a don Juan y seguir viendo las burbujas, que aún pasaban despacio, flotantes, por mi campo de percepción. La voz de don Juan seguía instándome a seguir una de ellas y montarla.

Me pregunté cómo se suponía que yo hiciera eso, y automáticamente pronuncié en inglés la palabra "cómo". Sentí que la palabra se hallaba muy dentro de mí y que al ir saliendo me llevaba a la superficie. La palabra era como una boya que surgiera de mi hondura. Me oí decir *how* y me sonó a aullido de perro. Don Juan aulló a su vez, también como perro, y luego hizo como coyote y rió. Me pareció muy gracioso y mi risa en verdad brotó.

Con mucha calma, don Juan me dijo que me adhiriera a una burbuja siguiéndola.

—Regresa otra vez —dijo—. ¡Entra en la niebla! ¡En la niebla!

Al regresar advertí que las burbujas se movían más despacio y que tenían ahora el tamaño de un balón. De hecho, eran tan grandes y lentas que yo podía examinar cualquiera detalladamente. No eran en realidad burbujas: no eran como una burbuja de jabón, ni como un globo, ni como ningún recipiente esférico. No contenían nada, pero se contenían. Tampoco eran redondas, aunque al percibirlas por vez primera yo habría podido jurar que lo eran y la imagen que acudió a mi mente fue "burbujas". Las observaba como si me hallase mirando por una ventana: es decir, el marco de la ventana no me permitía seguirlas, sólo verlas entrar y salir de mi campo de percepción.

Pero cuando dejé de verlas como burbujas fui capaz de seguirlas; en el acto de seguirlas me adherí a una y floté con ella. Sentía realmente estar en movimiento. De hecho, yo *era* la burbuja, o esa cosa que parecía burbuja.

Entonces oí el sonido agudo de la voz de don Juan. Me sacudió, y perdí el sentimiento de ser "aquello". El sonido era en extremo temible: una voz remota, muy metálica, como si don Juan hablara por un altoparlante. Discerní algunas palabras.

—Mira las orillas —dijo.

Vi un gran cuerpo de aguas. El agua se precipitaba. Se oía su fragor.

—Mira las orillas —me ordenó de nuevo don Juan.

Vi un muro de concreto.

El sonido del agua se hizo terriblemente fuerte; el sonido me envolvió. Entonces cesó instantáneamente, como si lo cortaran. Tuve la sensación de negrura, de sueño.

Me di cuenta de estar echado en la zanja de riego. Don Juan tarareaba salpicando agua en mi rostro. Luego me sumergió en la zanja. Jaló mi cabeza hasta sacarla por encima de la superficie y me dejó descansarla en la ribera mientras él me sostenía por el cuello de la camisa. Tuve una sensación de lo más agradable en los brazos y las piernas. Los estiré. Los ojos, cansados, me ardían; alcé la mano derecha para frotarlos. Fue un movimiento difícil. Mi brazo pesaba. Apenas pude sacarlo del agua, pero cuando salió estaba cubierto por una asombrosa masa de neblina verde. Puse el brazo frente a mis ojos. Podía ver su contorno: una masa verde más oscura, rodeada por un intenso resplandor verdoso. Rápidamente me incorporé y, parado a media corriente, miré mi cuerpo: pecho, brazos y piernas eran verdes, verde profundo. El matiz era tan intenso que me dio la sensación de una sustancia viscosa. Parecía yo una figurita que don Juan me había hecho años antes con una raíz de datura.

Don Juan me dijo que saliera. Detecté alarma en su voz.

—Estoy verde —dije.

—Deja ya —repuso, imperioso—. No tienes tiempo. Sal de ahí. El agua está a punto de atraparte. ¡Salta! ¡Fuera! ¡Fuera!

Me llené de pánico y salí de un salto.

—Esta vez debes decirme todo lo que ocurrió —dijo, secamente, cuando estuvimos sentados frente a frente en su cuarto.

No le interesó la manera como mi experiencia había transcurrido; sólo quería saber qué había encontrado cuando él me dijo que mirara la orilla. Le interesaban los detalles. Describí el muro que había visto.

—¿Estaba a tu izquierda o a tu derecha? —preguntó.

Le dije que en realidad el muro había estado frente a mí. Pero él insistió en que tenía que ser a la derecha o a la izquierda.

—Cuando lo viste por primera vez, ¿dónde estaba? Cierra los ojos y no los abras hasta que te acuerdes.

Se puso en pie y, habiendo yo cerrado los ojos, hizo girar mi cuerpo hasta ponerme cara al este, la misma dirección que yo había enfrentado al sentarme frente a la corriente. Me preguntó en qué dirección me había movido.

Dije que había ido hacia adelante, derecho, para enfrente. Insistió en que yo debía recordar y concentrarme en el momento en que aún veía el agua como burbujas.

—¿Para qué lado corrían? —preguntó.

Don Juan me instó a hacer memoria, y finalmente tuve que admitir que las burbujas había parecido moverse hacia mi derecha. Pero no me hallaba tan absolutamente seguro como él deseaba. Bajo su interrogatorio, empecé a darme cuenta de mi incapacidad para clasificar la percepción. Las burbujas se habían desplazado a la derecha cuando las vi primero, pero al hacerse más grandes fluyeron para todas partes. Algunas parecían venir directamente hacia mí, otras parecían seguir cada dirección posible. Había burbujas que se movían encima de mí y abajo de mí. De hecho, estaban en todo mi derredor. Recordaba haber oído su efervescencia; por lo tanto, debo haberlas percibido auditiva además de visualmente.

Cuando las burbujas crecieron tanto que pude "montar" en una de ellas, las "vi" frotarse una contra otra como globos.

Mi excitación crecía con el recuerdo de los detalles de mi percepción. Pero don Juan no se interesaba en lo más mínimo. Le dije que había visto hervir las burbujas. No era un efecto puramente auditivo ni puramente visual, sino algo indiscriminado y sin embargo claro como el cristal; las burbujas raspaban una contra otra. Yo no veía ni oía su movimiento, lo sentía; yo era parte del sonido y del transcurso.

Al relatar mi experiencia me conmoví en lo más hondo. Tomé el brazo de don Juan y lo sacudí en un ataque de agitación intensa. Me había dado cuenta de que las burbujas no tenían límite externo; sin embargo, estaban contenidas y sus bordes cambiaban de forma y eran disparejos, dentellados. Las burbujas se fundían y separaban con gran velocidad, pero su movimiento no era vertiginoso.

Era un movimiento rápido y a la vez lento.

Otra cosa que recordé en el momento del relato fue la calidad cromática que las burbujas parecían tener. Eran transparentes y muy brillantes y se veían casi verdes, aunque no era un color como yo acostumbro a percibir los colores.

—Te estás atascando —dijo don Juan—. Esas cosas no son importantes. Te estás fijando en lo que no vale la pena. La dirección es lo único importante.

Sólo pude recordar que me había movido sin ningún punto de referencia, pero don Juan concluyó que, si las burbujas habían fluido constantemente hacia mi derecha —el sur— al principio, el sur era la dirección que debía interesarme. De nuevo me instó, imperioso, a acordarme de si el muro estaba a mi derecha o a mi izquierda. Luché por hacer memoria.

Cuando don Juan "me llamó" y salí a la superficie, por así decirlo, creo que el muro estaba a mi izquierda. Me hallaba muy cerca de él y pude discernir los surcos y protuberancias del molde o armadura de madera en donde se vertió el concreto. Se habían usado tiras de madera muy delgadas, creando un diseño compacto. El muro era sumamente alto. Uno de sus extremos podía verse, y noté que no tenía esquina, sino que se curvaba para dar vuelta.

Don Juan guardó silencio un instante, como si pensara la forma de descifrar mi experiencia; luego dijo que yo no había logrado gran cosa, que no había colmado sus esperanzas.

—¿Qué debí haber hecho?

En vez de responder hizo un gesto frunciendo los labios.

—Te fue muy bien —dijo—. Hoy aprendiste que un brujo usa el agua para moverse.

—¿Pero *vi?*

Me miró con una expresión curiosa. Alzó los ojos al

techo y dijo que yo tendría que entrar en la niebla verde muchas veces hasta poder contestar mi propia pregunta. Cambió sutilmente el curso de nuestra conversación, diciendo que yo no había aprendido en realidad a moverme por medio del agua, pero había aprendido que un brujo puede hacerlo, y él me había hecho mirar la orilla de la corriente con el propósito de que yo ratificara mi movimiento.

—Ibas muy rápido —dijo—, tan rápido como alguien que sabe ejecutar esta técnica. Tuve que apurarme para que no me dejaras atrás.

Le supliqué explicar lo que me había ocurrido desde el principio. Rió, meneando la cabeza lentamente, como incrédulo.

—Tú siempre insistes en saber las cosas desde el principio —dijo—. Pero no hay ningún principio; el principio está sólo en tu pensamiento.

—Yo pienso que el principio fue cuando fumé junto al agua —dije.

—Pero antes de que fumaras yo tuve que averiguar qué cosa hacer contigo —dijo—. Tendría que decirte lo que hice y no puedo, porque me llevaría a otro asunto más. A lo mejor las cosas se te aclaran si no piensas en principios.

—Dígame entonces qué sucedió después de que me senté y fumé.

—Creo que ya me lo dijiste tú —dijo, riendo.

—¿Tuvo importancia algo de lo que hice, don Juan? Alzó los hombros.

—Seguiste muy bien mis indicaciones y no tuviste problema para entrar y salir de la niebla. Luego escuchaste mi voz y regresaste a la superficie cada vez que te llamé. Ese era el ejercicio. El resto fue muy fácil. Todo lo que pasó fue que te dejaste llevar por la niebla. Te portaste como si supieras qué hacer. Cuando estabas muy lejos te llamé otra vez y te hice mirar la orilla, para que te dieras cuenta hasta dónde habías llegado. Luego te jalé de vuelta.

—¿Quiere usted decir, don Juan, que realmente viajé en el agua?

—Por cierto. Y bien lejos, además.

—¿Qué distancia?

—No lo vas a creer.

Le rogué que me dijera, pero abandonó el tema y dijo que debía irse un rato. Insistí en que al menos me diera una pista.

—No me gusta que me tengan a oscuras —dije.

—Tú solo te tienes a oscuras —repuso—. Piensa en el muro que viste. Siéntate aquí en tu petate y recuérdalo con todo detalle. A lo mejor así descubres qué distancia recorriste. Lo único que yo sé de momento es que viajaste muy lejos. Lo sé porque me costó muchísimo trabajo regresarte. Si yo no hubiera estado allí, podrías haberte ido para no volver, y todo lo que ahora quedaría de ti sería tu cadáver en la orilla de la corriente. O quizá podrías haber regresado tú solo. Contigo no estoy seguro. Así que, a juzgar por el esfuerzo que me costó traerte, yo diría que seguramente estabas en . . .

Hizo una larga pausa: me miró con ojos amistosos.

—Yo iría hasta las sierras de Oaxaca —dijo—. No sé hasta dónde irías tú, a lo mejor hasta Los Ángeles, o quizás incluso hasta Brasil.

Don Juan regresó al día siguiente, al atardecer. Mientras tanto, yo había escrito cuanto podía recordar sobre mi percepción. Al escribir, se me ocurrió seguir la ribera corriente abajo y corriente arriba, y corroborar si había visto realmente, en alguno de los lados, un detalle que pudiera haberme provocado la imagen de un muro. Conjeturé que don Juan podía haberme hecho caminar en un estado de estupor, para luego hacerme enfocar mi atención en alguna pared a lo largo del camino. En las horas transcurridas entre el momento en que descubrí la niebla por vez primera y el momento en que salí de la zanja y volvimos a su casa, calculé que no podríamos haber caminado más de cuatro kilómetros. De modo que seguí la corriente durante unos cinco kilómetros en cada dirección, observando cuidadosamente todo lo que hubiese podido relacionarse con mi visión del muro. La corriente era, hasta donde pude juzgar, un simple canal de riego. Tenía de metro a metro y medio de ancho a todo lo largo, y no pude hallar en él ningún aspecto visible que pudiera haberme recordado o impuesto la imagen de una pared de concreto.

Cuando don Juan llegó a su casa al atardecer, lo acosé e insistí en leerle mi relato. Rehusó escuchar y me hizo tomar asiento. Se sentó frente a mí. No sonreía. Parecía estar pensando, a juzgar por la mirada penetrante de sus ojos, que se hallaban fijos por encima del horizonte.

—Creo que ya te habrás dado cuenta —dijo en un tono que de pronto era muy severo— de que todo es mortalmente peligroso. El agua es tan mortal como el guardián. Si no te cuidas, el agua te atrapará. Casi lo hizo ayer. Pero para que lo atrapen, un hombre debe estar dispuesto. Esa es cuestión tuya. Estás dispuesto a entregarte.

Yo no sabía de qué estaba hablando. Su ataque contra mí había sido tan repentino que me hallaba desorientado. Débilmente le pedí explicarse. Mencionó, con desgano, que había ido al monte y había "visto" al espíritu del ojo de agua y tenía la profunda convicción de que yo había malogrado mi oportunidad de "ver" el agua.

—¿Cómo? —pregunté, en verdad desconcertado.

—El espíritu es una fuerza —dijo él—, y como tal, responde a la fuerza. No te puedes entregar en su presencia.

—¿Cuándo me entregué?

—Ayer, cuando te pusiste verde en el agua.

—No me entregué. Pensé que era un momento muy importante y le dije a usted lo que me estaba pasando.

—¿Quién eres tú para pensar o decir qué cosa es importante? No sabes nada de las fuerzas que estás tocando. El espíritu del ojo de agua existe allí y podría haberte ayudado; de hecho, te estuvo ayudando hasta que tú lo echaste a perder. Ahora no sé cuál será el resultado de tus acciones. Has sucumbido a la fuerza del espíritu del ojo de agua y ahora puede llevarte en cualquier momento.

—¿Fue un error mirar cómo me volvía verde?

—Te abandonaste. Quisiste abandonarte. Eso estuvo mal. Te lo he dicho y te lo repito. Sólo como un guerrero puedes sobrevivir en el mundo de un brujo. Un guerrero trata todo con respeto y no pisotea nada a menos que tenga que hacerlo. Tú, ayer, no trataste el agua con respeto. Por lo común te portas muy bien. Pero ayer te abandonaste a tu muerte, como un pinche idiota. Un guerrero no se abandona a nada, ni siquiera a su muerte. Un guerrero no es un socio voluntario; un guerrero no está disponible, y si se mete con algo, puedes tener la certeza de que sabe lo que está haciendo.

No supe qué decir. Don Juan estaba casi enojado. Eso me producía inquietud. Rara vez se había portado así conmigo. Le dije que en verdad no tuve ni la menor idea de que estaba cometiendo un error. Tras algunos minutos de silencio tenso, se quitó el sombrero y sonrió y me dijo que debía irme y no regresar a su casa hasta sentir que había ganado control sobre mi deseo de abandonarme. Recalcó que yo debía apartarme del agua y evitar que tocara la superficie de mi cuerpo durante tres o cuatro meses.

—No creo que podría aguantar sin darme una ducha —dije.

Don Juan rió y las lágrimas corrieron por sus mejillas.

—¡No aguantas sin una ducha! A veces eres tan flojo que pienso que estás bromeando. Pero no es un chiste. A veces realmente no tienes ningún control, y las fuerzas de tu vida te agarran con entera libertad.

Aducí que era humanamente imposible estar controlado en todo momento. El sostuvo que para un guerrero no había nada fuera de control. Yo traje a colación la idea de los accidentes y dije que lo ocurrido en la zanja de riego podía sin duda considerarse como tal, pues yo actué sin intención y sin conciencia de mi conducta impropia. Hablé de diversas personas que habían sufrido infortunios explicables como accidentes; me referí en especial a Lucas, un excelente viejo yaqui que resultó herido al volcarse el camión que conducía.

—Me parece que es imposible evitar los accidentes —dije—. Ningún hombre puede controlar todo cuanto lo rodea.

—Cierto —dijo don Juan, cortante—. Pero no todo es un accidente inevitable. Lucas no vive como guerrero. De lo contrario, sabría que está esperando y porque espera, y no habría manejado ese camión estando borracho. Se estrelló contra las peñas porque estaba borracho, y destrozó su cuerpo por nada.

"La vida, para un guerrero, es un ejercicio de estrategia —prosiguió don Juan—. Pero tú quieres hallar el significado de la vida. A un guerrero no le importan los significados. Si Lucas viviera como guerrero —y tuvo su oportunidad, como todos tenemos la nuestra— armaría su vida estratégicamente. De ese modo, si no podía evitar un accidente que le destrozara las costillas, habría hallado medios para compensar ese contratiempo, o evitar sus consecuencias, o batallar contra ellas. Si Lucas fuera guerrero no estaría muriéndose de hambre en su casa mugrosa. Estaría batallando hasta el final.

Planteé a don Juan una posibilidad, usándolo a él mismo como ejemplo, y le pregunté que haría si él tuviese un accidente en el que perdiera las piernas.

—Si no puedo evitarlo, y pierdo las piernas —dijo—, ya no podré ser un hombre, así que me uniré a lo que me está esperando allá.

Hizo un arco con la mano para señalar a todo al derredor.

Argumenté que me malinterpretaba. Yo había querido hacer referencia a la imposibilidad de que cualquier individuo previera todas las variables implicadas en sus acciones de cada día.

—Todo lo que puedo decirte —dijo don Juan— es que un guerrero nunca está disponible; nunca está parado en el camino esperando las pedradas. Así corta al mínimo el chance de lo imprevisto. Lo que tú llamas accidentes son casi siempre muy fáciles de evitar, excepto para los tontos que viven por las puras.

—No es posible vivir estratégicamente todo el tiempo —dije—. Imagínese que alguien lo está esperando con un rifle de alta potencia con mira telescópica; puede darle con exactitud a quinientos metros de distancia. ¿Qué haría usted?

Don Juan me miró con aire de incredulidad y luego se echó a reír.

—¿Qué haría usted? —insistí.

—¿Si alguien me está esperando con un rifle de mira telescópica? —dijo, obviamente en son de burla.

—Si alguien está escondido fuera de vista, esperándolo. No tiene usted el menor chance. No puede parar una bala.

—No, no puedo. Pero sigo sin entender lo que quieres decir.

—Quiero decir que toda su estrategia no puede servirle de nada en una situación así.

—Ah, pero sí sirve. Si alguien me está esperando en un

sitio con un rifle de alta potencia con mira telescópica, sencillamente no llego a ese sitio.

XIII

Mi siguiente intento de "ver" tuvo lugar el 3 de septiembre de 1969. Don Juan me hizo fumar dos cuencos de la mezcla. Los efectos inmediatos fueron idénticos a los experimentados anteriormente. Recuerdo que, cuando mi cuerpo se hallaba adormecido por completo, don Juan me tomó del sobaco derecho y me condujo al espeso chaparral desértico que se extiende por kilómetros alrededor de su casa. No recuerdo qué hicimos don Juan o yo después de entrar en el matorral, ni cuánto tiempo anduvimos; en determinado momento me descubrí sentado en la cima de un cerrito. Don Juan había tomado asiento a mi izquierda, tocándome. Yo no podía sentirlo, pero lo veía con el rabo del ojo. Tuve la sensación de que me había estado hablando, aunque no lograba recordar sus palabras. De cualquier modo sentía saber exactamente lo que había dicho, pese al hecho de que no me era posible recobrarlo en mi memoria lúcida. Sentía que sus palabras eran como los vagones de un tren que se aleja, y la última era como un cabús cuadrangular. Yo sabía cuál era esa última palabra, pero no podía decirla ni pensar claramente en ella. Era un estado de semivigilia, con la imagen onírica de un tren de palabras.

Entonces oí muy levemente la voz de don Juan que me hablaba.

—Ahora debes mirarme —dijo, volviendo mi rostro hacia el suyo. Repitió la frase tres o cuatro veces.

Al mirar, descubrí de inmediato el mismo efecto de resplandor que dos veces antes había percibido en su cara;

era un movimiento hipnotizante, un cambio ondulatorio de luz dentro de áreas contenidas. No había límites precisos para esas áreas, y sin embargo la luz ondulante no se derramaba: se movía dentro de fronteras invisibles.

Paseé la vista sobre el objeto resplandeciente frente a mí, y en el acto empezó a perder su brillo y los rasgos familiares del rostro de don Juan surgieron, o más bien se superpusieron al resplandor falleciente. Luego debo haber fijado una vez más la mirada: las facciones de don Juan se desvanecieron y el brillo se intensificó. Yo había puesto mi atención en una zona que debía ser, el ojo izquierdo. Advertí que allí el movimiento del resplandor no estaba contenido. Percibí algo como explosiones de chispas. Las explosiones eran rítmicas, y despedían unas como partículas de luz que volaban hacia mí con fuerza aparente y luego se retiraban como si fueran fibras de hule.

Don Juan debe haber hecho girar mi cabeza. De pronto me hallé mirando un campo de labranza.

—Ahora mira al frente —oí decir a don Juan.

Frente a mí, a unos doscientos metros, había un cerro grande y largo; toda la cuesta estaba arada. Surcos horizontales corrían paralelos desde la base hasta la cima del cerro. Noté que en el campo labrado había cantidad de piedras chicas y tres enormes peñascos que interrumpían la rectitud de los surcos. Justamente delante de mí había unos arbustos que me impedían observar los detalles de una barranca o cañada al pie del cerro. Desde donde me hallaba, la cañada parecía un corte profundo, con vegetación verde marcadamente distinta del cerro yermo. El verdor parecían ser árboles que crecían en el fondo de la cañada. Sentí una brisa soplar en mis ojos. Tuve un sentimiento de paz y quietud profunda. No se escuchaban pájaros ni insectos.

Don Juan volvió a hablarme. Me tomó un momento entender lo que decía.

—¿Ves un hombre en ese campo? —preguntaba repetidamente.

Quise decirle que no había nadie en el campo, pero no pude vocalizar las palabras. Desde atrás, don Juan tomó mi cabeza entre sus manos —yo veía sus dedos sobre mi ceño y mis mejillas— y me hizo barrer todo el campo, moviéndome despacio la cabeza de derecha a izquierda y luego en dirección contraria.

—Observa cada detalle. Tu vida puede depender de ello —lo oí decir una y otra vez.

Me hizo recorrer cuatro veces el horizonte visual de 180 grados frente a mí. En cierto momento, cuando había movido mi cabeza hacia la extrema izquierda, creí ver algo que se movía en el campo. Tuve una breve percepción de movimiento con el rabo del ojo derecho. Don Juan empezó a volver mi cabeza hacia la derecha y pude enfocar la mirada en el campo. Vi un hombre caminar a lo largo de los surcos. Era un hombre común vestido como campesino mexicano; llevaba huaraches, pantalones gris claro, camisa beige de manga larga, sombrero de paja y un morral café claro colgado del hombro derecho con una correa.

Don Juan notó, sin duda, que yo había visto al hombre. Me preguntó repetidamente si el hombre me miraba o si venía en mi dirección. Quise decirle que el hombre se alejaba dándome la espalda, pero sólo pude pronunciar: "No." Don Juan dijo que si el hombre se volvía y se acercaba, yo debía gritar, y él me haría volver la cabeza para protegerme.

No experimenté ningún sentimiento de miedo o aprensión o participación. Observaba fríamente la escena. El hombre se detuvo a medio campo. Quedó parado con el pie derecho en la saliente de un gran peñasco redondo, como si estuviera atando su huarache. Luego se enderezó, sacó de su morral un cordel y lo enredó en su mano izquierda. Me

213

dio la espalda y, enfrentando la cima del cerro, se puso a escudriñar el área ante sus ojos. Supuse que lo hacía por la forma en que movía la cabeza, volviéndola despacio y de continuo a la derecha; lo vi de perfil, y luego empezó a volver todo su cuerpo hacia mí, hasta que estuvo mirándome. Echó la cabeza bruscamente hacia atrás, o la movió de manera que supe, sin lugar a dudas, que me había visto. Extendió al frente su brazo izquierdo, señalando el suelo, y con el brazo en tal postura empezó a caminar hacia mí.

—¡Ahí viene! —grité sin ninguna dificultad.

Don Juan debe haber vuelto mi cabeza, porque después estaba yo mirando el chaparral. Me dijo que no clavara la vista, sino mirara "a la ligera" las cosas, pasándoles los ojos por encima. Dijo que iba a pararse a corta distancia, frente a mí, y luego a caminar en mi dirección, y que yo debía observarlo hasta ver su resplandor.

Vi a don Juan retirarse unos veinte metros. Caminaba con increíble rapidez y agilidad, tanto que yo apenas podía creer que fuera don Juan. Se volvió a encararme y me ordenó mirarlo.

Su rostro brillaba: parecía una mancha de luz. La luz se derramaba por el pecho casi hasta la mitad del cuerpo. Era como si yo estuviera mirando una luz a través de párpados entrecerrados. El resplandor parecía expanderse y amainar. Don Juan debe haber empezado a caminar hacia mí, pues la luz se hizo más intensa y mejor discernible.

Me dijo algo. Pugné por comprender y perdí mi visión del resplandor, y entonces vi a don Juan como lo veo todos los días; se hallaba a medio metro de distancia. Tomó asiento encarándome.

Al concentrar mi atención en su rostro empecé a percibir un vago resplandor. Luego fue como si delgados haces de luz se entrecruzaran. El rostro de don Juan se veía como si alguien le echara el cardillo de espejos diminutos; conforme la luz se intensificaba, la faz perdió sus contornos y de nuevo era un objeto brillante amorfo. Percibí una vez más el efecto de explosiones pulsantes de luz emanadas desde un espacio que debe haber sido su ojo izquierdo. No enfoqué allí mi atención, sino que deliberadamente miré una zona adyacente que supuse el ojo derecho. De inmediato capté la visión de un estanque de luz, claro y transparente. Era una luz líquida.

Noté que percibir era más que avistar: era sentir. El estanque de luz oscura y líquida tenía una profundidad extraordinaria. Era "amistoso", "bueno". La luz que emanaba de allí, en vez de estallar, giraba en lento remolino hacia adentro, creando reflejos exquisitos. El resplandor tenía un modo tan bello y delicado de tocarme, de confortarme, que me daba sensación de delicia.

Vi un anillo simétrico de brillantes rayones de luz expandirse rítmicamente sobre la planicie vertical del área resplandeciente. El anillo creció hasta cubrir casi toda la superficie y luego se contrajo a un punto de luz en medio del charco brillante. Vi el anillo expandirse y contraerse varias veces. Luego me eché atrás cuidando de no perder la visión, y pude ver ambos ojos. Distinguí el ritmo de ambos tipos de explosiones luminosas. El ojo izquierdo despedía rayos de luz que sobresalían de la planicie vertical, mientras los del ojo derecho irradiaban sin proyectarse. El ritmo de ambos ojos alternaba: la luz del ojo izquierdo estallaba hacia afuera mientras los haces radiantes del ojo derecho se contraían y giraban hacia adentro. Luego, la luz del ojo derecho se extendía para cubrir toda la superficie resplandeciente mientras la luz del ojo izquierdo se retraía.

Don Juan debe haberme dado vuelta una vez más, pues de nuevo me hallé mirando el campo de labranza. Lo oí decirme que observara al hombre.

El hombre estaba de pie junto al peñasco, mirándome. Yo no podía discernir sus facciones: el sombrero le cubría la mayor parte de la cara. Tras un momento puso su morral bajo el brazo derecho y empezó a alejarse hacia mi diestra. Caminó casi hasta el final del área labrada, cambió de dirección y dio unos pasos hacia la cañada. Entonces perdí control sobre mi enfoque y el hombre desapareció junto con la escena total. La imagen de los arbustos del desierto se superpuso a ella.

No recuerdo cómo volví a casa de don Juan, ni lo que él hizo para "regresarme". Al despertar, yacía sobre mi petate en el cuarto de don Juan. El acudió a mi lado y me ayudó a levantarme. Me sentía mareado; tenía el estómago revuelto. En forma muy rápida y eficiente, don Juan me arrastró hasta los arbustos al lado de su casa. Vomité y él rió.

Luego me sentí mejor. Miré mi reloj; eran las 11:00 p.m. Me dormí de nuevo y a la una de la tarde siguiente creí ser otra vez yo mismo.

Don Juan me preguntó repetidamente cómo me sentía. Yo tenía la sensación de hallarme distraído. No podía concentrarme realmente. Caminé un rato por la casa, bajo el escrutinio atento de don Juan. Me seguía a todas partes. Sentí que no había nada que hacer y volví a dormirme. Desperté al atardecer, muy mejorado. En torno mío hallé muchas hojas aplastadas. De hecho, desperté bocabajo encima de un montón de hojas. Su olor era muy fuerte. Recuerdo haber cobrado conciencia de aquel olor antes de despertar por entero.

Fui atrás de la casa y hallé a don Juan sentado junto a la zanja de irrigación. Al ver que me acercaba, hizo gestos frenéticos para detenerme y hacerme volver a la casa.

—¡Corre para adentro! —gritó.

Entré corriendo en la casa y él llegó un instante después.

—No me sigas nunca —dijo—. Si quieres verme espérame aquí.

Me disculpé. El me dijo que no me desperdiciara en disculpas tontas que no tenían el poder de cancelar mis actos. Dijo que había tenido muchas dificultades para regresarme y que había estado intercediendo por mí ante el agua.

—Ahora tenemos que correr el riesgo y lavarte en el agua —dijo.

Le aseguré que me sentía muy bien. El se quedó largo rato mirándome a los ojos.

—Ven conmigo —dijo—. Voy a meterte en el agua.

—Estoy muy bien —dije—. Mire, estoy tomando notas.

Me jaló de mi petate con fuerza considerable.

—¡No te entregues! —dijo—. Cuando menos lo pienses vas a quedarte dormido otra vez. A lo mejor esta vez ya no podré despertarte.

Corrimos a la parte trasera de su casa. Antes de que llegáramos al agua me dijo, en un tono de lo más dramático, que cerrara bien los ojos y no los abriera hasta que él lo indicase. Me dijo que si miraba el agua, aun por un instante, podría morir. Me llevó de la mano y me echó de cabeza en el canal de riego.

Conservé los ojos cerrados mientras él me sumergía y me sacaba del agua; esto duró horas. Experimenté un cambio notable. Lo que había de mal en mí antes de entrar en el agua era tan sutil que no lo noté hasta comparar ese estado con el sentimiento de bienestar y claridad que tuve mientras don Juan me hizo permanecer en la zanja.

El agua se metió en mi nariz y empecé a estornudar. Don Juan me sacó y me llevó, sin dejarme abrir los ojos, hasta la casa. Me hizo cambiarme de ropa y luego me guió a su cuarto, me condujo a sentarme en mi petate, dispuso la dirección de mi cuerpo y me dijo que abriera los ojos. Los abrí, y lo que vi me hizo saltar hacia atrás y agarrarme de su pierna. Experimenté un momento tremendamente confuso. Don Juan me golpeó con los nudillos en la parte más alta de la cabeza. Fue un golpe rápido, no duro ni doloroso, sino más bien como un choque.

—¿Qué pasa contigo? ¿Qué viste? —preguntó.

Al abrir los ojos yo había visto la misma escena que observé antes. Había visto al mismo hombre. Pero esta vez se hallaba casi tocándome. Vi su rostro. Había en él cierto aire de familiaridad. Casi supe quién era. La escena se desvaneció cuando don Juan me pegó en la cabeza.

Alcé los ojos a don Juan. Tenía la mano lista para pegarme de nuevo. Riendo, preguntó si quería yo otro coscorrón. Solté su pierna y me relajé sobre mi petate. Me ordenó mirar directamente hacia adelante y por ningún motivo volverme en dirección del agua atrás de su casa.

Hasta entonces advertí que el cuarto estaba en tinieblas. Por un instante no estuve seguro de tener abiertos los ojos. Los toqué para asegurarme. Llamé a don Juan en voz alta y le dije que algo andaba mal con mis ojos; no podía yo ver nada, cuando un momento antes lo había visto dispuesto a pegarme. Oí su risa a la derecha, sobre mi cabeza, y luego encendió su linterna de petróleo. Mis ojos se adaptaron a la luz en cuestión de segundos. Todo estaba como siempre: las paredes de ramas y argamasa y las raíces medicinales secas, extrañamente contrahechas, que colgaban de ellas; el techo de paja; la linterna de petróleo colgada de una viga. Yo había visto la habitación cientos de veces, pero ahora sentí que había algo único en ella y en mí mismo. Ésta era la primera vez que yo no creía en la "realidad" definitiva de mi percepción. Había estado acercándome con cautela hacia tal sentimiento, y acaso lo había intelectualizado en diversas ocaciones, pero jamás me había hallado al borde de la duda seria. Ahora, sin embargo, no creí que el cuarto fuera "real", y por un momento tuve la extraña sensación de que se trataba de una escena que desaparecería si don Juan me golpeaba la cabeza con los nudillos. Empecé a temblar sin tener frío. Espasmos nerviosos recorrían mi espina. Sentía la cabeza pesada, sobre todo en la zona directamente encima de la nuca.

Me quejé de no sentirme bien y dije a don Juan lo que había visto. El se rió de mí, diciendo que sucumbir al susto era una entrega miserable.

—Estás asustado sin tener miedo —dijo—. Viste al aliado que te miraba, gran cosa. Espera a tenerlo cara a cara antes de cagarte en los calzones.

Me indicó levantarme y caminar hacia mi coche sin volverme en dirección del agua, y esperarlo mientras traía una soga y una pala. Me hizo manejar hasta un sitio donde habíamos hallado un tocón de árbol. Nos pusimos a cavar para sacarlo. Trabajé terriblemente duro horas enteras. No sacamos el tocón, pero me sentí mucho mejor. Regresamos a la casa y comimos y las cosas eran de nuevo perfectamente "reales" y comunes.

—¿Qué me sucedió? —pregunté—. ¿Qué hice ayer?

—Me fumaste y luego fumaste un aliado —dijo él.

—¿Cómo dijo?

Don Juan rió y dijo que al rato iba yo a exigirle contar todo desde el principio.

—Me fumaste —repitió—. Me miraste a la cara, a los ojos. Viste las luces que marcan la cara de un hombre. Yo soy brujo: tú viste eso en mis ojos. Pero no lo sabías, porque ésta es la primera vez que lo haces. Los ojos de los hombres no son todos iguales. Pronto lo descubrirás. Luego fumaste un aliado.

—¿Dice usted el hombre en el campo?

—No era hombre, era un aliado que te hacía señas.

—¿A dónde fuimos? ¿Dónde estábamos cuando vi a ese hombre, digo, a ese aliado?

Don Juan señaló con la barbilla un área frente a su casa y dijo que me había llevado a lo alto de un cerrito. Dije que el paisaje que observé no tenía nada en común con el desierto de chaparrales alrededor de su casa, y repuso que el aliado que me había "hecho señas" no era de los alrededores.

—¿De dónde es?

—Te llevaré allí muy pronto.

—¿Qué significa mi visión?

—Estabas aprendiendo a *ver*, eso era todo; pero ahora se te están cayendo los calzones porque te entregas; te has abandonado a tu susto. Capaz sería bueno que describieras todo cuanto viste.

Cuando empecé a describir la apariencia que su propio rostro me había presentado, me detuvo y dijo que eso no tenía ninguna importancia. Le dije que casi lo había *visto* como un "huevo luminoso". Respondió que "casi" no era suficiente, y que *ver* me llevaría mucho tiempo y esfuerzo.

Le interesaban la escena del campo labrado y todos los detalles que pudiera yo recordar del hombre.

—Ese aliado te estaba haciendo señas —dijo—. Cuando vino hacia ti y yo te moví la cabeza, no fue porque te estuviera poniendo en peligro sino porque es mejor esperar. Tú no tienes prisa. Un guerrero nunca está ocioso ni tiene prisa. Encontrarse con un aliado sin estar preparado es como atacar a un león a pedos.

Me gustó la metáfora. Compartimos un delicioso momento de risa.

—¿Qué habría pasado si usted no me mueve la cabeza?

—Habrías tenido que moverla solo.

—¿Y si no lo hacía?

—El aliado habría llegado hasta ti y te habría dado un buen susto. Si hubieras estado solo, habría podido matarte. No es aconsejable que estés solo en las montañas o en el desierto hasta que puedas defenderte. Un aliado podría agarrarte allí solo y hacerte picadillo.

—¿Qué significado tenían sus acciones?

—Al mirarte quería decir que te da la bienvenida. Te enseñó que necesitas un cazador de espíritus y un morral, pero no de estos rumbos; su bolsa era de otra parte del país. Tienes en tu camino tres piedras de tropiezo que te detienen; eran las peñas. Y, definitivamente, vas a sacar tus mejores poderes de cañadas y barrancas; el aliado te señaló la barranca. El resto de la escena era para ayudarte a localizar el sitio exacto donde encontrarlo. Ya sé dónde está ese sitio. Te llevaré allí muy pronto.

—¿Quiere usted decir que el paisaje que vi existe realmente?

—Por supuesto.

—¿Dónde?

—No te lo puedo decir.

—¿Cómo hallaría yo ese sitio?

—Tampoco puedo decírtelo, y no porque no quiera sino porque sencillamente no sé cómo decírtelo.

Quise saber el significado de haber visto la misma escena estando en la casa. Don Juan rió e imitó la forma en que me había asido a su pierna.

—Era una reafirmación de que el aliado te quiere —dijo—. Ese era su modo de hacernos saber sin lugar a dudas de que te daba la bienvenida.

—¿Y el rostro que vi?

—Su rostro te es familiar porque lo conoces. Lo has visto antes. Quizás es el rostro de tu muerte. Te asustaste, pero eso fue descuido tuyo. El te esperaba, y cuando se mostró sucumbiste al susto. Por suerte yo estaba allí para pegarte; si no, él se habría vuelto en tu contra, y merecido lo tenías. Para tener un aliado, hay que ser un guerrero sin mancha, o el aliado puede volverse contra uno y destruirlo.

Don Juan me disuadió de volver a Los Ángeles la mañana siguiente. Al parecer, pensaba que aún no me había recuperado por completo. Insistió en que me sentara en su cuarto, mirando al sureste, con el fin de preservar mi fuerza. Se sentó a mi izquierda, me entregó mi cuaderno y dijo que esta vez yo lo tenía agarrado: no sólo debía quedarse conmigo, sino también hablar conmigo.

—Tengo que llevarte otra vez al agua al anochecer —dijo—. Todavía no estás macizo y no deberías quedarte solo hoy. Te haré compañía toda la mañana; en la tarde estarás mejor.

Su preocupación me puso muy aprensivo.

—¿Qué anda mal conmigo? —pregunté.

—Topaste un aliado.

—¿Qué quiere usted decir con eso?

—No debemos hablar hoy de aliados. Hablemos de cualquier otra cosa.

Yo no tenía en realidad ningún deseo de hablar. Había empezado a sentirme ansioso e inquieto. A don Juan, al parecer, la situación le resultaba totalmente ridícula; rió hasta que se le saltaron las lágrimas.

—No me salgas con que, ahora que deberías hablar, no vas a hallar nada que decir —dijo, sus ojos brillando con malicia. Su humor era muy reconfortante.

Un solo tema me interesaba en ese momento: el aliado. Qué familiar su rostro; no era como si yo lo conociese o lo hubiera visto antes. Era otra cosa. Cada vez que empezaba a pensar en ese rostro, mi mente experimentaba un bombardeo de pensamientos ajenos, como si alguna parte de mí mismo conociera el secreto pero no permitiese que el resto de mí se le acercara. La sensación de que el rostro del aliado era familiar resultaba tan extraña que me había forzado a un estado de melancolía mórbida. Don Juan había dicho que podía ser el rostro de mi muerte. Creo que esa frase me tenía sujeto. Quería desesperadamente preguntar acerca de ella y sentía con claridad que don Juan estaba conteniéndome. Llené los pulmones un par de veces y acabé preguntando.

—¿Qué es la muerte, don Juan?

—No sé —dijo él, sonriendo.

—Quiero decir, ¿cómo describiría usted la muerte? Quiero sus opiniones. Creo que todo el mundo tiene opiniones definidas acerca de la muerte.

—No sé de qué estás hablando.

Yo tenía el *Libro tibetano de los muertos* en la cajuela de mi coche. Se me ocurrió usarlo como tema de conversación, ya que trataba de la muerte. Dije que iba a leérselo e hice por levantarme. Don Juan me indicó permanecer sentado y fue él por el libro.

—La mañana es mala hora para los brujos —dijo para explicar el que yo debiera estarme quieto—. Estás demasiado débil para salir de mi cuarto. Aquí adentro estás protegido. Si ahora te echaras a andar, lo más probable es que hallaras un desastre terrible. Un aliado podría matarte en el camino o en el matorral, y luego, cuando encontraran tu cuerpo, dirían que moriste misteriosamente o que tuviste un accidente.

Yo no estaba en posición ni de humor para poner en duda sus decisiones, así que me estuve quieto casi toda la mañana, leyéndole y explicándole algunas partes del libro. Escuchó con atención, sin interrumpirme para nada. Dos veces tuve que parar durante periodos cortos, mientras él traía agua y comida, pero apenas quedaba desocupado nuevamente me urgía a continuar la lectura. Parecía muy interesado.

Cuando terminé, don Juan me miró.

—No entiendo por qué esa gente habla de la muerte como si la muerte fuera como la vida —dijo con suavidad.

—A lo mejor así lo entienden ellos. ¿Piensa usted que los tibetanos *ven*?

—Difícilmente. Cuando uno aprende a *ver*, ni una sola de las cosas que conoce prevalece. Ni una sola. Si los tibetanos *vieran*, sabrían de inmediato que ninguna cosa es ya la misma. Una vez que *vemos*, nada es conocido; nada permanece como solíamos conocerlo cuando no *veíamos*.

—Quizá, don Juan, *ver* no sea lo mismo para todos.

—Cierto. No es lo mismo. Pero eso no significa que prevalezcan los significados de la vida. Cuando uno aprende a *ver*, ni una sola cosa es la misma.

—Los tibetanos piensan, obviamente, que la muerte es como la vida. ¿Cómo piensa usted que sea la muerte? —pregunté.

—Yo no pienso que la muerte sea como nada, y creo que los tibetanos han de estar hablando de otra cosa. En todo caso, no están hablando de la muerte.

—¿De qué cree usted que estén hablando?

—A lo mejor tú puedes decírmelo. Tú eres el que lee.

Traté de decir algo más, pero él empezó a reír.

—Acaso los tibetanos de veras *ven* —prosiguió don Juan—, en cuyo caso deben haberse dado cuenta de que lo que *ven* no tiene ningún sentido y entonces escribieron esa porquería porque todo les da igual, en cuyo caso lo que escribieron no es porquería de ninguna clase.

—En realidad no me importa lo que los tibetanos digan —le dije—, pero sí me importa mucho lo que diga usted. Me gustaría oír qué piensa usted de la muerte.

Se me quedó viendo un instante y luego soltó una risita. Abrió los ojos y alzó las cejas en un gesto cómico de sorpresa.

—La muerte es un remolino —dijo—. La muerte es el rostro del aliado; la muerte es una nube brillante en el horizonte; la muerte es el susurro de Mescalito en tus oídos;

la muerte es la boca desdentada del guardián; la muerte es Genaro sentado de cabeza; la muerte soy yo hablando; la muerte son tú y tu cuaderno; la muerte no es nada. ¡Nada! Está aquí pero no está aquí en todo caso.

Don Juan rió con gran deleite. Su risa era como una canción; tenía una especie de ritmo de danza.

—Mis palabras no tienen sentido, ¿eh? —dijo don Juan—. No puedo decirte cómo es la muerte. Pero quizá podría hablarte de tu propia muerte. No hay manera de saber cómo será de cierto, pero sí podría decirte cómo sea tal vez.

En ese punto me asusté y repuse que yo sólo quería saber lo que la muerte parecía ser para él; recalqué que me interesaban sus opiniones sobre la muerte en un sentido general, pero no buscaba enterarme en detalle de la muerte personal de nadie, y menos de la mía.

—Yo nada más puedo hablar de la muerte en términos personales —dijo él—. Tú querías que te hablara de la muerte. ¡Muy bien! Entonces no tengas miedo de oír tu propia muerte.

Admití que me hallaba demasiado nervioso para hablar de ella. Dije que deseaba hablar de la muerte en términos generales, como él mismo había hecho la vez que me contó que al momento de la muerte de su hijo Eulalio la vida y la muerte se mezclaron como una niebla de cristales.

—Te dije que la vida de mi hijo se expandió a la hora de su muerte personal —repuso—. Yo no hablaba de la muerte en general, sino de la muerte de mi hijo. La muerte, sea lo que sea, hizo expandir su vida.

Yo quería a toda costa sacar la conversación del terreno de lo particular, y mencioné que había estado leyendo relatos de gente que murió varios minutos y fue revivida a través de técnicas médicas. En todos los casos que leí, las personas involucradas habían declarado, al revivir, que no podían recordar nada en absoluto; que la muerte era simplemente una sensación de oscurecimiento.

—Eso es perfectamente comprensible —dijo él—. La muerte tiene dos etapas. La primera es un oscurecimiento. Es una etapa sin sentido, muy semejante al primer efecto de Mescalito, cuando uno experimenta una ligereza que lo hace sentirse feliz, completo, y todo en el mundo está en calma. Pero ése es sólo un estado superficial; no tarda en desvanecerse y uno entra en un nuevo terreno, el terreno de la dureza y el poder. Esa segunda etapa es el verdadero encuentro con Mescalito. La muerte es muy parecida. La primera etapa es un oscurecimiento superficial. Pero la segunda es la verdadera etapa en que uno se encuentra con la muerte; un breve momento, después de la primera oscuridad, hallamos que, de algún modo, somos otra vez nosotros mismos. Y entonces la muerte choca contra nosotros con su callada furia y su poder, hasta que disuelve nuestras vidas en la nada.

—¿Cómo puede usted tener la certeza de que está hablando de la muerte?

—Tengo mi aliado. El humito me ha enseñado con gran claridad mi muerte inconfundible. Por eso nada más puedo hablar de la muerte personal.

Las palabras de don Juan me ocasionaron una profunda aprensión y una ambivalencia dramática. Tuve el presentimiento de que iba a describirme los detalles exteriores y vulgares de mi muerte y a decir cómo o cuándo moriría yo. La simple idea de saber eso me hacía desesperar y a la vez picaba mi curiosidad. Desde luego, podría haberle pedido describir su propia muerte, pero sentí que tal petición sería bastante descortés y la cancelé automáticamente.

Don Juan parecía disfrutar mi conflicto. Su cuerpo se retorcía de risa.

—¿Quieres saber cómo podría ser tu muerte? —me preguntó con deleite infantil en el rostro.

Su malicioso placer en acosarme me daba ánimos. Casi mellaba mi aprensión.

—Bueno, dígame —dije, y mi voz se quebró.

Don Juan tuvo una formidable explosión de risa. Agarrándose el estómago, rodó de lado y repitió burlonamente: "Bueno, dígame", con una quebradura en su voz. Luego se enderezó y tomó asiento, asumiendo una tiesura fingida, y con tono trémulo dijo:

—La segunda etapa de tu muerte muy bien podría ser como sigue.

Sus ojos me examinaron con curiosidad aparentemente genuina. Reí. Me daba cuenta de que sus bromas eran el único recurso capaz de suavizar la idea de la propia muerte.

—Tú manejas mucho —siguió diciendo—, así que tal vez te encuentres, en un momento dado, nuevamente al volante. Será una sensación muy rápida que no te dará tiempo de pensar. De pronto, digamos, te encuentras manejando, como has hecho miles de veces. Pero antes de que puedas recapacitar, notas una formación extraña frente a tu parabrisas. Si miras más de cerca verás que es una nube que parece un remolino brillante. Parece, digamos, una cara, allí en medio del cielo, frente a ti. Mientras la miras, la ves moverse hacia atrás hasta que sólo es un punto brillante en la distancia, y luego notas que empieza a moverse otra vez hacia ti; gana velocidad y, en un parpadeo, se estrella contra el parabrisas de tu coche. Eres fuerte; estoy seguro de que la muerte necesitará un par de golpes para ganarte.

"Para entonces ya sabes dónde estás y qué te está pasando; el rostro retrocede otra vez hasta una posición en el horizonte, toma vuelo y choca contra ti. El rostro entra dentro de ti y entonces sabes: era el rostro del aliado, o era yo hablando, o tú escribiendo. La muerte no era nada todo el tiempo. Nada. Era un puntito perdido en las hojas de tu cuaderno. Pero entra en ti con fuerza incontrolable y te expande; te aplana y te extiende por todo el cielo y la tierra y más allá. Y eres como una niebla de cristales diminutos yéndose, yéndose.

La descripción de mi muerte me afectó mucho. Cuán distinta a lo que yo esperaba oír. Durante un largo rato no pude pronunciar palabra.

—La muerte entra por el vientre —prosiguió don Juan—. Se mete por la abertura de la voluntad. Esa zona es la parte más importante y sensible del hombre. Es la zona de la voluntad y también la zona por la que todos morimos. Lo sé porque mi aliado me guió hasta esa etapa. Un brujo templa su voluntad dejando que su muerte lo alcance, y cuando está plano y empieza a expandirse, su voluntad impecable entra en acción y convierte nuevamente la niebla en una persona.

Don Juan hizo un gesto extraño. Abrió las manos como abanicos, las alzó al nivel de los codos, les dio vuelta hasta que los pulgares tocaron sus flancos, y luego las unió lentamente en el centro del cuerpo, sobre el ombligo. Las retuvo allí un momento. Sus brazos temblaban con la tensión. Luego las subió hasta que las puntas de sus dedos medios tocaron la frente, y las hizo descender a la misma posición sobre el centro del cuerpo.

Fue un gesto formidable. Don Juan lo ejecutó con tal vigor y belleza que quedé fascinado.

—La voluntad es lo que junta al brujo —dijo—, pero conforme la vejez lo debilita su voluntad se apaga, y llega inevitablemente un momento en el que ya no es capaz de dominar su voluntad. Entonces se queda sin nada con qué oponerse a la fuerza silenciosa de su muerte, y su vida se convierte, como las vidas de todos sus semejantes, en una niebla que se expande y se mueve más allá de sus límites.

Don Juan me miró un rato y se puso en pie. Yo tiritaba.

—Puedes ir ya al matorral —dijo—. Es de tarde.

Yo necesitaba ir, pero no me atrevía. Tal vez sentía más sobresalto que miedo. Sin embargo, había desaparecido mi aprensión con respecto al aliado.

Don Juan dijo que no importaba cómo me sintiera siempre y cuando estuviese "sólido". Me aseguró que estaba en perfectas condiciones y que podía ir con seguridad a los matorrales, siempre y cuando no me acercase al agua.

—Ese es otro asunto —dijo—. Necesito lavarte una vez más, así que no te acerques al agua.

Más tarde quiso que lo llevara al pueblo vecino. Mencioné que manejar sería una cambio feliz para mí, porque todavía me hallaba estremecido; la idea de que un brujo jugaba literalmente con su muerte me era bastante grotesca.

—Ser brujo es una carga terrible —dijo él en tono tranquilizador—. Te he dicho que es mucho mejor aprender a *ver*. Un hombre que *ve* lo es todo; en comparación, el brujo es un pobre diablo.

—¿Qué es la brujería, don Juan?

Se me quedó mirando un buen rato, sacudiendo la cabeza en forma apenas perceptible.

—La brujería es aplicar la voluntad a una coyuntura clave —dijo—. La brujería es interferencia. Un brujo busca y encuentra la coyuntura clave de cualquier cosa que quiera afectar y luego aplica allí su voluntad. Un brujo no tiene que *ver* para ser brujo; nada más necesita saber usar su voluntad.

Le pedí explicar lo que quería decir con coyuntura clave. Meditó y luego dijo que él sabía lo que mi coche era.

—Es obviamente una máquina —dije.

—Quiero decir que tu coche son las bujías. Esa es para mí su coyuntura clave. Puedo aplicarle mi voluntad y tu coche no funcionará.

Don Juan subió en mi coche y tomó asiento. Me hizo señas de imitarlo mientras se acomodaba en su lugar.

—Observa lo que hago —dijo—. Como soy un cuervo, primero voy a soltar mis plumas.

Hizo temblar todo el cuerpo. Sus movimientos me recordaban a un gorrión que humedeciera sus plumas en un charco. Bajó la cabeza como un pájaro al meter el pico en el agua.

—Qué bien se siente eso —dijo, y empezó a reír.

Su risa era extraña. Tuvo sobre mí un efecto hipnotizante muy peculiar. Recordé haberlo oído reír de esa manera muchas veces antes. Acaso la razón de que yo jamás hubiera tomado conciencia declarada de ello era que don Juan nunca había reído así el tiempo suficiente en mi presencia.

—Después, el cuervo afloja el pescuezo —dijo, y empezó a torcer el cuello y a frotar las mejillas en sus hombros—. Luego mira el mundo con un ojo y después con el otro.

Sacudió la cabeza mientras, supuestamente, cambiaba su visión del mundo de un ojo a otro. El tono de su risa se hizo más agudo. Tuve la absurda sensación de que iba a convertirse en cuervo delante de mis ojos. Quise disiparla riendo, pero me hallaba casi paralizado. Sentía literalmente una especie de fuerza envolvente que me rodeaba. No tenía miedo, ni estaba mareado o soñoliento. Mis facultades estaban intactas, hasta donde yo podía juzgar.

—Enciende tu coche —dijo don Juan.

Di vuelta a la marcha y automáticamente pisé el acelerador. La marcha empezó a sonar sin encender el motor. La risa de don Juan era un cacareo rítmico y suave. Intenté otra vez, y otra más. Pasé unos diez minutos tratando de encender el motor. Don Juan cacareaba todo el tiempo. Luego desistí y me quedé allí sentado, sintiendo el peso de mi cabeza.

El dejó de reír y me escudriñó y "supe" entonces que su risa me había obligado a entrar en una especie de trance hipnótico. Aunque yo había tenido plena conciencia de lo que ocurría, sentía no ser yo mismo. Durante el tiempo en que no pude arrancar mi coche estaba muy dócil, casi insensible. Era como si don Juan no sólo estuviese haciéndole algo al coche, sino también a mí. Cuando dejó de cacarear me convencí de que el hechizo había terminado, e impetuosamente volví a girar la marcha. Tuve la certeza de que don Juan sólo me había mesmerizado con su risa, haciéndome creer que no podía arrancar mi coche. Con el rabo del ojo lo vi mirarme con curiosidad, mientras yo movía la marcha y bombeaba con furia el pedal.

Don Juan me dio palmaditas y dijo que la furia me "amacizaría" y que tal vez no necesitara yo otro baño en el agua. Mientras más enojado pudiera ponerme, más rápido me recuperaría de mi encuentro con el aliado.

—No tengas pena —oí decir a don Juan—. Patea el carro.

Estalló su risa natural, cotidiana, y yo me sentí ridículo y reí con cortedad.

Tras un rato, don Juan dijo que había soltado el coche. ¡El motor arrancó!

XIV

28 de septiembre, 1969

Había algo extraño en la casa de don Juan. Por un momento pensé que estaba escondido en algún sitio para asustarme. Lo llamé en voz alta y luego reuní suficiente valor para entrar. Don Juan no estaba allí. Puse sobre una pila de leña las dos bolsas de comestibles que le había traído y me senté a esperarlo, como había hecho docenas de veces. Pero, por vez primera en mis años de tratar a don Juan, tenía miedo de quedarme solo en su casa. Sentía una presencia, como si alguien invisible estuviera allí conmigo. Recordé haber tenido, años atrás, la misma sensación vaga de que algo desconocido merodeaba en torno mío cuando me hallaba solo. Me levanté de un salto y salí corriendo de la casa.

Había venido a ver a don Juan para decirle que el efecto acumulativo de la tarea de "ver" estaba haciéndose notar. Había empezado a sentirme inquieto; vagamente aprensivo sin ninguna razón declarada; cansado sin tener fatiga. Entonces, mi reacción al estar solo en casa de don Juan hizo volver el recuerdo total de cómo había crecido mi miedo en el pasado.

El miedo se remontaba varios años, a la época en que don Juan había forzado la extrañísima confrontación entre una bruja, a quien llamaba "la Catalina", y yo. Empezó el 23 de noviembre de 1961, cuando lo hallé en su casa con un tobillo dislocado. Explicó que tenía una enemiga, una bruja que podía convertirse en chanate y que había intentado matarlo.

—Apenas pueda caminar voy a enseñarte quién es la mujer —dijo don Juan—. Debes saber quién es.

—¿Por qué quiere matarlo?

Alzó los hombros con impaciencia y rehusó decir más.

Regresé a verlo diez días después y lo hallé perfectamente bien. Hizo girar el tobillo para demostrarme que se hallaba curado y atribuyó su pronta recuperación a la naturaleza del molde que él mismo había hecho.

—Qué bueno que estés aquí —dijo—. Hoy voy a llevarte a un viajecito.

Siguiendo sus indicaciones, manejé hasta un paraje desolado. Nos detuvimos allí; don Juan estiró las piernas y se acomodó en el asiento, como si fuera a echar una siesta. Me indicó relajarme y permanecer muy callado; dijo que mientras oscurecía debíamos ser lo más inconspicuo posible, porque el atardecer era una hora muy peligrosa para el asunto que habíamos emprendido.

—¿Qué clase de asunto emprendimos? —pregunté.

—Estamos aquí para cazar a la Catalina —dijo él.

Cuando oscureció lo suficiente, bajamos con cautela del coche y nos adentramos muy despacio, sin hacer ruido, en el chaparral desértico.

Desde el sitio donde nos detuvimos, yo podía discernir la silueta negra de los cerros a ambos lados. Estábamos en una cañada llana, bastante ancha. Don Juan me dio instrucciones detalladas sobre cómo permanecer confundido con el chaparral y me enseñó un modo de sentarse "en virgilia", como él decía. Me dijo que metiera la pierna derecha bajo el muslo izquierdo y pusiese la pierna izquierda como si me hallara en cuclillas. Explicó que la primera se usaba como resorte para levantarse con gran velocidad, si era necesario. Luego me dijo que mirara al oeste, porque para allá quedaba la casa de la mujer. Se sentó junto a mí, a mi derecha, y en un susurro me indicó enfocar los ojos en el suelo, buscando, o más bien esperando, una especie de oleada de viento que produciría un escarceo en los matorrales. Cuando la onda tocara los arbustos en los que yo había fijado la vista, yo debía mirar hacia arriba para ver a la bruja en todo su "magnífico esplendor maligno". Don Juan usó esas mismas palabras. Cuando le pedí explicar a qué se refería, dijo que, al descubrir una ondulación, yo no tenía más que alzar los ojos y ver por mí mismo, porque "una bruja en vuelo" era un espectáculo único que desafiaba toda explicación.

Había un viento más o menos constante, y muchas veces

creí percibir una ondulación en los arbustos. Miré hacia arriba en cada ocasión, preparado a una experiencia trascendente, pero no vi nada. Cada vez que el viento agitaba los matorrales, don Juan pateaba vigorosamente el suelo, dando vueltas, moviendo los brazos como látigos. La fuerza de sus movimientos era extraordinaria.

Tras algunos intentos fallidos por ver a la bruja "en vuelo", me sentí seguro de que no iba a presenciar ningún suceso trascendente, pero la demostración de "poder" realizada por don Juan era tan exquisita que no me importó pasar allí la noche.

Al romper el alba, don Juan se sentó junto a mí. Parecía totalmente exhausto. Apenas podía moverse, Se acostó bocarriba y musitó que no había logrado "atravesar a la mujer". Esa frase me intrigó mucho; él la repitió varias veces, y su tono iba haciéndose más desalentado, más desesperado. Comencé a experimentar una angustia fuera de lo común. Me resultó muy fácil proyectar mis sentimientos en el estado anímico de don Juan.

Don Juan no mencionó el incidente, ni a la mujer, durante varios meses. Pensé que había olvidado, o resuelto, todo ese asunto. Pero cierto día lo hallé muy agitado, y en una forma por entero incongruente con su calma habitual me dijo que el chanate había estado frente a él la noche anterior, casi tocándolo, y que él ni siquiera había despertado. La maña de la mujer era tanta que don Juan no sintió para nada su presencia. Dijo que su buena suerte fue despertar justo a tiempo para iniciar una horrenda lucha por su vida. El tono de su voz era conmovedor, casi patético. Sentí una oleada avasalladora de compasión y cuidado.

En tono dramático y sombrío, volvió a afirmar que no tenía modo de parar a la bruja, y que la siguiente vez que ella se le acercara sería su último día sobre la tierra. El abatimiento me puso al borde de las lágrimas. Don Juan pareció advertir mi honda preocupación y rió, según pensé, con valentía. Me palmeó la espalda y dijo que no me apurara, que todavía no se hallaba perdido por completo porque tenía una última carta, un comodín.

—Un guerrero vive estratégicamente —dijo, sonriendo—. Un guerrero jamás lleva cargas que no puede soportar.

La sonrisa de don Juan tuvo el poder de disipar las ominosas nubes de desastre. De pronto me sentí exhilarado, y ambos reímos. Me dio palmaditas en la cabeza.

—Sabes, de todas las cosas en esta tierra, tú eres mi última carta —dijo abruptamente, mirándome a los ojos.

—¿Qué?

—Eres mi carta de triunfo en mi pelea contra esa bruja.

No entendí a qué se refería y me explicó que la mujer no me conocía y que, si jugaba yo mi mano como él me indicaría, tenía una oportunidad más que buena de "atravesarla".

—¿Qué quiere usted decir con "atravesarla"?

—No puedes matarla, pero debes atravesarla como a un globo. Si haces eso, me dejará en paz. Pero no pienses en ello por ahora. Te diré qué hacer cuando llegue el momento.

Pasaron algunos meses. Yo había olvidado el incidente y fui tomado de sorpresa al llegar un día a su casa; don Juan salió corriendo y no me dejó bajar del coche.

—Tienes que irte en el acto —susurró con urgencia aterradora—. Escucha con cuidado. Compra una escopeta, o consigue una como puedas; no me traigas la tuya propia, ¿entiendes? Consigue cualquier escopeta que no sea tuya y traela aquí de inmediato.

—¿Para qué quiere usted una escopeta?

—¡Vete ya!

Regresé con una escopeta. No tenía dinero suficiente para

comprar una, pero un amigo me había dado su arma vieja. Don Juan no la miró; explicó, riendo, que había sido brusco conmigo porque el chanate estaba en el techo de la casa y él no quería que me viera.

—El hallar al chanate en el techo me dio la idea de que podías traer una escopeta y atravesarlo con ella —dijo don Juan enfáticamente—. No quiero que te pase nada, por eso sugerí que compraras la escopeta o que la consiguieras de cualquier otro modo. Verás: tienes que destruir el arma después de completar la tarea.

—¿De qué clase de tarea habla usted?

—Debes tratar de atravesar a la mujer con tu escopeta.

Me hizo limpiar el arma frotándola con las hojas y los tallos frescos de una planta de olor peculiar. El mismo frotó dos cartuchos y los puso en los cañones. Luego dijo que yo debía esconderme frente a su casa y esperar hasta que el chanate aterrizara en el techo para, después de apuntar con cuidado, descargar ambos cañones. El efecto de la sorpresa, más que las municiones, atravesaría a la mujer, y si yo era fuerte y decidido podía forzarla a dejarlo en paz. De tal modo, mi puntería debía ser impecable, así como mi decisión de atravesarla.

—Tienes que gritar en el momento en que dispares —dijo don Juan—. Debe ser un grito potente y penetrante.

Luego apiló atados de leña y de caña a unos tres metros de la ramada de su casa. Me hizo reclinarme contra ellos. La postura era bastante cómoda. Quedaba yo semisentado; mi espalda tenía un buen apoyo y el techo estaba a la vista.

Don Juan dijo que era demasiado temprano para que la bruja saliera, y que teníamos hasta el anochecer para hacer todos los preparativos; él fingiría entonces encerrarse en la casa, para atraerla y provocar otro ataque sobre su propia persona. Me indicó relajarme y hallar una posición cómoda desde la cual pudiera disparar sin moverme. Me hizo apuntar al techo un par de veces y concluyó que el acto de llevarme la escopeta al hombro y tomar puntería era demasiado lento y engorroso. Entonces construyó un puntal para el arma. Hizo dos agujeros profundos con una barra de hierro puntiaguda, plantó en ellos dos palos ahorquillados y ató una larga pértiga entre ambas horquillas. La estructura me daba apoyo para disparar y me permitía tener la escopeta apuntada hacia el techo.

Don Juan miró al cielo y dijo que era hora de meterse en la casa. Se puso de pie y entró calmadamente, lanzándome la admonición final de que mi empresa no era un chiste y de que tenía que darle al pájaro con el primer disparo.

Después de irse don Juan, tuve unos cuantos minutos más de crepúsculo, y luego oscureció por completo. Parecía como si la oscuridad hubiera estado esperando a que me hallara solo para descender de golpe sobre mí. Traté de enfocar los ojos en el techo, que se recortaba contra el cielo; durante un rato hubo en el horizonte suficiente luz para que la línea del techo siguiera visible, pero luego el cielo se ennegreció y apenas pude ver la casa. Durante horas conservé los ojos enfocados en el techo, sin notar nada en absoluto. Vi una pareja de buhos pasar volando hacia el norte; la envergadura de sus alas era notable, y no podía tomárseles por chanates. En un momento dado, sin embargo, vislumbré claramente la forma negra de un pájaro pequeño que aterrizaba en el techo. ¡Era un pájaro, sin lugar a dudas! Mi corazón empezó a golpetear; sentí un zumbido en las orejas. Tomé puntería en la oscuridad y oprimí ambos gatillos. Hubo una explosión muy fuerte. Sentí la violenta patada de la culata contra mi hombro, y al mismo tiempo oí un grito humano de lo más penetrante y horrendo. Era fuerte y sobrecogedor y parecía haber venido del techo. Tuve un momento de confusión total. Entonces recordé que don Juan me había indicado gritar cuando disparara y que había olvidado hacerlo. Estaba pensando en cargar nuevamente mi arma cuando don Juan abrió la puerta y salió corriendo. Llevaba su linterna de petróleo. Parecía muy nervioso.

—Creo que le diste —dijo—. Ahora tenemos que hallar el pájaro muerto.

Trajo una escalera y me hizo subir a buscar sobre la ramada, pero nada pude hallar. El mismo subió y buscó un rato, con resultados igualmente negativos.

—A lo mejor lo hiciste pedacitos —dijo don Juan—, en cuyo caso debemos hallar al menos una pluma.

Empezamos a buscar en torno a la ramada y luego alrededor de la casa. La luz de la interna alumbró nuestra búsqueda hasta la mañana. Luego nos pusimos nuevamente a recorrer el área que habíamos cubierto durante la noche. A eso de las 11:00 a.m. don Juan suspendió la busca. Se sentó desalentado, sonriéndome con tristeza, y dijo que yo no había logrado detener a su enemiga y que ahora, más que nunca antes, su vida no valía un centavo porque la mujer estaba sin duda molesta, ansiosa de tomar venganza.

—Pero tú estás a salvo —dijo don Juan dándome ánimos—. La mujer no te conoce.

Mientras me dirigía a mi auto para regresar a casa, le pregunté si debía destruir la escopeta. Respondió que el arma no había hecho nada y que la devolviera a su dueño. Noté una profunda desesperanza en los ojos de don Juan. Eso me conmovió tanto que estuve a punto de llorar.

—¿Qué puedo hacer por ayudarlo? —pregunté.

—No hay nada que puedas hacer —dijo don Juan.

Permanecimos callados un momento. Yo quería irme de inmediato. Sentía una angustia opresiva. Me hallaba a disgusto.

—¿De veras tratarías de ayudarme? —preguntó don Juan en tono infantil.

Le dije de nuevo que mi persona estaba por entero a su disposición, que mi afecto por él era tan profundo que yo emprendería cualquier clase de acción por ayudarlo.

—Si los dices en serio —repuso—, tal vez tenga yo otro chance.

Parecía encantado. Sonrió ampliamente y palmoteó las manos varias veces, como siempre que quiere expresar un sentimiento de placer. Este cambio de humor fue tan notable que también me involucró. Sentí de pronto que el ambiente opresivo, la angustia, habían sido derrotados y la vida era otra vez inexplicablemente estimulante. Don Juan tomó asiento y yo hice lo mismo. Me miró un largo momento y luego procedió a decirme, en forma muy tranquila y deliberada, que yo era de hecho la única persona que podía ayudarlo en ese trance, y que por ello iba a pedirme hacer algo muy peligroso y muy especial.

Hizo una pausa momentánea como si quisiera una reafirmación de mi parte, y nuevamente reiteré mi firme deseo de hacer cualquier cosa por él.

—Voy a darte un arma para atravesarla —dijo.

Sacó de su morral un objeto largo y me lo entregó. Lo tomé y luego lo examiné. Estuve a punto de soltarlo.

—Es un jabalí —prosiguió—. Debes atravesarla con él.

El objeto que yo tenía en la mano era una pata delantera de jabalí, seca. La piel era fea y las cerdas repugnantes al tacto. La pezuña estaba intacta y sus dos mitades se hallaban desplegadas, como si la pata estuviera estirada. Era una cosa de aspecto horrible. Me provocaba un amago de náusea. Don Juan la recuperó rápidamente.

—Tienes que clavarle el jabalí en el mero ombligo —dijo.

—¿Qué? —dije con voz débil.

—Tienes que agarrar el jabalí con la mano izquierda y

clavárselo. Es una bruja y el jabalí entrará en su barriga y nadie en este mundo, excepto otro brujo, lo verá clavado allí. Esta no es una batalla común y corriente, sino un asunto de brujos. El peligro que corres es que, si no logras atravesarla, ella te mate allí mismo, o sus compañeros y parientes te den un balazo o una cuchillada. Por otra parte, puede que salgas sin un rasguño.

"Si tienes éxito, ella se sentirá tan mal con el jabalí en el cuerpo que me dejará en paz."

Una angustia opresiva me envolvió nuevamente. Yo tenía un profundo afecto por don Juan. Lo admiraba. En la época de esta pasmosa petición, ya había aprendido a considerar su forma de vida, y su conocimiento, un logro insuperable. ¿Cómo podía alguien dejar morir a un hombre así? Y sin embargo, ¿cómo podía alguien arriesgar a sabiendas su vida? A tal grado me sumergí en mis deliberaciones que sólo hasta que don Juan me palmeó el hombro advertí que se había puesto de pie y estaba parado junto a mí. Alcé la vista; él sonreía con benevolencia.

—Regresa cuando sientas que de veras quieres ayudarme —dijo—, pero sólo hasta entonces. Si regresas, sabré lo que tendremos que hacer. ¡Vete ya! Si no quieres regresar, también eso lo comprenderé.

Automáticamente me levante, subí en mi coche y me fui. Don Juan me había sacado del aprieto. Podría haberme ido para nunca volver, pero de algún modo la idea de estar en libertad de marcharme no me confortaba. Manejé un rato más y luego, siguiendo un impulso, di la vuelta y regresé a casa de don Juan.

Seguía sentado bajo su ramada y no pareció sorprendido de verme.

—Siéntate —dijo—. Las nubes están hermosas en el poniente. Pronto va a oscurecer. Siéntate callado y deja que el crepúsculo te llene. Haz ahora lo que quieras, pero cuando yo te diga, mira de frente a esas nubes brillantes y pídele al crepúsculo que te dé poder y calma.

Durante un par de horas estuve sentado ante las nubes del oeste. Don Juan entró en la casa y permaneció dentro. Cuando oscurecía, regresó.

—Ha llegado el crepúsculo —dijo—. ¡Párate! No cierres los ojos, mira directo a las nubes; alza los brazos con las manos abiertas y los dedos extendidos y trota marcando el paso.

Seguí sus instrucciones; alcé los brazos por encima de la cabeza y empecé a trotar. Don Juan se acercó a corregir mis movimientos. Puso la pata de jabalí contra la palma de mi mano izquierda y me hizo sostenerla con el pulgar. Luego bajó mis brazos hasta hacerlos apuntar hacia las nubes naranja y gris oscuro sobre el horizonte occidental. Extendió mis dedos en abanico y me dijo que no los doblara sobre las palmas. Era de importancia crucial el que yo mantuviese los dedos extendidos, porque si los cerraba no estaría pidiendo al crepúsculo poder y calma, sino que estaría amenazándolo. También corrigió mi trote. Dijo que debía ser apacible y uniforme, como si me hallara corriendo hacia el crepúsculo con los brazos extendidos.

Esa noche no pude dormir. Era como si, en vez de calmarme, el crepúsculo me hubiera agitado hasta el frenesí.

—Tengo todavía tantas cosas pendientes en mi vida —dije—. Tantas cosas sin resolver.

Don Juan chasqueó suavemente la lengua.

—Nada está pendiente en el mundo —dijo—. Nada está terminado, pero nada está sin resolver. Duérmete.

Las palabras de don Juan me apaciguaron extrañamente.

A eso de las diez de la mañana siguiente, don Juan me dio algo de comer y luego nos pusimos en camino. Susurró que íbamos a acercarnos a la mujer a eso del mediodía, o antes si era posible. Dijo que la hora ideal habría sido el principio del día, porque una bruja tiene siempre menos potencia en la mañana, pero la Catalina jamás dejaría a esa hora la protección de su casa. No hice ninguna pregunta. Me dirigió hacia la carretera, y en cierto punto me dijo que parara y me estacionara al lado del camino. Dijo que allí debíamos esperar.

Miré el reloj; eran cinco para las once. Bostecé repetidamente. Me hallaba en verdad soñoliento; mi mente vagaba sin objeto. De pronto, don Juan se enderezó y me dio un codazo. Salté en mi asiento.

—¡Allí está! —dijo.

Vi a una mujer caminar hacia la carretera por el borde de un campo de cultivo. Llevaba una canasta colgada del brazo derecho. Sólo hasta entonces advertí que nos hallábamos estacionados cerca de una encrucijada. Había dos veredas estrechas que corrían paralelas a ambos lados de la carretera, y otro sendero más ancho y transitado, perpendicular a los otros; obviamente, la gente que usaba ese sendero tenía que cruzar el camino pavimentado.

Cuando la mujer estaba aún en el camino de tierra, don Juan me hizo bajar del coche.

—Hazlo ahora —dijo con firmeza.

Lo obedecí. La mujer estaba casi en la carretera. Corrí y la alcancé. Estaba tan cerca de ella que sentí sus ropas en mi rostro. Saqué de mi camisa la pezuña de jabalí y lancé con ella una estocada. No sentí resistencia alguna al objeto romo. Vi una sombra fugaz frente a mí, como un cortinaje; mi cabeza giró hacia la derecha y vi a la mujer parada a quince metros de distancia, en el otro lado del camino. Era una mujer bastante joven, morena, de cuerpo fuerte y rechoncho. Me sonreía. Tenía dientes blancos y grandes y su sonrisa era plácida. Había entrecerrado los ojos, como para protegerlos del viento. Seguía con la canasta colgada del brazo.

242

Tuve entonces un momento de confusión única. Me volví para mirar a don Juan. Él hacía gestos frenéticos, llamándome. Corrí en su dirección. Tres o cuatro hombres se acercaban presurosos. Subí en el coche y hundiendo el acelerador me alejé en dirección opuesta.

Traté de preguntar a don Juan qué había ocurrido, pero no pude hablar; una presión avasalladora hacía reventar mis oídos; sentía asfixiarme. Él parecía complacido: empezó a reír. Era como si mi fracaso no le importara. Yo apretaba tanto el volante que no podía mover las manos; estaban congeladas; mis brazos se hallaban rígidos y lo mismo mis piernas. De hecho, no podía quitar el pie del acelerador.

Don Juan me dio palmadas en la espalda y dijo que me calmara. Poco a poco disminuyó la presión en mis oídos.

—¿Qué sucedió allá? —pregunté al fin.

Rió como niño travieso, sin responder. Luego me preguntó si había notado la manera en que la mujer se quitó del paso. Elogió su excelente velocidad. Las palabras de don Juan parecían tan incongruentes que yo no podía en realidad seguir el hilo. ¡Elogiaba a la mujer! Dijo que su poder era impecable, y ella una enemiga despiadada.

Pregunté a don Juan si mi fracaso no le importaba. Su cambio de humor me sorprendía y molestaba. Cualquiera hubiera dicho que se hallaba alegre.

Me dijo que parara. Me estacioné al lado del camino. Él puso su mano en mi hombro y me miró penetrantemente a los ojos.

—Todo lo que te he hecho hoy fue una trampa —dijo de buenas a primeras—. La regla es que un hombre de conocimiento tiene que atrapar a su aprendiz. Hoy te he atrapado, y te he hecho una treta para que aprendas.

Quedé atónito. No podía organizar mis ideas. Don Juan explicó que todo el asunto con la mujer era una trampa;

que ella jamás había sido una amenaza para él; y que su propia labor fue la de ponerme en contacto con ella, bajo las condiciones específicas de abandono y poder que yo había experimentado al tratar de atravesarla. Encomió mi determinación y la llamó un acto de poder que demostró a la Catalina mi gran capacidad para el esfuerzo. Don Juan dijo que, aunque yo lo ignoraba, no había hecho más que lucirme ante ella.

—Jamás pudiste tocarla —dijo—, pero le enseñaste tus garras. Ahora sabe que no tienes miedo. Le has hecho un desafío. La usé para tenderte la trampa porque esa mujer es poderosa y es incansable y nunca olvida. Los hombres, por lo general, están demasiado ocupados para ser enemigos implacables.

Sentí una ira terrible. Le dije que no había que jugar con los sentimientos y las lealtades más profundos de una persona.

Don Juan rió hasta que las lágrimas corrieron por sus mejillas, y lo odié. Tuve un deseo avasallador de darle un golpe y marcharme; había en su risa, sin embargo, un ritmo tan extraño que me tenía paralizado casi por entero.

—No te enojes tanto —dijo don Juan apaciguadoramente.

Y dijo que sus actos jamás habían sido una farsa, que también él había puesto en juego su vida mucho tiempo antes, cuando su propio benefactor lo había atrapado igual que él a mí. Don Juan dijo que su benefactor era un hombre cruel que no pensaba en él como el mismo don Juan pensaba en mí. Añadió con mucha severidad que la mujer había probado su fuerza contra él y que en verdad trató de matarlo.

—Ahora sabe que yo estaba jugando con ella —dijo, riendo—, y por eso te odiará a *ti*. A mí no puede hacerme nada, pero se desquitará contigo. Todavía no sabe qué tanto poder tienes, así que vendrá a probarte, poco a poco. Ahora no tienes otra alternativa que aprender para defenderte, o serás presa de esa señora. No es cosa de burla.

Don Juan me recordó la forma en que la mujer se había apartado en un vuelo.

—No te enojes —dijo—. No fue una trampa común. Fue la regla.

Había algo verdaderamente enloquecedor en la forma como la mujer se apartó de mí. Yo mismo lo había presenciado: saltó el ancho de la carretera en un parpadeo. No tenía yo manera de librarme de tal certeza. Desde ese momento, enfoqué toda mi atención en aquel incidente y poco a poco acumulé "evidencia" de que la Catalina en verdad me perseguía. La consecuencia final fue que tuve que abandonar el aprendizaje bajo la presión de mi miedo irracional.

Unas horas después, en las primeras de la tarde, regresé a la casa de don Juan. El parecía haberme estado esperando. Se me acercó cuando bajaba del coche y me examinó con mirada curiosa, caminando en torno mío dos veces.

—¿Por qué los nervios? —preguntó antes de que yo tuviera tiempo de decir nada.

Le expliqué que algo me había ahuyentado esa mañana, y que había empezado a sentir algo que me rondaba, como antes. Don Juan se sentó y pareció sumergirse en pensamientos. Su rostro tenía una expresión inusitadamente seria. Parecía fatigado. Me senté junto a él y ordené mis notas.

Tras una pausa muy larga, su rostro se iluminó y sus labios sonrieron.

—Lo que sentiste en la mañana era el espíritu del ojo de agua —dijo—. Te he dicho que debes estar preparado para encontrarte de repente con esas fuerzas. Creí que entendías.

—Entendí.

—¿Entonces por qué el miedo?

No pude responder.

—El espíritu sigue tu rastro —dijo él—. Ya te topó en el agua. Te aseguro que te topará otra vez, y probablemente no estarás preparado y ese encuentro será tu fin.

Las palabras de don Juan me produjeron genuina preocupación. Lo que sentía era, sin embargo, extraño; me preocupaba, pero no tenía miedo. Lo que me ocurría, fuera lo que fuese, no había podido provocar mis viejos sentimientos de terror ciego.

—¿Qué debo hacer? —pregunté.

—Olvidas con demasiada facilidad —respondió—. El camino del conocimiento se anda a la mala. Para aprender necesitamos que nos echen espuelas. En el camino del conocimiento siempre estamos peleando con algo, evitando algo, preparados para algo; y ese algo es siempre inexplicable, más grande y poderoso que nosotros. Las fuerzas inexplicables vendrán a ti. Ahora es el espíritu del ojo de agua, luego será tu propio aliado, por eso en este momento no tienes otra tarea que el prepararte a la lucha. Hace años la Catalina te espoleó, pero esa era sólo una bruja y esa trampa fue de principiante.

"El mundo está en verdad lleno de cosas temibles, y nosotros somos criaturas indefensas rodeadas por fuerzas que son inexplicables e inflexibles. El hombre común, en su ignorancia, cree que se puede explicar o cambiar esas fuerzas; no sabe realmente cómo hacerlo, pero espera que las acciones de la humanidad las expliquen o las cambien tarde o temprano. El brujo, en cambio, no piensa en explicarlas ni en cambiarlas; en vez de ello, aprende a usar esas fuerzas. El brujo se ajusta los remaches y se adapta a la dirección de tales fuerzas. Ese es su truco. La brujería no es gran cosa cuando le hallas el truco. Un brujo apenas anda mejor que un hombre de la calle. La brujería no lo ayuda a vivir una vida mejor; de hecho yo diría que le estorba; le hace la vida incómoda, precaria. Al abrirse al conocimiento, un brujo se hace más vulnerable que el hombre común. Por un lado, sus semejantes lo odian y le temen y se esfuerzan por acabarlo; por otro lado, las fuerzas inexplicables e inflexibles que a todos nos rodean, por el derecho de que estamos vivos, son para el brujo la fuente de un peligro todavía mayor. Que un semejante lo atraviese a uno duele, cómo no, pero ese dolor no es nada en comparación con el topetazo de un aliado. Un brujo, al abrirse al conocimiento, pierde sus resguardos y se hace presa de tales fuerzas y sólo tiene un medio de equilibrio: su voluntad; por eso debe sentir y actuar como un guerrero. Te lo repito una vez más: sólo como guerrero es posible sobrevivir en el camino del conocimiento. Lo que ayuda a un brujo a vivir una vida mejor es la fuerza de ser guerrero.

"Es mi obligación enseñarte a *ver*. No porque yo personalmente quiera hacerlo, sino porque fuiste escogido; tú me fuiste señalado por Mescalito. Sin embargo, mi deseo personal me fuerza a enseñarte a sentir y actuar como guerrero. Yo personalmente creo que ser guerrero es más adecuado que cualquier otra cosa. Por tanto, he procurado enseñarte esas fuerzas como un brujo las percibe porque sólo bajo su impacto aterrador puede uno convertirse en guerrero. *Ver* sin ser antes un guerrero te debilitaría; te daría una mansedumbre falsa, un deseo de hundirte en el olvido; tu cuerpo se echaría a perder porque te harías indiferente. Mi obligación personal es hacerte guerrero para que no te desmorones.

"Te he oído decir una y otra vez que siempre estás dispuesto a morir. No considero necesario ese sentimiento. Me parece una entrega inútil. Un guerrero sólo debe estar preparado para la batalla. También te he oído decir que tus padres dañaron tu espíritu. Yo creo que el espíritu del hombre es algo que se daña muy fácilmente, aunque no con las mismas acciones que tú llamas dañinas. Creo que tus padres sí te dañaron, haciéndote indulgente y flojo y dado a quedarte sentado más de la cuenta.

"El espíritu de un guerrero no está engranado para la entrega y la queja, ni está engranado para ganar o perder. El espíritu de un guerrero sólo está engranado para la lucha, y cada lucha es la última batalla del guerrero sobre la tierra. De allí que el resultado le importa muy poco. En su última batalla sobre la tierra, el guerrero deja fluir su espíritu libre y claro. Y mientras libra su batalla, sabiendo que su voluntad es impecable, el guerrero ríe y ríe."

Terminé de escribir y alcé la vista. Don Juan me miraba. Meneó la cabeza de lado a lado y sonrió.

—¿De veras escribes todo? —preguntó en tono incrédulo—. Genaro dice que nunca puede estar serio contigo porque tú siempre estás escribiendo. Tiene razón; ¿cómo puede uno estar serio si siempre escribes?

Rió por lo bajo, y yo traté de defender mi posición.

—No importa —dijo—. Si algún día aprendes a *ver*, supongo que habrás de hacerlo de ese rarísimo modo.

Se puso de pie y miró el cielo. Era alrededor del mediodía. Dijo que aún había tiempo para salir de cacería a un sitio en las montañas.

—¿Qué vamos a cazar? —pregunté.

—Un animal especial: venado o jabalí, o puede que un puma.

Calló un momento y después añadió:

—Hasta un águila.

Me incorporé y lo seguí hacia mi coche. Dijo que esta vez sólo íbamos a observar, y a descubrir qué animal debíamos cazar. Estaba a punto de subir en el coche cuando pareció recordar algo. Sonrió y dijo que el viaje debía posponerse hasta que yo hubiera aprendido algo sin lo cual nuestra caza sería imposible.

Desandamos nuestros pasos y volvimos a sentarnos bajo la ramada. Había muchas cosas que yo deseaba preguntar, pero él habló de nuevo sin darme tiempo de decir nada.

—Esto nos lleva al último punto que debes saber sobre la vida de un guerrero. Un guerrero elige los elementos que forman su mundo. El otro día que viste al aliado y tuve que lavarte dos veces, ¿sabes qué cosa te pasaba?

—No.

—Habías perdido tus resguardos.

—¿Qué resguardos? ¿De qué habla usted?

—Dije que un guerrero elige los elementos que forman su mundo. Elige con deliberación, pues cada elemento que escoge es un escudo que lo protege de los ataques de las fuerzas que él lucha por usar. Un guerrero utiliza sus resguardos para protegerse de su aliado, por ejemplo.

"Un hombre común y corriente, igualmente rodeado por esas fuerzas inexplicables, se olvida de ellas porque tiene otras clases de resguardos especiales para protegerse.

Hizo una pausa y me miró con una pregunta en los ojos. Yo no había entendido a qué se refería.

—¿Qué son esos resguardos? —pregunté.

—Lo que la gente hace —repuso.

—¿Qué hace?

—Bueno, mira a tu alrededor. La gente está ocupada haciendo lo que la gente hace. Esos son sus resguardos. Cada vez que un brujo se encuentra con cualquiera de esas fuerzas inexplicables e inflexibles de las que hemos hablado, su abertura se ensancha, haciéndolo más susceptible a su muerte de lo que es comúnmente; te he dicho que morimos por esa abertura; por ello, si está abierta, uno tiene que tener la voluntad lista para llenarla; eso es, si uno es guerrero. Si uno no es guerrero, como tú, el único recurso que le queda es usar las actividades de la vida cotidiana para apartar a la mente del susto del encuentro y así permitir que la abertura se cierre. Tú te enojaste conmigo ese día que te encontraste al aliado. Te hice enojar cuando paré tu coche y te enfrié al echarte al agua. El que tuvieras la ropa puesta te dio aún más frío. El enojo y el frío te ayudaron a cerrar tu abertura y quedaste protegido. Pero a esta altura en tu vida ya no puedes usar esos resguardos en forma tan efectiva como un hombre corriente. Sabes demasiado de esas fuerzas y ahora estás por fin al borde de sentir y actuar como guerrero. Tus antiguos resguardos ya no son seguros.

—¿Qué es lo que debería hacer?

—Actuar como guerrero y elegir los elementos de tu mundo. Ya no puedes rodearte de cosas a la loca. Te digo esto de la manera más seria. Ahora, por primera vez, no estás seguro en tu antigua forma de vivir.

—¿A qué se refiere usted con lo de elegir los elementos de mi mundo?

—Un guerrero encuentra esas fuerzas inexplicables e inflexibles porque las anda buscando adrede; así que siempre está preparado para el encuentro. Tú, en cambio, nunca estás preparado. Es más, si esas fuerzas vienen a ti van a tomarte por sorpresa; el susto ensanchará tu abertura y por ahí se escapará sin remedio tu vida. Entonces, la primera cosa que debes hacer es estar preparado. Piensa que el aliado va a saltar en cualquier momento frente a tus ojos y debes estar listo. Encontrarse con un aliado no es fiesta de domingo ni paseo al campo, y un guerrero toma la responsabilidad de proteger su vida. Luego, si cualquiera de esas fuerzas te topa y ensancha tu abertura, debes luchar deliberadamente por cerrarla tú solo. Para ese propósito deberás haber elegido cierto número de cosas que te den paz y placer, cosas que puedas usar deliberadamente para apartar los pensamientos de tu susto y cerrarte y amacizarte.

—¿Qué clase de cosas?

—Hace años te dije que, en su vida cotidiana, el guerrero escoge seguir el camino con corazón. La consistente preferencia por el camino con corazón es lo que diferencia al guerrero del hombre común. El guerrero sabe que un camino tiene corazón cuando es uno con él, cuando experimenta gran paz y placer al atravesar su largo. Las cosas que un guerrero elige para hacer sus resguardos son los elementos de un camino con corazón.

—Pero usted dice que yo no soy guerrero, de modo que ¿cómo puedo escoger un camino con corazón?

—Este es el empalme de caminos. Digamos que hasta hoy no tenías verdadera necesidad de vivir como guerrero. Ahora es distinto, ahora debes rodearte con los elementos de un camino con corazón y debes rehusar el resto, o de otro modo perecerás en el próximo encuentro. Puedo añadir que ya no necesitas pedir el encuentro. Ahora, un aliado puede venir a ti mientras duermes; mientras hablas con tus amigos; mientras escribes.

—Durante años he tratado realmente de vivir de acuerdo con sus enseñanzas —dije—. Por lo visto no he sabido hacerlo. ¿Cómo puedo mejorar ahora?

—Piensas y hablas demasiado. Debes dejar de hablar contigo mismo.

—¿Qué quiere usted decir?

—Hablas demasiado contigo mismo. No eres único en eso. Cada uno de nosotros lo hace. Sostenemos una conversación interna. Piensa en eso. ¿Qué es lo que siempre haces cuando estás solo?

—Hablo conmigo mismo.

—¿De qué te hablas?

—No sé; de cualquier cosa, supongo.

—Te voy a decir de qué nos hablamos. Nos hablamos de nuestro mundo. Es más, mantenemos nuestro mundo con nuestra conversación interna.

—¿Cómo es eso?

—Cuando terminamos de hablar con nosotros mismos, el mundo es siempre como debería ser. Lo renovamos, lo encendemos de vida, lo sostenemos con nuestra conversación interna. No sólo eso, sino que también escogemos nuestros caminos al hablarnos a nosotros mismos. De allí que repetimos las mismas preferencias una y otra vez hasta el día en que morimos, porque seguimos repitiendo la misma conversación interna una y otra vez hasta el día en que morimos.

"Un guerrero se da cuenta de esto y lucha por parar su habladuría. Este es el último punto que debes saber si quieres vivir como guerrero."

—¿Cómo puedo dejar de hablar conmigo mismo?

—Antes que nada debes usar tus oídos a fin de quitar a tus ojos parte de la carga. Desde que nacimos hemos estado usando los ojos para juzgar el mundo. Hablamos a los demás, y nos hablamos a nosotros mismos, acerca de lo que vemos. Un guerrero se da cuenta de esto y escucha el mundo; escucha los sonidos del mundo.

Guardé mis notas. Don Juan rió y dijo que no buscaba llevarme a forzar el proceso, que escuchar los sonidos del mundo debía hacerse armoniosamente y con gran paciencia.

—Un guerrero se da cuenta de que el mundo cambiará tan pronto como deje de hablarse a sí mismo —dijo—, y debe estar preparado para esa sacudida monumental.

—¿Qué es lo que quiere usted decir, don Juan?

—El mundo es así-y-así o así-y-asá sólo porque nos decimos a nosotros mismos que esa es su forma. Si dejamos de decirnos que el mundo es así-y-asá, el mundo deja de ser así-y-asá. En este momento no creo que estés listo para un golpe tan enorme; por eso debes empezar despacio a deshacer el mundo.

—¡Palabra que no le entiendo!

—Tu problema es que confundes el mundo con lo que la gente hace. Pero tampoco en eso eres el único. Todos lo hacemos. Las cosas que la gente hace son los resguardos contra las fuerzas que nos rodean; lo que hacemos como gente nos da consuelo y nos hace sentirnos seguros; lo que la gente hace es por cierto muy importante, pero sólo como resguardo. Nunca aprendemos que las cosas que hacemos como gente son sólo resguardos, y dejamos que dominen y derriben nuestras vidas. De hecho, podría decir que para la humanidad, lo que la gente hace es más grande y más importante que el mundo mismo.

—¿A qué llama usted el mundo?

—El mundo es todo lo que está encajado aquí —dijo, y pateó el suelo—. La vida, la muerte, la gente, los aliados y todo lo demás que nos rodea. El mundo es incomprensible. Jamás lo entenderemos; jamás desenredaremos sus secretos. Por eso, debemos tratarlo como lo que es: ¡un absoluto misterio!

"Pero un hombre corriente no hace esto. El mundo nunca es un misterio para él, y cuando llega a viejo está convencido de que no tiene nada más por qué vivir. Un viejo no ha agotado el mundo. Sólo ha agotado lo que la gente hace. Pero en su estúpida confusión cree que el mundo ya no tiene misterios para él. ¡Qué precio tan calamitoso pagamos por nuestros resguardos!

"Un guerrero se da cuenta de esta confusión y aprende a tratar a las cosas debidamente. Las cosas que la gente hace no pueden, bajo ninguna condición, ser más importantes que el mundo. De modo que un guerrero trata el mundo como un interminable misterio, y lo que la gente hace como un desatino sin fin."

XV

Inicié el ejercicio de escuchar los "sonidos del mundo" y lo prolongué dos meses, como don Juan había especificado. Al principio resultaba torturante escuchar y no mirar, pero todavía peor era el no hablar conmigo mismo. Al finalizar los dos meses, yo era capaz de suspender mi diálogo interno durante periodos cortos, y también de prestar atención a los sonidos.

Llegué a casa de don Juan a las 9 a.m. del 10 de noviembre de 1969.

—Hay que emprender ese viaje ahora mismo —dijo él a mi llegada.

Descansé una hora y luego viajamos hacia las bajas laderas de las montañas al este. Dejamos mi coche al cuidado de un amigo suyo que vivía en esa zona, mientras nos adentrábamos a pie en las montañas. Don Juan había puesto en una mochila galletas y panes de dulce para mí. Había suficientes provisiones para un día o dos. Pregunté a don Juan si necesitaríamos más. Sacudió la cabeza negativamente.

Caminamos toda la mañana. Era un día algo cálido. Yo llevaba una cantimplora llena, y bebí la mayor parte del agua. Don Juan sólo bebió dos veces. Cuando ya no hubo agua, me aseguró que podía beber de los arroyos que encontrábamos en el camino. Se rió de mi renuncia. Tras un rato corto, la sed me hizo superar los temores.

Poco después del mediodía nos detuvimos en un vallecito al pie de unas exuberantes colinas verdes. Detrás de las colinas, hacia el este, las altas montañas se recortaban contra un cielo nublado.

—Puedes quedarte callado pensando, o puedes escribir lo que digamos o lo que percibas, pero nada acerca de dónde estamos —dijo don Juan.

Descansamos un rato y luego sacó un bulto debajo su camisa. Lo desató y me mostró su pipa. Llenó el cuenco con mezcla para fumar, encendió un fósforo y con él una ramita seca, puso la rama ardiente dentro del cuenco y me dijo que fumara. Sin un trozo de carbón dentro del cuenco era difícil encender la pipa; tuvimos que seguir prendiendo ramas hasta que la mezcla empezó a arder.

Cuando terminé de fumar, don Juan me dijo que estábamos allí para que yo descubriera qué clase de presa me correspondía cazar. Repitió con cuidado, tres o cuatro veces, que el aspecto más importante de mi empresa era hallar unos agujeros. Recalcó la palabra "agujeros" y dijo que dentro de ellos un brujo podía encontrar todo tipo de mensajes e indicaciones.

Quise preguntar qué clase de agujeros eran; don Juan pareció haber adivinado mi pregunta y dijo que eran imposibles de describir y se hallaban en el terreno de "ver". Repitió en diversos momentos que yo debía enfocar toda mi atención en escuchar sonidos, y hacer lo posible por hallar los agujeros entre los sonidos. Dijo que él tocaría cuatro veces su cazador de espíritus. Se suponía que yo usara esos extraños clamores como guía para encontrar el aliado que me había dado la bienvenida; ese aliado me entregaría entonces el mensaje que yo buscaba. Don Juan me instó a permanecer muy alerta, pues ni él tenía idea de cómo se me manifestaría el aliado.

Escuché con atención. Estaba sentado con la espalda contra el costado rocoso del cerro. Experimentaba un entumecimiento leve. Don Juan me advirtió que no cerrara los ojos. Empecé a escuchar y pude discernir silbidos de pájaro, el viento agitando las hojas, zumbido de insectos. Al colocar mi atención unitaria en esos sonidos, pude distinguir cuatro tipos diferentes de silbidos. Podía diferenciar las velocidades del viento, en términos de lento o rápido; también oía el distinto crujir de tres tipos de hojas. Los zumbidos de los insectos eran asombrosos. Había tantos que no me era posible contarlos ni diferenciarlos correctamente.

Me hallaba sumergido en un extraño mundo sonoro, como nunca en mi vida. Empecé a deslizarme hacia la derecha. Don Juan hizo un movimiento para detenerme, pero me frené antes de que él lo hiciera. Me enderecé y volví a sentirme erecto. Don Juan movió mi cuerpo hasta apoyarme en una grieta en la pared de roca. Despejó de piedras el espacio bajo mis piernas y puso mi nuca contra la roca.

Me dijo, imperativamente, que mirara las montañas hacia el sureste. Fijé la mirada en la distancia, pero él me corrigió y dijo que no me quedara viendo nada, sino que mirase, como recorriendo, los cerros frente a mí y la vegetación en ellos. Repitió una y otra vez que toda mi atención debía concentrarse en mi oído.

Los sonidos recobraron prominencia. No era tanto que yo quisiese oírlos; más bien, tenían un modo de forzarme a concentrarme en ellos. El viento sacudía las hojas. El viento llegaba por encima de los árboles y luego caía en el valle donde estábamos. Al caer, tocaba primero las hojas de los árboles altos; hacían un sonido peculiar que me pareció rico, rasposo, exuberante. Luego el viento daba contra los arbustos, cuyas hojas sonaban como una multitud de cosas pequeñas; era un sonido casi melodioso, muy absorbente e impositivo; parecía capaz de ahogar todo lo otro. Me resultó desagradable. Me sentí apenado porque se me ocurrió que yo era como el crujir de los arbustos, regañón y exigente. El sonido era tan semejante a mí que yo lo odiaba. Luego oí al viento rodar en el suelo. No era un crepitar sino más bien un silbido, casi un timbrar agudo o un zumbido llano. Escuchando los sonidos que hacía el viento, advertí que los tres ocurrían al mismo tiempo. Estaba pensando cómo fui capaz de aislarlos, cuando de nuevo me dí cuenta del silbar de pájaros y el zumbar de insectos. En cierto instante, sin embargo, sólo había los sonidos del viento, pero al siguiente, otros sonidos brotaron en gigantesco fluir a mi campo de atención. Lógicamente, todos los sonidos existentes deben haberse emitido de continuo durante el tiempo en que yo sólo oía el viento.

No podía contar todos los silbidos de pájaros o zumbidos de insectos, pero me hallaba convencido de que estaba escuchando cada sonido individual en el momento en que se producía. Juntos creaban un orden de lo más extraordinario. No puedo llamarlo otra cosa que "orden". Era un orden de sonidos que tenía un diseño; es decir, cada sonido ocurría en secuencia.

Entonces oí un peculiar lamento prolongado. Me hizo temblar. Todos los otros ruidos cesaron un instante, y hubo completo silencio mientras la reverberación del gemido alcanzaba los límites extremos del valle; después recomenzaron los ruidos. De inmediato capté su diseño. Tras escuchar con atención un momento, creí entender la recomendación que don Juan me hizo de buscar agujeros entre los sonidos. ¡El diseño de los ruidos contenía espacios entre un sonido y otro! Por ejemplo, los cantos de ciertos pájaros tenían su tiempo y sus pausas, y de igual manera todos los demás sonidos que yo percibía. El crujir de las hojas era la goma que los unificaba en un zumbido homogéneo. El hecho era que el tiempo de cada sonido formaba una unidad en la pauta sonora general. Así, los espacios o pausas entre sonidos eran, si uno se fijaba, hoyos en una estructura.

Oí nuevamente el penetrante lamento del cazador de espíritus. No me sacudió, pero los sonidos volvieron a cesar un instante y percibí tal cesación como un agujero, un hoyo muy grande. En ese preciso momento mi atención se trasladó del oído a la vista. Me hallaba mirando un conglomerado de cerros con lujuriante vegetación verde. La silueta de los cerros estaba dispuesta de tal manera que desde mi posición se veía un agujero en una de las laderas. Era un espacio entre dos cerros, y a través de él me era visible el tinte profundo, gris oscuro, de las montañas distantes. Por un momento no supe qué cosa era. Fue como si el agujero que miraba fuese el "hoyo" en el sonido. Luego volvieron los ruidos, pero persistió la imagen visual del enorme agujero. Un momento después, cobré una conciencia todavía más aguda de la pauta sonora, de su orden y la disposición de sus pausas. Mi mente era capaz de discernir y discriminar un número enorme de sonidos individuales. Me era posible seguir todos los sonidos; así, cada pausa era un hoyo definido. En un momento dado las pausas cristalizaron en mi mente y formaron una especie de malla sólida, una estructura. Yo no la veía ni la oía. La sentía con alguna parte desconocida de mí mismo.

Don Juan tocó su cuerda una vez más; los sonidos cesaron como antes, creando un enorme agujero en la estructura sonora. Esta vez, sin embargo, la gran pausa se confundió con el agujero en las colinas que yo estaba mirando; ambos se sobreimpusieron. El efecto de percibir los dos agujeros duró tanto tiempo que pude ver-oír cómo sus contornos encajaban mutuamente. Luego volvieron a empezar los otros sonidos y su estructura de pausas se convirtió en una percepción extraordinaria, casi visual. Empecé a ver cómo los sonidos creaban diseños y luego todos esos diseños se sobreimpusieron al medio ambiente de la misma manera en que percibí la superposición de los dos grandes agujeros. Yo no miraba ni oía como suelo hacerlo. Hacía algo que era enteramente distinto pero combinaba facetas de ambos procesos. Por algún motivo, mi atención se enfocaba en el gran hoyo en los cerros. Sentía estarlo oyendo y mirando al mismo tiempo. Algo había en él de reclamo. Dominaba mi campo de percepción, y cada pauta sonora aislada, correspondiente a un detalle del entorno, tenía su gozne en aquel agujero.

Oí de nuevo el gemido sobrenatural del cazador de espíritus; cesaron los demás sonidos; los dos grandes agujeros parecieron encenderse y de pronto me hallé mirando nuevamente el campo de labranza; el aliado estaba allí de pie, como lo había visto antes. La luz de la escena total se hizo muy clara. Pude verlo perfectamente, como si se hallara a cincuenta metros. No distinguía su cara; el sombrero la cubría. Entonces empezó a acercarse, alzando despacio la cabeza; estuve a punto de ver su rostro y me aterré. Supe que debía pararlo sin demora. Sentí un extraño empellón dentro de mi cuerpo; sentí que brotaba "poder". Quise mover la cabeza hacia un lado para detener la visión, pero no podía hacerlo. En ese instante crucial una idea acudió a mi mente. Supe a qué se refería don Juan cuando dijo que los elementos de un "camino con corazón" eran escudos. Había algo que yo deseaba realizar en mi vida, algo que me consumía e intrigaba, algo que me llenaba de paz y alegría. Supe que el aliado no podía avasallarme. Moví la cabeza sin ninguna dificultad, antes de ver todo su rostro.

Empecé a oír todos los demás sonidos; de pronto se hicieron muy fuertes y agudos, como si estuvieran airados conmigo. Perdieron sus pautas y se convirtieron en un conglomerado amorfo de chillidos punzantes, dolorosos. Mis oídos empezaron a zumbar bajo la presión. Sentía la cabeza a punto de estallar. Me puse de pie y cubrí mis oídos con la palma de las manos.

Don Juan me ayudó a caminar hasta un arroyo muy pequeño, me hizo quitarme la ropa y me rodó en el agua. Me hizo yacer en el lecho casi seco y luego reunió agua en su sombrero y me roció con ella.

La presión en mis oídos disminuyó con gran rapidez, y sólo se necesitaron unos minutos para "lavarme". Don Juan me miró, sacudió la cabeza en gesto aprobatorio y dijo que me había puesto "sólido" muy rápidamente.

Me vestí y me llevó de vuelta al sitio donde estuve sentado. Me encontraba extremadamente vigoroso, alegre y lúcido.

Quiso conocer todos los detalles de mi visión. Dijo que los brujos usaban los "agujeros" de los sonidos para averiguar cosas específicas. El aliado de un brujo revelaba asuntos complicados a través de tales agujeros. Rehusó especificar sobre ellos y se salió de mis preguntas diciendo que, al no tener yo un aliado, tal información sólo me haría daño.

—Todo tiene sentido para un brujo —dijo—. Los sonidos tienen agujeros, lo mismo que todo cuanto te rodea. Por lo general, un hombre no tiene velocidad para pescar los agujeros, y por eso recorre la vida sin protección. Los gusanos, los pájaros, los árboles: todos ellos nos pueden decir cosas increíbles, si llegamos a tener la velocidad necesaria para agarrar su mensaje. El humo puede darnos esa velocidad de agarre. Pero debemos estar en buenos términos con todas las cosas vivientes de este mundo. Por esta razón hay que hablarles a las plantas que vamos a matar y pedirles perdón por dañarlas; igual debe hacerse con los animales que vamos a cazar. Sólo debemos tomar lo suficiente para nuestras necesidades, de otro modo las plantas y los animales y los gusanos que matamos se pondrían en contra nuestra y nos causarían enfermedad y desventura. Un guerrero se da cuenta de esto y hace por aplacarlos; así, cuando mira por los agujeros, los árboles y los pájaros y los gusanos le dan mensajes veraces.

"Pero nada de esto tiene importancia por ahora. Lo importante es que viste al aliado. ¡Esa es tu presa! Te dije que íbamos a cazar algo. Pensé que iba a ser un animal. Calculé que verías el animal que debíamos cazar. Yo en mi caso vi un jabalí; mi cazador de espíritus es jabalí.

—¿Quiere usted decir que su cazador de espíritus está hecho de jabalí?

—¡No! Nada en la vida de un brujo está hecho de ninguna otra cosa. Si algo es algo, lo que sea, es la cosa misma. Si conocieras jabalís te darías cuenta de que mi cazador de espíritus es eso.

—¿Por qué vinimos aquí a cazar?

—El aliado sacó de su morral un cazador de espíritus y te lo enseñó. Necesitas tener uno si quieres llamarlo.

—¿Qué es un cazador de espíritus?

—Es una fibra. Con ella puedo llamar a los aliados, o a mi propio aliado, o puedo llamar espíritus de ojos de agua, espíritus de ríos, espíritus de montañas. El mío es jabalí y grita como jabalí. Dos veces lo usé cerca de ti para llamar en tu ayuda al espíritu del ojo de agua. El espíritu vino a ti como el aliado vino hoy a ti. Pero no pudiste verlo, porque no tenías velocidad; así y todo, aquel día que te llevé a la cañada y te puse en una piedra, supiste que el espíritu estaba casi sobre ti, sin necesidad de verlo. Esos espíritus son ayudantes. Son demasiado duros de manejar y medio peligrosos. Se necesita una voluntad impecable para tenerlos a raya.

—¿Qué aspecto tienen?

—Son distintos para cada quien, lo mismo que los aliados. Para ti, al parecer, un aliado tendría el aspecto de alguien que conociste o que siempre estarás a punto de conocer; ésa es la inclinación de tu naturaleza. Eres dado a misterios y secretos. Yo no soy como tú, y para mí un aliado es algo muy preciso.

"Los espíritus de ojos de agua son propios de determi-
nados sitios. El que llamé en tu ayuda es uno que yo conozco. Me ha ayudado muchas veces. Habita en aquella cañada. Cuando lo llamé en tu ayuda, no eras fuerte y el espíritu te dio duro. No era ésa su intención —no tienen ninguna— pero te quedaste allí tirado, muy débil, más débil
de lo que yo suponía. Más tarde, el espíritu casi te jaló
a tu muerte; en el agua, en la zanja de riego, estabas fosfo-
rescente. El espíritu te tomó por sorpresa y casi sucumbes.
Cuando un espíritu hace eso, vuelve siempre en busca de
su presa. Estoy seguro de que volverá por ti. Desgraciada-
mente, necesitas el agua para hacerte sólido de nuevo cuando
usas el humito; eso te coloca en una desventaja terrible.
Si no usas el agua, probablemente mueras, pero si la usas,
el espíritu te llevará.

—¿Puedo usar el agua de otro sitio?

—No hay diferencia. El espíritu del ojo de agua de por
mi casa puede seguirte a cualquier parte, a menos que tengas un cazador de espíritus. Por eso el aliado te lo enseñó.
Te dijo que lo necesitas. Lo enredó en su mano izquierda y
vino a ti después de señalar la cañada. Hoy quiso enseñarte
de nuevo el cazador de espíritus, como la primera vez que
lo encontraste. Fue muy sensato que te detuvieras; el aliado iba demasiado rápido para tu fuerza y una sacudida directa con él te sería muy dañina.

—¿Cómo puedo ahora obtener un cazador de espíritus?

—Parece que el mismo aliado te lo va a dar.

—¿Cómo?

—No sé. Tendrás que ir a él. Ya él te dijo dónde buscarlo.

—¿Dónde?

—Allá arriba, en esos cerros donde viste el hoyo.

—¿Debo ir a buscar al aliado mismo?

—No. Pero él ya te da la bienvenida. El humito te abrió

el camino hacia él. Luego, más adelante, lo encontrarás cara a cara, pero eso pasará sólo cuando lo conozcas muy bien.

XVI

Llegamos al mismo valle al atardecer el 15 de diciembre de 1969. Mientras cruzábamos los matorrales, don Juan mencionó repetidas veces que las direcciones o puntos de orientación tenían importancia crucial en la empresa que yo iba a emprender.

—Debes determinar la dirección correcta apenas llegues a la punta de un cerro —dijo don Juan—. Nomás te veas en la punta, enfrenta esa dirección —señaló el sureste—. Esa es tu buena dirección y debes encararla siempre, sobre todo cuando andes en dificultades. Recuérdalo.

Nos detuvimos al pie de los cerros donde yo había percibido el hoyo. Señaló un sitio específico en el cual debía sentarme; tomó asiento junto a mí y con voz pausada me dio detalladas instrucciones. Dijo que tan pronto como llegara yo a la cima del cerro, debía extender el brazo derecho frente a mí, con la palma de la mano hacia abajo y los dedos desplegados en abanico, excepto el pulgar, que debía doblarse contra la palma. Luego tenía que volver la cabeza al norte y plegar el brazo contra el pecho, con la mano apuntando también al norte; después tenía que bailar, poniendo el pie izquierdo atrás del derecho, golpeando el suelo con la punta de los dedos izquierdos. Dijo que al sentir que un calor subía por mi pierna, empezara a girar el brazo lentamente de norte a sur, y luego otra vez hacia el norte.

—Donde sientas que se te entibia la palma de tu mano mientras mueves el brazo es el sitio en el que debes sentarte, y también la dirección en la que debes mirar —dijo—. Si el sitio queda hacia el este, o si está en esa dirección —señaló de nuevo el sureste—, los resultados serán excelentes. Si el sitio donde tu mano se calienta está para el norte, te darán una buena paliza, pero puedes volver la marea a tu favor. Si el sitio queda para el sur, tendrás una pelea dura.

"Al principio necesitarás pasar el brazo hasta cuatro veces, pero conforme te vayas familiarizando con el movimiento no necesitarás más que una sola pasada para saber si tu mano se va a calentar o no.

"Una vez que localices un sitio donde tu mano es caliente, siéntate allí; ése es tu primer punto. Si estás mirando al sur o al norte, tienes que decidir si te sientes lo bastante fuerte para quedarte. Si tienes dudas, levántate y vete. No hay necesidad de quedarte si no tienes confianza en ti mismo. Si decides seguir allí, limpia un lugar para hacer una hoguera como a metro y medio de tu primer punto. El fuego debe quedar en línea recta en la dirección que estás mirando. El espacio donde enciendes la hoguera es tu segundo punto. Luego recoge todas las ramas que puedas entre los dos puntos y prende la hoguera. Siéntate en tu primer punto y mira el fuego. Tarde o temprano llegará el espíritu y lo verás.

"Si no se te calienta la mano para nada después de cuatro movimientos, gira el brazo despacio de norte a sur, y luego da la vuelta y gíralo hacia el oeste. Si tu mano se calienta en cualquier sitio hacia el oeste, deja todo y echa a correr. Corre cuesta bajo hacia el terreno llano, y no voltees, oigas o sientas lo que sea detrás de ti. Tan pronto como llegues al terreno llano, por más asustado que estés, no sigas corriendo, tírate al suelo, quítate la chamarra, hazla bola contra tu ombligo y acurrúcate con las rodillas contra el estómago. También debes cubrirte los ojos con las manos, y los brazos tienen que estar apretados contra los muslos. Debes quedarte en esa posición hasta que amanezca. Si sigues estos pasos sencillos, no sufrirás el menor daño.

"En caso de que no puedas llegar a tiempo al terreno llano, tírate al suelo ahí donde estés. Te va a ir pero muy mal. Te van a acosar, pero si conservas la calma y no te mueves ni miras, saldrás sin un rasguño.

"Ahora, si tu mano no se calienta para nada cuando la muevas hacia el oeste, mira de nuevo al este y corre en esa dirección hasta que te quedes sin aliento. Párate allí y repite las mismas maniobras. Has de seguir corriendo hacia el este, repitiendo estos movimientos, hasta que se te caliente la mano."

Después de darme estas instrucciones me hizo repetirlas hasta que las memoricé. Luego estuvimos largo rato sentados en silencio. Un par de veces intenté revivir la conversación, pero él me obligó a callar con un gesto imperativo.

Oscurecía cuando don Juan se puso en pie y, sin una palabra, empezó a trepar el cerro. Fui tras él. En la cima, ejecuté todos los movimientos prescritos. Don Juan me observaba atentamente a corta distancia. Actué con mucho cuidado y con lentitud deliberada. Traté de sentir algún cambio perceptible de temperatura, pero no podía descubrir si la palma de mi mano se calentaba o no. Para entonces había oscurecido bastante, pero aún pude correr hacia el este sin tropezar en los arbustos. Dejé de correr al hallarme sin aliento, lo cual sucedió no demasiado lejos de mi punto de partida. Me encontraba cansado y tenso en extremo. Me dolían los antebrazos y las pantorrillas.

Repetí allí todos los movimientos marcados y obtuve los mismos resultados negativos. Corrí en lo oscuro dos veces más, y entonces, al girar el brazo por tercera vez, mi mano se calentó sobre un punto hacia el este. El cambio de temperatura fue tan definido que me sorprendió. Me senté a esperar a don Juan. Le dije que había percibido un cambio de temperatura en mi mano. Me indicó que procediera, y recogí todas las ramas secas que pude hallar y encendí un fuego. El se sentó a mi izquierda, a medio metro de distancia.

El fuego trazaba extrañas siluetas danzantes. A ratos las llamas se hacían iridiscentes; se volvían azulosas y luego blanco brillante. Expliqué ese insólito juego de colores asumiendo que lo producía alguna propiedad química específica de las varas y ramas secas que reuní. Otro aspecto muy poco usual del fuego eran las chispas: Las nuevas ramas que yo seguía añadiendo creaban chispas desmesuradas. Pensé que eran como pelotas de tenis que parecían estallar en el aire.

Miré el fuego fijamente, como creía que don Juan me había recomendado, y me maree. El me dio su guaje de agua y me hizo seña de beber. El agua me relajó y me produjo una deliciosa sensación de frescura.

Don Juan se inclinó para susurrarme al oído que no tenía que clavar la vista en las llamas, que sólo observara en la dirección del fuego. Tras casi una hora de observar, sentía yo un gran frío viscoso. En cierto momento en que estaba a punto de agacharme a recoger una vara, algo como un insecto o una mancha en mi retina pasó, cruzando de derecha a izquierda, entre mi persona y el fuego. Inmediatamente me retraje. Miré a don Juan y él me indicó, con un movimiento de barbilla, mirar de nuevo las llamas. Un momento después, la misma sombra cruzó en dirección opuesta.

Don Juan se puso en pie rápidamente y empezó a apilar tierra suelta encima de las ramas ardientes hasta apagar por entero las llamas. Ejecutó la maniobra con velocidad increíble. Cuando me moví para ayudarlo, ya él había acabado de extinguir el fuego. Pisoteó la tiera sobre los rescoldos y luego casi me arrastró cuesta abajo y hacia la salida del valle. Caminaba muy aprisa, sin volver la cabeza, y no me permitio hablar en absoluto.

Cuando llegamos a mi coche, horas después, le pregunté qué era la cosa que vi. Sacudió la cabeza imperativamente y viajamos en completo silencio.

Entró directamente en su casa cuando llegamos a ella en las primeras horas del día, y nuevamente me calló cuando hice por hablar.

Don Juan estaba sentado afuera, detrás de su casa. Parecía haber aguardado mi despertar, pues al salir yo se puso a hablar. Dijo que la sombra de la noche pasada era un espíritu, una fuerza que pertenecía al sitio particular donde yo la vi. Calificó de inútil a ese ser específico.

—Sólo existe allí —dijo—. No tiene secretos de poder; por eso no tenía caso quedarse. Sólo habrías visto una sombra rápida y pasajera yendo de un lado a otro toda la noche. Pero hay otras clases de seres que pueden darte secretos de poder, si tienes la suerte de encontrarlos.

Desayunamos entonces y estuvimos un buen rato sin hablar. Después de comer nos sentamos frente a la casa.

—Hay tres clases de seres —dijo él de pronto—: los que no dan nada porque no tienen nada que dar, los que sólo causan susto, y los que tienen regalos. El que viste anoche era de los silenciosos; no tiene nada que dar; es sólo una sombra. Pero casi siempre hay otro tipo de ser asociado con el silencioso: un espíritu malvado cuya única cualidad es causar miedo y que siempre ronda la morada de un silencioso. Por eso decidí que nos fuéramos cuanto antes. Ese espíritu fastidioso sigue a la gente hasta su casa y le hace la vida imposible. Conozco gente que a causa de ellos ha tenido que irse de su casa. Siempre hay quienes creen que pueden sacarle mucho a esa clase de ser, pero el simple hecho de que haya un espíritu por la casa no significa nada. Luego tratan de atraerlo, o lo siguen por la casa bajo la impresión de que puede revelarles secretos. Pero lo único que sacan es una experiencia espantosa. Conozco unas personas que se turnaban para vigilar a uno de esos seres malvados que los siguió hasta su casa. Meses enteros vigilaron al espíritu; al final, otra gente tuvo que entrar a sacarlos de la casa; se habían debilitado y estaban consumiéndose. Por esa razón lo único prudente que puede hacerse con esa clase de espíritus cargosos es olvidarlos y dejarlos en paz."

Le pregunté cómo atraía la gente a los espíritus. Dijo que primero se ponían a pensar dónde sería más probable que el espíritu apareciera y luego colocaban armas en su camino, con la esperanza de que las tocase, pues era sabido que a los espíritus les gustan los atavíos de guerra. Don Juan dijo que cualquier clase de armamento, cualquier objeto tocado por un espíritu se convertía por derecho en objeto de poder. Sin embargo, se sabía que el tipo avieso de ser nunca tocaba nada, sino sólo producía la ilusión auditiva de ruido.

Pregunté entonces a don Juan en qué forma tales espíritus causan miedo. Dijo que su manera más común de asustar a la gente era aparecer como una sombra oscura, con figura de hombre, que recorría la casa creando un estruendo temible o bien sonido de voces, o como una sombra oscura que de repente se abalanzaba desde un rincón oscuro.

Don Juan dijo que la tercera clase de espíritus era un verdadero aliado, un dador de secretos; ese tipo especial existía en sitios solitarios y abandonados, sitios casi inaccesibles. Dijo que quien deseara hallar a uno de estos seres debía viajar lejos e ir solo. En un sitio distante y solitario, tenía que dar solo todos los pasos necesarios. Tenía que sentarse junto a su hoguera, e irse de inmediato si veía la sombra. Pero debía quedarse si encontraba otras condiciones, como un viento fuerte que matara su fuego y le impidiera encenderlo nuevamente durante cuatro intentos; o si en un árbol cercano se rompía una rama. La rama tenía que romperse en realidad, y había que cerciorarse de que no sólo era el ruido de una rama rota.

Otras condiciones que debían tenerse en cuenta eran piedras que rodaran, o guijarros arrojados al fuego, o cualquier ruido constante, y entonces había que caminar en la dirección en que ocurriera cualquiera de estos fenómenos, hasta que el espíritu se revelara.

Un ser de ésos tenía muchos modos de poner a prueba a un guerrero. Saltaba de pronto a su paso, bajo la apariencia más horrenda, o agarraba al hombre por la espalda y no lo soltaba y lo tenía sujeto en el suelo durante horas. También podía derribarle un árbol encima. Don Juan dijo que ésas eran fuerzas verdaderamente peligrosas, y aunque incapaces de matar a un hombre mano a mano, podían matarlo de susto, o dejarle caer objetos, o al aparecer de pronto para hacerlo tropezar, perder pie y rodar a un precipicio.

Me dijo que si alguna vez encontraba yo uno de esos seres bajo circunstancias inapropiadas, por ningún motivo debía tratar de luchar con él, porque me mataría. Me robaría el alma. De modo que debía tirarme al suelo y soportar hasta el amanecer.

—Cuando un hombre está frente al aliado, el dador de secretos, tiene que reunir todo su valor y agarrarlo antes de que el otro lo agarre a él, o perseguirlo antes de que lo persiga. La persecución ha de ser sin tregua, y luego viene la lucha. El hombre debe derribar por tierra al espíritu y tenerlo allí hasta que le dé poder.

Le pregunté si estas fuerzas tenían sustancia, si era posible tocarlas realmente. Dije que la sola idea de un "espíritu" me refería a algo etéreo.

—No los llames espíritus —respondió—. Llámalos aliados; llámalos fuerzas inexplicables.

Quedó un rato en silencio, luego se acostó de espaldas y reclinó la cabeza en los brazos cruzados. Insistí en saber si esos seres tenían sustancia.

—Claro que tienen sustancia —dijo tras otro momento de silencio—. Cuando luchas con ellos son sólidos, pero esa sensación no dura más que un momento. Esos seres confían en el miedo de uno; por eso, si el que lucha con alguno de ellos es un guerrero, el ser pierde su tensión muy aprisa, mientras el hombre cobra más vigor. Uno puede, en verdad, absorber la tensión del espíritu.

—¿Qué clase de tensión es? —pregunté.

—Poder. Cuando uno los toca, vibran como si estuvieran listos a rasgarlo a uno en pedazos. Pero es sólo un alarde. La tensión termina cuando uno mantiene firme la mano.

—¿Qué pasa cuando pierden su tensión? ¿Se vuelven como aire?

—No, sólo se vuelven fláccidos. Todavía siguen teniendo sustancia, pero no es como nada que uno haya tocado jamás.

Más tarde, al anochecer, le dije que tal vez lo que vi la noche anterior pudo ser sólo una polilla. Rió y explicó con mucha paciencia que las polillas vuelan de un lado a otro solamente en torno de los focos de luz eléctrica, porque un foco no puede quemarles las alas. Un fuego, en cambio, las quemaría la primera vez que se le acercaran. También señaló que la sombra cubría todo el fuego. Cuando mencionó eso, recordé que en verdad la sombra era extremadamente grande y que durante un momento obstruyó la vista de la hoguera. Sin embargo, aquello sucedió tan rápido que no lo enfaticé en mi primer recuento.

Luego don Juan señaló que las chispas eran muy grandes y volaban hacia mi izquierda. Yo mismo había advertido eso. Dije que probablemente el viento soplaba en esa dirección. Don Juan repuso que no había ningún viento. Eso era verdad. Al rememorar mi experiencia pude recordar que la noche estaba quieta.

Otra cosa que pasé por alto fue un resplandor verdoso en las llamas, que detecté cuando don Juan me hizo seña de seguir mirando el fuego, después de que la sombra cruzó por vez primera mi campo de visión. Don Juan me lo recordó. También objetó que dijera yo sombra. Dijo que era redonda y que más bien parecía una burbuja.

Dos días después, el 17 de diciembre de 1969, don Juan dijo en tono muy casual que yo conocía todos los detalles y las técnicas necesarias para ir solo a los cerros y obtener un objeto de poder, el cazador de espíritus. Me instó a proceder por mí mismo y afirmó que su compañía sólo me serviría de estorbo.

Estaba listo para irme cuando él pareció cambiar de idea.

—No eres lo bastante fuerte —dijo—. Iré contigo hasta el pie de los cerros.

Cuando estuvimos en el vallecito donde vi al aliado, examinó desde cierta distancia la formación topográfica que yo había llamado un hoyo en los cerros, y dijo que teníamos que ir todavía más al sur, a las montañas distantes. La morada del aliado se hallaba en el punto más lejano que podíamos ver por el hoyo.

Miré la configuración y sólo pude discernir la masa azulosa de las montañas. Sin embargo, él me guió en una dirección hacia el sureste, y tras horas de camino llegamos a un punto que él consideró "bastante adentrado" en la morada del aliado.

Caía la tarde cuando nos detuvimos. Tomamos asiento en unas rocas. Yo estaba cansado y hambriento; en todo el día sólo había tomado agua y algunas tortillas. Don Juan se puso de pronto en pie, miró el cielo y me dijo en tono conminante que echara a andar en la dirección que era mejor para mí, cerciorándome de recordar el sitio donde estábamos en este momento, para volver allí cuando acabara. Dijo en tono tranquilizador que me esperaría así tardase yo toda la eternidad.

Pregunté con aprensión si creía que el asunto de obtener un cazador de espíritus tomaría mucho tiempo.

—Quién sabe —repuso, con una sonrisa misteriosa.

Me alejé hacia el sureste, volviéndome un par de veces para mirar a don Juan. El caminaba muy despacio en dirección opuesta. Trepé hasta la cima de un cerro grande y miré de nuevo a don Juan; se hallaba por lo menos a doscientos metros. No volteó a mirarme. Corrí cuesta abajo metiéndome en una pequeña depresión, como un cuenco entre los cerros, y de pronto me hallé solo. Me senté un momento y empecé a preguntarme que cosa hacía allí. Me sentí ridículo buscando un cazador de espíritus. Corrí de nuevo a la cumbre del cerro para tener una mejor visión de don Juan, pero no pude verlo en ninguna parte. Corrí cuesta abajo en la dirección en que lo vi por última vez. Quería suspender todo el asunto y regresar a casa. Me sentía enteramente estúpido y fatigado.

—¡Don Juan! —grité una y otra vez.

No estaba en ningún sitio a la vista. Corriendo, escalé otro empinado cerro; tampoco desde allí pude verlo. Corrí un buen trecho buscándolo, pero había desaparecido. Desanduve mi camino y volví al lugar donde nos separamos. Tuve la absurda certeza de que iba a encontrarlo allí sentado, riendo de mis inconsistencias.

—¿En qué demonios me he metido? —dije en voz alta.

Supe entonces que no había manera de parar lo que estaba haciendo allí, fuera lo que fuese. Realmente no sabía cómo regresar a mi coche. Don Juan había cambiado de dirección varias veces, y la orientación general de los cuatro puntos cardinales no era suficiente. Temí perderme en las montañas. Me senté, y por primera vez en mi vida tuve el extraño sentimiento de que en realidad nunca había manera de regresar a un punto original de partida. Don Juan decía que yo siempre insistía en empezar en un punto que llamaba el principio, cuando de hecho el principio no existía. Y allí entre esas montañas sentí comprender lo que quería decir. Era como si el punto de partida hubiese sido siempre yo mismo; como si don Juan nunca hubiera estado realmente allí; y cuando lo busqué se hizo lo que en verdad era: una imagen fugaz desvaneciéndose tras una colina.

Oí el suave crujir de las hojas y una fragancia extraña me envolvió. Sentía el viento como presión en los oídos, como un zumbido cauto. El sol estaba a punto de alcanzar unas nubes compactas sobre el horizonte, que parecían una banda naranja esmaltada, cuando desapareció tras una pesada cortina de nubes más bajas; apareció de nuevo un momento después, como una bola escarlata flotando en la niebla. Pareció luchar un rato por llegar a un trozo de cielo azul, pero era como si las nubes no le dieran tiempo al sol, y luego la banda naranja y la oscura silueta de las montañas parecieron devorarlo.

Me acosté sobre la espalda. El mundo en mi derredor era tan quieto, tan sereno y al mismo tiempo tan ajeno, que me sentí avasallado. No quería llorar, pero las lágrimas fluyeron sin impedimento.

Permanecí horas en esa postura. Levantarme era casi imposible. Las rocas bajo mi cuerpo eran duras, y allí donde me acosté apenas había vegetación, en contraste con los exuberantes arbustos verdes en todo el contorno. Desde donde me hallaba podía ver una orla de árboles altos en las colinas del este.

Finalmente oscureció bastante. Me sentí mejor; de hecho, casi experimentaba contento. Para mí, la semioscuridad era mucho más sustento y refugio que la dura luz del día.

Me puse en pie, trepé a la cima de un cerro pequeño y empecé a repetir los movimientos que don Juan me enseñó. Siete veces corrí hacia el este, y entonces noté un cambio de temperatura en la mano. Encendí el fuego e inicié una guardia cuidadosa, como don Juan había recomendado, observando cada detalle. Horas pasaron y comencé a sentir mucho frío y cansancio. Había juntado una buena pila de ramas secas; alimenté el fuego y me acerqué más a él. La vigilia era tan ardua e intensa que me agotó; empecé a cabecear. En dos ocasiones me quedé dormido y desperté sólo cuando mi cabeza cayó hacia un lado. Tenía tanto sueño que ya no podía vigilar el fuego. Bebí un poco de agua y rocié otro poco en mi cara para mantenerme despierto. Sólo por breves momentos lograba combatir la somnolencia. Sin saber cómo, me había desanimado e irritado; me sentía un perfecto estúpido por estar allí y eso me daba una sensación irracional de frustración y desaliento. Estaba fatigado, hambriento, con sueño, y absurdamente molesto conmigo mismo. Terminé por abandonar la lucha por mantenerme despierto. Añadí un montón de ramas secas a la hoguera y me acosté a dormir. La búsqueda de un aliado y un cazador de espíritus era en ese momento una empresa de lo más ridículo y extravagante. Tenía tanto sueño que ni siquiera podía pensar ni hablar solo. Me quedé dormido.

Un fuerte crujido me despertó de pronto. Al parecer el ruido, fuera lo que fuera, había sido justamente encima de mi oído izquierdo, pues yo estaba echado sobre el costado derecho. Me senté, completamente despierto. Mi oído izquierdo zumbaba, ensordecido por la proximidad y la fuerza del sonido.

Debo haber dormido sólo un corto rato, a juzgar por la

cantidad de ramas secas que aún ardían en el fuego. No oí más sonidos, pero permanecí alerta y seguí alimentando las llamas.

Por mi mente cruzó la idea de que tal vez me había despertado un disparo; tal vez alguien andaba cerca observándome, disparando contra mí. La idea se hizo muy angustiosa y creó una avalancha de miedos racionales. Tuve la seguridad de que alguien era dueño de esa tierra, y siendo así podían tomarme por un ladrón y matarme, o podrían matarme para robarme, ignorando que yo no tenía nada encima. Experimenté un instante de terrible preocupación por mi seguridad. Sentía la tensión en los hombros y en el cuello. Moví la cabeza hacia arriba y hacia abajo; los huesos del cuello crujieron. Seguía mirando el fuego, pero no advertía en él nada fuera de lo común, ni oía más ruidos.

Tras un rato me sosegué bastante y se me ocurrió que acaso don Juan estaba en el fondo de todo esto. Rápidamente me convencí de que así era. La idea me hizo reír. Tuve otra avalancha de conclusiones racionales, felices esta vez. Pensé que don Juan sospechó que yo iba a cambiar de parecer con respecto a quedarme en las montañas, o me vio correr tras él y se escondió en una cueva oculta o detrás de un arbusto. Luego me siguió y, al verme dormido, me despertó rompiendo una rama cerca de mi oído. Añadí más ramas al fuego y empecé a mirar en torno, en forma casual y encubierta, para ver si podía localizarlo, aun sabiendo que si andaba escondido por ahí no me sería posible descubrirlo.

Todo era completamente plácido: los grillos, el viento que azotaba los árboles en las laderas de los cerros a mi alrededor, el suave sonido crujiente de las varas al encenderse. Volaban chispas, pero eran chispas ordinarias.

De pronto oí el fuerte ruido de una rama al partirse en

dos. El sonido procedía de mi izquierda. Contuve el aliento y escuché con la máxima concentración. Un instante después oí que otra rama se quebraba a mi derecha.

Luego percibí el leve sonido lejano de más ramas rotas. Era como si alguien las pisara haciéndolas crujir. Los sonidos eran ricos y plenos, con un matiz de lozanía. Además, parecían irse acercando a mí. Tuve una reacción muy lenta; no sabía si escuchar o levantarme. Deliberaba qué hacer cuando repentinamente el sonido de ramas rotas ocurrió en todo mi derredor. Me envolvió tan rápido que apenas tuve tiempo de saltar a mis pies y pisotear el fuego.

Eché a correr cuesta abajo en la oscuridad. Mientras cruzaba los arbustos me vino la idea de que no había tierra llana. Iba a la mitad del cerro cuando sentí algo detrás, casi tocándome. No era una rama; era algo que, sentí intuitivamente, me estaba dando alcance. Al darme cuenta de esto me helé. Me quité la chaqueta, la enrollé contra mi estómago, me acuclillé sobre las piernas y me cubrí los ojos con las manos, como don Juan había indicado. Mantuve esa posición un corto rato antes de advertir que todo en torno mío estaba en completo silencio. No había sonidos de ninguna clase. Me entró una alarma extraordinaria. Los músculos de mi estómago se contraían y temblaban espasmódicamente. Entonces oí otro crujido. Parecía venir de lejos, pero era en extremo claro y distinto. Se oyó de nuevo, más cerca. Hubo un intervalo de quietud y luego algo estalló por encima de mi cabeza. La brusquedad del ruido me hizo saltar involuntariamente, y casi rodé sobre el costado. Era definitivamente el sonido de una rama quebrada en dos. El sonido fue tan cercano que oí el rumor de las hojas cuando la rama era partida.

Hubo a continuación un diluvio de explosiones crujientes; en todo el derredor se quebraban ramas con gran fuerza. Lo incongruente, en ese punto, era mi reacción a todo el fenómeno; en vez de hallarme aterrado, reía. Pensaba sinceramente haber dado con la causa de cuanto ocurría. Estaba convencido de que don Juan me engañaba de nuevo. Una serie de conclusiones lógicas cimentaron mi confianza; me sentí jubiloso. Sin duda podría atrapar a ese viejo zorro de don Juan en otra de sus tretas. Andaba cerca de mí rompiendo ramas y, sabiendo que yo no osaría alzar la vista, estaba a salvo y en libertad de hacer lo que quisiera. Calculé que debía estar solo en las montañas, pues yo había andado constantemente con él durante días. No había tenido tiempo ni oportunidad de enrolar colaboradores. Si se hallaba oculto, como yo creía, sólo él se ocultaba, y lógicamente no podría producir más que un número limitado de ruidos. Como estaba solo, los ruidos tenían que ocurrir en una secuencia lineal de tiempo; es decir, uno por uno, o cuando mucho dos o tres por vez. Además, la variedad de sonidos debía también estar limitada a la mecánica de un solo individuo. Agazapado e inmóvil, me sentí absolutamente seguro de que toda la experiencia era un juego y de que la única manera de permanecer por encima de él era desalojar de ese nivel mis emociones. Positivamente lo disfrutaba. Me sorprendí riendo por lo bajo ante la idea de poder anticipar la siguiente tirada de mi oponente. Traté de imaginar qué haría yo en ese momento si fuera don Juan.

El sonido de algo que sorbía me hizo salir, con una sacudida, de mi ejercicio mental. Escuché con atención; el sonido se repitió. No pude determinar qué era. Sonaba como si un animal sorbiera agua. Se oyó de nuevo, muy cerca. Era un sonido irritante que me recordó el chasquido producido por un adolescente de gran quijada al mascar chicle. Me preguntaba cómo podía don Juan producir tal ruido cuando el sonido ocurrió de nuevo, a mi derecha. Primero fue un solo sonido y luego oí una serie de chapoteos y ruidos de succión, como si alguien caminara en el lodo. Era un sonido exasperante, casi sensual, de pies que chapoteaban en fango profundo. Los ruidos cesaron un momento y recomenzaron a mi izquierda, muy cerca, quizás a sólo tres metros. Sonaban como si una persona corpulenta trotara en el lodo con botas de hule. Me maravilló la riqueza del sonido. No me era posible imaginar ningún aparato primitivo que yo mismo pudiera usar para producirlo. Oí otra serie de pasos y chapoteos atrás de mí, y luego se oyeron simultáneamente por todos lados. Alguien parecía caminar, correr, trotar sobre lodo por todo mi derredor.

Se me ocurrió una duda lógica. Para hacer todo eso, don Juan habría tenido que correr en círculos a una velocidad inverosímil. La rapidez de los sonidos clausuraba esa alternativa. Pensé entonces que don Juan, después de todo, debía de tener confederados. Quise ocuparme en especulaciones sobre quiénes serían sus cómplices, pero la intensidad de los ruidos me quitaba toda concentración. En verdad no podía pensar con lucidez, pero no tenía miedo, quizá me hallaba solamente atontado por la extraña calidad de los sonidos. Los chapoteos vibraban, literalmente. De hecho, sus peculiares vibraciones parecían dirigidas a mi estómago, o acaso percibía yo la vibración con la parte baja del abdomen.

Al darme cuenta de eso, perdí instantáneamente mi sentido de objetividad y despego. ¡Los sonidos atacaban mi estómago! Me vino la pregunta: "¿Qué tal si no era don Juan?" Me llené de pánico. Tensé los músculos abdominales y apreté con fuerza los muslos contra el bulto de mi chaqueta.

Los ruidos crecieron en número y velocidad, como si supieran que yo había perdido mi confianza; las vibraciones eran tan intensas que me producían náusea. Luché contra la sensación. Aspiré hondo y empecé a cantar mis canciones de peyote. Vomité y los ruidos cesaron en el acto; se sobrelaparon los sonidos de grillos y viento y los distantes ladridos en *staccato* de los coyotes. La abrupta cesación me permitió un respiro, y evalué mi circunstancia. Un corto rato antes me había hallado del mejor humor, confiado y sereno; obviamente, había fallado como un miserable al juzgar la situación. Aunque don Juan tuviera cómplices, sería mecánicamente imposible que produjeran sonidos que afectaran mi estómago. Para producir sonidos de tal intensidad, habrían necesitado aparatos más allá de sus medios y de su concepción. Al parecer, el fenómeno que yo experimentaba no era un juego, y la teoría "otra de las tretas de don Juan" era sólo mi propia explicación rudimentaria.

Tenía calambre y un deseo incontenible de dar la vuelta y estirar las piernas. Decidí moverme a la derecha para quitar la cara del sitio donde vomité. En el instante en que empecé a reptar oí un chirido muy suave justamente sobre mi oído izquierdo. Me congelé en ese sitio. El chirrido se repitió al otro lado de mi cabeza. Era un sonido suelto. Pensé que parecía el chirrido de una puerta. Esperé, y al no oír nada más decidí moverme de nuevo. Apenas había empezado a hacer la cabeza a la derecha cuando casi me vi forzado a levantarme de un salto. Un torrente de chirridos me cubrió en el acto. Unas veces eran como chirriar de puertas; otras, como chillidos de ratas o cobayos. No eran fuertes ni intensos, sino muy suaves e insidiosos, y me producían torturantes espasmos de náusea. Cesaron como se habían iniciado, disminuyendo gradualmente hasta que sólo uno o dos se oían a la vez.

Entonces oí algo como las alas de una gran ave que volara rasando la copa de los arbustos. Parecía describir círculos en torno de mi cabeza. Los suaves chirridos empezaron a aumentar de nuevo, y también el batir de alas. Sobre mi cabeza parecía haber una bandada de aves gigantescas moviendo sus alas suaves. Ambos ruidos se mezclaron, creando en torno mío una oleada envolvente. Me sentí flotar suspendido en un enorme escarceo ondulante. Los chillidos y aleteos eran tan fluidos que los sentía en todo el cuerpo. Las alas en movimiento de una bandada de aves parecían jalarme desde arriba, mientras los chillidos de un ejército de ratas me empujaban desde abajo y en torno de mi cuerpo.

No había duda en mi mente de que, a través de mi estúpida torpeza, me había echado encima algo terrible. Apreté los dientes y respiré hondo y canté canciones de peyote.

Los ruidos duraron mucho tiempo y me opuse a ellos con toda mi fuerza. Cuando amainaron, hubo nuevamente un "silencio" interrumpido, como suelo percibir el silencio; es decir, sólo podía percibir los sonidos naturales de insectos y viento. La hora del silencio me fue más perjudicial que la hora de los ruidos. Empecé a pensar y a evaluar mi posición, y mi deliberación me hundió en pánico. Supe que estaba perdido; carecía del conocimiento y el vigor necesarios para repeler aquello que me acosaba. Me hallaba enteramente inerme, doblado sobre mi propio vómito. Pensé que había llegado el fin de mi vida y me puse a llorar. Quise pensar en mi vida, pero no sabía por dónde empezar. Nada de lo que había hecho en mi vida ameritaba en realidad ese último énfasis definitivo, de modo que no tenía yo nada en qué pensar. Ese reconocimiento fue exquisito. Había cambiado desde la última ocasión en que experimenté un miedo similar. Esta vez me hallaba más vacío. Tenía menos sentimientos personales que llevar a cuestas.

Me pregunté qué haría un guerrero en esa situación, y llegué a diversas conclusiones. Había en mi región umbilical algo de suma importancia; había algo ultraterreno en los sonidos; éstos se dirigían a mi estómago; y la idea de que don Juan me estuviese embromando era insostenible por completo.

Los músculos de mi estómago estaban muy tensos, aunque ya no había retortijones. Seguí cantando y respirando profundamente y sentí una tristeza confortante inundar todo mi cuerpo. Se me había aclarado que para sobrevivir debía proceder en términos de las enseñanzas de don Juan. Repetí mentalmente sus instrucciones. Recordé el punto exacto donde el sol había desaparecido tras las montañas en relación con el cerro donde me hallaba y con el sitio en que me agazapé. Recuperé la orientación y, una vez convencido de que mi determinación de los puntos cardinales era correcta, empecé a cambiar de postura para que mi cabeza apuntara en una dirección nueva y "mejor", el sureste. Lentamente moví los pies hacia la izquierda, pulgada por pulgada, hasta torcerlos bajo las pantorrillas. Luego me dispuse a alinear mi cuerpo con los pies, pero no bien había empezado a reptar lateralmente sentí un toque peculiar; tuve la sensación física concreta de que algo tocaba la zona expuesta de mi nuca. Fue tan repentina que grité involuntariamente y volví a inmovilizarme. Apreté los músculos abdominales y me puse a respirar hondo y a cantar mis canciones de peyote. Un segundo después sentí de nuevo el mismo toque leve en el cuello. Me hice pequeño. Tenía la nuca descubierta y nada podía hacer para protegerme. Me tocaron de nuevo. Era un objeto muy suave, casi sedoso, el que tocaba mi nuca, como la pata peluda de un conejo gigante. Me tocó de nuevo y después empezó a cruzar mi nuca de un lado a otro hasta ponerme al borde del llanto. Sentía que un hato de canguros silenciosos, lisos, ingrávidos, pisaba mi cuello. Oía el suave golpeteo de sus patas mientras pasaban suavemente sobre mí. No era en absoluto una sensación dolorosa, y sin embargo resultaba enloquecedora. Supe que si no me ocupaba en hacer algo me volvería loco y saldría corriendo. Lentamente, recomencé las maniobras para cambiar la dirección de mi cuerpo. Mi intento de moverme pareció aumentar el golpeteo sobre mi nuca. Finalmente llegó a tal frenesí que jalé mi cuerpo y de inmediato lo alineé en la nueva dirección. No tenía la menor idea sobre las consecuencias de mi acto. Sólo tomaba acción para evitar volverme loco furioso y delirante.

Apenas cambié de dirección, cesó el golpeteo en mi nuca. Tras una larga pausa angustiada oí un lejano crujir de ramas. Los ruidos ya no estaban cerca. Parecían haberse retirado a otra posición, distante de la mía. Tras un momento, el sonido de ramas quebradas se confundió con un estruendo de hojas agitadas, como si un fuerte viento azotara todo el cerro. Todos los arbustos en torno mío parecían sacudirse, pero no soplaba viento. El rumor y los crujidos me dieron la sensación de que el cerro estaba en llamas. Mi cuerpo estaba rígido como una roca. Sudaba copiosamente. Empecé a sentir más y más calor. Por un momento estuve enteramente convencido de que el cerro se quemaba. No eché a correr porque estaba tan tieso que me hallaba paralizado; de hecho, ni siquiera podía abrir los ojos. Todo lo que me importaba entonces era ponerme en pie y huir del fuego. Tenía calambres terribles que empezaron a cortarme el aire. Me concentré en tratar de respirar. Tras una larga pugna pude al fin aspirar hondo nuevamente, y asimismo notar que el rumor había amainado; sólo había un ocasional sonido crujiente. El sonido de ramas quebradas se hizo cada vez más distante y esporádico, hasta cesar por entero.

Pude abrir los ojos. Entre párpados entrecerrados miré el suelo debajo de mí. Ya había luz diurna. Esperé otro rato sin moverme y luego comencé a estirar mi cuerpo. Rodé boca arriba. El sol estaba encima de los cerros, al este.

Tardé horas en enderezar mis piernas y arrastrarme ladera abajo. Eché a andar rumbo al sitio donde don Juan me dejó, que se hallaba como a kilómetro y medio; al mediar la tarde, iba apenas a la orilla de un bosque, y faltaba aún la cuarta parte del recorrido.

No podía caminar más, por ningún motivo. Pensé en leones de montaña y traté de subir a un árbol, pero mis brazos no soportaron mi peso. Reclinado contra una roca, me resigné a morir allí. Me hallaba convencido de que sería pasto de pumas o de otros merodeadores. No tenía fuerza ni para lanzar una piedra. No tenía hambre ni sed. A eso del mediodía había hallado un arroyito y bebí en abundancia, pero el agua no ayudó a restaurar mi vigor. Sentado allí, en el colmo de la desesperanza, sentía más pesar que miedo. Estaba tan cansado que no me importaba mi destino, y me dormí.

Desperté cuando algo me sacudió. Don Juan se inclinaba sobre mí. Me ayudó a enderezarme y me dio agua y atole. Dijo, riendo, que me veía muy mal. Traté de narrarle lo ocurrido, pero me hizo callar y dijo que yo había fallado el tiro, que el sitio donde quedamos de encontrarnos estaba como a cien metros de distancia. Luego, medio llevándome a cuestas, me condujo cuesta abajo. Dijo que me llevaba a una corriente grande y que iba a lavarme allí. En el camino, me tapó las orejas con hojas que traía en su morral y luego me cubrió los ojos, poniendo una hoja sobre cada uno y asegurando ambas con un trozo de tela. Me hizo quitarme la ropa y me ordenó poner las manos sobre los ojos y oídos para asegurarme de que no podía ver ni oír nada.

Don Juan frotó todo mi cuerpo con hojas y luego me echó a un río. Sentí que era un río grande. Era profundo. Yo estaba de pie y no tocaba fondo. Don Juan me sostenía por el codo derecho. Al principio no sentí la frialdad del

agua, pero poco a poco me fue calando y por fin se hizo
intolerable. Don Juan me jaló a tierra y me secó con unas
hojas de aroma peculiar. Me vestí y él me condujo; caminamos una buena distancia antes de que me quitara las
hojas de los oídos y los ojos. Me preguntó si tenía fuerzas
para caminar de regreso a mi coche. Lo extraño era que
me sentía muy fuerte. Incluso ascendí corriendo una ladera
empinada para demostrarlo.

En el camino a mi coche, fui muy cerca de don Juan.
Tropecé veintenas de veces; él sería. Noté que su risa era
especialmente vigorizante, y se convirtió en el punto focal
de mi recuperación; mientras más reía él, mejor me sentía yo.

Al día siguiente, narré a don Juan el curso de los eventos
desde la hora en que me dejó. No dejó de reír durante
todo mi recuento, especialmente cuando le dije que había
creído que era otra de sus tretas.

—Siempre piensas que te están engañando —dijo—.
Confías demasiado en ti mismo. Actúas como si conocieras
todas las respuestas. No conoces nada, mi amiguito, nada.

Ésta era la primera vez que don Juan me llamaba "mi
amiguito". Me tomó por sorpresa. Lo advirtió y sonrió.
Había en su voz un gran calor, y eso me puso muy triste.
Le dije que era descuidado e incompetente porque tal era
la inclinación inherente de mi personalidad; y que nunca
me sería posible comprender su mundo. Me sentía hondamente conmovido. Él me dio ánimos y aseveró que me había portado muy bien.

Le pregunté el significado de mi experiencia.

—No tiene significado —dijo—. Lo mismo podría pasarle a cualquiera, especialmente a alguien como tú que ya
tiene la abertura ensanchada. Es muy común. Cualquier
guerrero que haya salido en busca de aliados te puede ha-

blar de lo que hacen. Lo que te hicieron a ti no fue nada. Pero tu abertura está de par en par y por eso andas tan nervioso. No se convierte uno en guerrero de la noche a la mañana. Ahora debes irte a tu casa, y no regreses hasta que sanes y estés cerrado.

XVII

No regresé a México en varios meses; aproveché el tiempo para trabajar en mis notas de campo y por primera vez en diez años, desde que inicié el aprendizaje, las enseñanzas de don Juan empezaron a cobrar verdadero sentido. Sentí que los largos periodos en que debía ausentarme del aprendizaje habían tenido sobre mí un efecto calmante y benéfico; me daban la oportunidad de revisar mis hallazgos y de ponerlos en un orden intelectual adecuado a mi preparación e interés. Sin embargo, los sucesos acontecidos en mi última visita al campo señalaban una falacia en mi optimismo de comprender el conocimiento de don Juan.

El 16 de octubre de 1970 escribí las últimas páginas de mis notas de campo. Los eventos que entonces tuvieron lugar marcaron una transición. No sólo cerraron un ciclo de enseñanza, sino que también abrieron otro, tan distinto de lo que yo había hecho hasta allí que, tengo el sentimiento, éste es el punto en el que debo terminar mi reportaje.

Al acercarme a la casa de don Juan lo vi sentado en su sitio de costumbre, bajo la ramada frente a la puerta. Me estacioné a la sombra de un árbol y fui hacia él, saludándolo en alta voz. Noté entonces que no estaba solo. Había otro hombre sentado tras una alta pila de leña. Ambos me miraban. Don Juan agitó la mano y lo mismo hizo el otro. A juzgar por su atavío, no era indio, sino mexicano del suroeste de los Estados Unidos. Llevaba pantalones de mezclilla, una camisa beige, un sombrero tejano y botas de vaquero.

Hablé a don Juan y luego miré al hombre; me sonreía. Me le quedé viendo un momento.

—Aquí está Carlitos —dijo el hombre a don Juan— y ya no me habla. ¡No me digas que está enojado conmigo!

Antes de que yo pudiera decir algo, ambos se echaron a reír, y sólo entonces me di cuenta de que el extraño era don Genaro.

—No me reconociste, ¿verdad? —preguntó, aún riendo.

Tuve que admitir que su vestuario me desconcertó.

—¿Qué hace usted por estas partes del mundo, don Genaro? —pregunté.

—Vino a disfrutar el aire caliente —dijo don Juan—. ¿Verdad?

—Verdad —repitió don Genaro—. No tienes idea de lo que el aire caliente puede hacerle a un cuerpo viejo como el mío.

—¿Qué le hace a su cuerpo? —pregunté.

—El aire caliente le dice a mi cuerpo cosas extraordinarias —respondió.

Se volvió hacia don Juan, los ojos brillantes.

—¿Verdad?

Don Juan meneó la cabeza afirmativamente.

Les dije que la época de los cálidos vientos de Santa Ana era para mí la peor parte del año, y que resultaba sin duda extraño que don Genaro viniese a buscar el aire caliente mientras que yo huía de él.

—Carlos no aguanta el calor —dijo don Juan a don Genaro—. Cuando hace calor se pone como niño y se sofoca.

—¿Seso qué?

—Se so . . . foca.

—¡Válgame! —dijo don Genaro, fingiendo preocuparse, e hizo un gesto desesperado en forma indescriptible-mente graciosa.

A continuación, don Juan le explicó que yo me había ido varios meses a causa de un revés con los aliados.

—¡Conque por fin te encontraste con un aliado! —dijo don Genaro.

—Creo que así fue —repuse cauteloso.

Rieron a carcajadas. Don Genaro me palmeó la espalda dos o tres veces. Fue un contacto muy ligero, que interpreté como gesto amistoso de interés. Mirándome, dejó descansar la mano sobre mi hombro y tuve una sensación de contento plácido, que sólo duró un instante, porque al siguiente don Genaro me hizo algo inexplicable. De pronto sentí que me había puesto en la espalda el peso de un peñasco. Tuve la impresión de que aumentaba el peso de su mano, que reposaba en mi hombro derecho, hasta que me hizo doblarme por completo y me golpeé la cabeza en el piso.

—Hay que ayudar a Carlitos —dijo don Genaro, y lanzó una mirada cómplice a don Juan.

Erguí de nuevo la espalda y me volví hacia don Juan, pero él apartó los ojos. Tuve un momento de vacilación y la molesta idea de que don Juan actuaba como desapegado, desentendido de mí. Don Genaro reía; parecía aguardar mi reacción.

Le pedí ponerme otra vez la mano en el hombro, pero no quiso hacerlo. Lo insté a que por lo menos me dijera qué me había hecho. Chasqueó la lengua. Me volví nuevamente a don Juan y le dije que el peso de la mano de don Genaro casi me había aplastado.

—Yo no sé nada de eso —dijo don Juan en un tono cómicamente objetivo—. A mí no me puso la mano en el hombro.

—¿Qué me hizo usted, don Genaro? —pregunté.

—Nada más te puse la mano en el hombro —dijo con aire de inocencia.

—Vuélvalo a hacer —dije.

Se negó. Don Juan intervino en ese punto y me pidió describir a don Genaro lo que percibí en mi última experiencia. Pensé que deseaba una descripción seria de lo que me había ocurrido, pero mientras más serio me ponía más risa les daba. Me interumpí dos o tres veces, pero me instaron a continuar.

—El aliado viene a ti sin que tus sentimientos cuenten —dijo don Juan cuando hube terminado mi relato—. Digo, no tienes que hacer nada para llamarlo. Puedes estar allí sentado rascándote la panza, o pensando en mujeres, y entonces, de repente, te tocan el hombro, te volteas y el aliado está de pie junto a ti.

—¿Qué puedo hacer si ocurre algo así? —pregunté.

—¡Espera! ¡Espera! ¡Un momento! —dijo don Genaro—. Esa no es buena pregunta. No debes preguntar qué puedes hacer tú: por supuesto que no puedes hacer nada. Debes preguntar qué puede hacer un guerrero.

—¡Está bien! —dije—. ¿Qué otra cosa puede hacer un guerrero?

Don Genaro parpadeó y chasqueó los labios, como buscando una palabra exacta. Me miró con fijeza, la mano en la barbilla.

—Un guerrero se mea en los calzones —dijo con solemnidad indígena.

Don Juan se cubrió el rostro y don Genaro dio palmadas en el suelo, estallando en una risa ululante.

—El susto es algo que uno no puede nunca superar —dijo don Juan cuando la risa se calmó—. Cuando un guerrero se ve en tales aprietos, sencillamente le vuelve la espalda al aliado sin pensarlo dos veces. Un guerrero no se entrega; por eso no puede morir de susto. Un guerrero permite que el aliado venga sólo cuando él ya está listo y preparado. Cuando es lo bastante fuerte para forcejear con el aliado, ensancha su abertura y va para afuera, agarra al aliado, lo tiene sujeto y le clava la vista exactamente el tiempo que necesita; luego hace los ojos a un lado y suelta al aliado y lo deja ir. Un guerrero, mi amiguito, es alguien que siempre manda.

—¿Qué sucede si uno mira demasiado tiempo a un aliado? —pregunté.

Don Genaro me miró. de hito en hito e hizo un gesto cómico como forzándome a bajar los ojos.

—Quién sabe —dijo don Juan—. Tal vez Genaro te cuente lo que le pasó a él.

—Tal vez —dijo don Genaro, y chasqueó la lengua.

—¿Me lo cuenta, por favor?

Don Genaro se puso en pie, estiró los brazos haciendo crujir los huesos, y abrió los ojos hasta tenerlos redondos, con aspecto de locura.

—Genaro va a hacer temblar el desierto —dijo y se adentró en el chaparral.

—Genaro está decidido a ayudarte —dijo don Juan en tono de confidencia—. Te hizo lo mismo en su casa y estuviste a punto de *ver*.

Pensé que se refería a lo ocurrido en la cascada, pero hablaba de unos extraños sonidos retumbantes que oí en casa de don Genaro.

—A propósito, ¿qué era? —pregunté—. Nos reímos, pero usted nunca me explicó qué cosa era.

—Nunca habías preguntado.

—Sí pregunté.

—No. Me has preguntado de todo menos de eso.

Don Juan me miró acusadoramente.

—Ése es el arte de Genaro —dijo—. Sólo Genaro puede hacer eso. Casi *viste* entonces.

Le dije que nunca se me había ocurrido asociar el "ver" con los extraños ruidos que oí entonces.

—¿Y por qué no? —preguntó, contundente.

—*Ver*, para mí significa los ojos —dije.

Me escudriñó un momento como si algo anduviera mal conmigo.

—Yo nunca dije que *ver* fuera asunto nada más de los ojos —dijo, sacudiendo la cabeza con incredulidad.

—¿Cómo hace don Genaro esos ruidos? —insistí.

—Ya te dijo cómo los hace —dijo don Juan, cortante.

En ese momento oí un retumbar extraordinario.

Me incorporé de un salto y don Juan se echó a reír. El retumbar era como un tumultuoso alud. Escuchándolo, me hizo gracia enterarme de que mi inventario de experiencias sonoras procede claramente del cine. El hondo trueno que escuchaba me parecía la banda sonora de una película donde todo el costado de una montaña cayera en un valle.

Don Juan se agarraba las costillas, como si le dolieran de reír. El atronador retumbar sacudía el suelo bajo mis pies. Oí claramente los golpes de lo que parecía ser un peñasco monumental rodando sobre sus costados. Oí una serie de golpes demoledores que me dieron la impresión de que el peñasco rodaba inexorablemente hacia mí. Experimenté un instante de confusión suprema. Mis músculos estaban tensos; todo mi cuerpo se disponía a la fuga.

Miré a don Juan. Me observaba. Oí entonces el golpe más tremendo que había percibido en mi vida. Era como si un peñasco gigantesco hubiera caído allí atrás de la casa. Todo se cimbró, y en ese momento tuve una peculiar percepción. Por un instante "vi" en verdad un peñasco del tamaño de una montaña, allí mismo, tras la casa. No era como si una imagen se sobrelapara a la casa y el paisaje que yo tenía enfrente. Tampoco fue la visión de un peñasco real. Fue más bien como si el ruido creara la imagen de un peñasco rodando sobre sus monumentales costados. Yo estaba "viendo" el sonido. El carácter inexplicable de mi percepción me arrojó a las profundidades de la confusión y la desesperanza. Jamás en mi vida habría concebido que mis sentidos fueran capaces de percibir en tal forma. Tuve un ataque de susto racional y decidí correr como si en ello fuera mi vida. Don Juan me agarró el brazo y me ordenó vigorosamente no correr ni volver el rostro, sino enfrentar la dirección en que don Genaro se había ido.

Oí después una serie de estampidos, parecida al ruido de rocas cayendo y apilándose unas sobre otras, y luego todo quedó en silencio otra vez. Pocos minutos más tarde, don Genaro regresó y tomó asiento. Me preguntó si había "visto". No supe qué decir. Me volví hacia don Juan buscando una indicación. Él me observaba.

—Creo que sí —dijo, y chasqueó la lengua.

Quise decir que no sabía de qué hablaban. Me sentía terriblemente frustrado. Tenía una sensación física de ira, de incomodidad plena.

—Creo que debemos dejarlo aquí sentado solo —dijo don Juan.

Se levantaron y pasaron junto a mí.

—Carlos se está entregando a su confusión —dijo don Juan en voz muy alta.

Me quedé solo varias horas y tuve tiempo de escribir mis notas y de meditar en mi absurda experiencia. Al pensarlo, se me hizo obvio que, desde el primer momento en que vi a don Genaro bajo la ramada, la situación había adquirido un tono de farsa. Mientras más deliberaba, más me convencía de que don Juan había entregado el control a don Genaro, y esa idea me llenaba de aprensión.

Don Juan y don Genaro volvieron al crepúsculo. Se sentaron junto a mí, flanqueándome. Don Genaro se acercó más y casi se recargó contra mí. Su hombro delgado y frágil me tocó levemente y tuve la misma sensación de cuando me puso la mano. Un peso aplastante me derribó y caí en el regazo de don Juan. Él me ayudó a enderezarme y preguntó en son de broma si trataba yo de dormir en sus piernas.

Don Genaro parecía deleitado; le brillaban los ojos. Quise llorar. Me sentí como un animal encorralado.

—¿Te estoy asustando, Carlitos? —preguntó don Genaro, al parecer con preocupación genuina—. Tienes los ojos de caballo loco.

—Cuéntale un cuento —dijo don Juan—. Eso es lo único que lo calma.

Se apartaron y tomaron asiento frente a mí. Ambos me examinaron con curiosidad. En la penumbra sus ojos se veían vidriosos, como enormes estanques de agua oscura. Esos ojos eran impresionantes. No eran ojos humanos. Nos miramos un momento y luego aparté la vista. Advertí que no les tenía miedo, y sin embargo sus ojos me habían asustado hasta ponerme a temblar. Sentí una confusión muy incómoda.

Tras un rato de silencio, don Juan instó a don Genaro a contarme lo que le pasó la vez que trató de clavarle la vista a su aliado. Don Genaro estaba sentado a corta distancia, dándome la cara; no dijo nada. Lo miré; sus ojos parecían cuatro o cinco veces más grandes que los ojos humanos comunes; brillaban y tenían un influjo irresistible. Lo que parecía ser la luz de sus ojos dominaba todo en torno a éstos. El cuerpo de don Genaro se veía disminuido, y más bien parecía el cuerpo de un felino. Noté un movimiento de su cuerpo gatuno y me asusté. De una manera totalmente automática, como si lo hubiera hecho siempre, adopté una "forma de pelea" y empecé a golpearme rítmicamente la pantorrilla. Al notar mis actos, me avergoncé y miré a don Juan. Me escudriñaba como suele; sus ojos eran bondadosos y confortantes. Rió con fuerza. Don Genaro dejó oír una especie de ronroneo, se levantó y entró en la casa.

Don Juan me explicó que don Genaro era muy enérgico y no le gustaba andarse con boberías, y que sólo había estado tomándome el pelo con sus ojos. Dijo que, como de costumbre, yo sabía más de lo que yo mismo esperaba. Comentó que todo el que tuviera que ver con la brujería era terriblemente peligroso durante las horas de crepúsculo, y que brujos como don Genaro podían ejecutar maravillas en tales momentos.

Estuvimos callados unos minutos. Me sentí mejor. Hablar con don Juan me calmó y restauró mi confianza. Luego, él dijo que iba a comer algo y que saldríamos a caminar para que don Genaro me enseñase una técnica para esconderse.

Le pedí explicar a qué se refería con lo de técnica para esconderse. Dijo que ya no iba a explicarme nada, porque las explicaciones sólo me forzaban a ser indulgente.

Entramos en la casa. Don Genaro había encendido la lámpara de petróleo y masticaba un bocado de comida.

Después de comer, los tres salimos al espeso chaparral desértico. Don Juan iba casi junto a mí. Don Genaro caminaba al frente, unos metros por delante.

La noche era clara; había nubes densas, pero suficiente luz de luna para que los alrededores fueran visibles. En determinado momento, don Juan se detuvo y me dijo que siguiera adelante, sobre los pasos de don Genaro. Vacilé; él me empujó con suavidad y me aseguró que todo estaba bien. Dijo que siempre debía estar listo y que siempre debía confiar en mi propia fuerza.

Seguí a don Genaro y durante dos horas traté de alcanzarlo, pero por más que pugnaba no podía hacerlo. La silueta de don Genaro estaba siempre delante de mí. A veces desaparecía como si hubiera saltado a un lado del camino, sólo para reaparecer de nuevo ante mí. En lo que a mí tocaba, ésta parecía una extraña caminata nocturna sin sentido. Seguía adelante porque no sabía regresar a la casa. No podía comprender qué estaba haciendo don Genaro. Pensé que me guiaba a algún sitio recóndito del chaparral para enseñarme la técnica de que don Juan hablaba. En cierto momento, sin embargo, tuve la peculiar sensación de que don Genaro estaba a mis espaldas. Volviéndome, vislumbré a una persona atrás de mí, a cierta distancia. El efecto fue una sacudida. Me esforcé por ver en la oscuridad y creí discernir la silueta de un hombre parado a unos quince metros. La figura casi se confundía con los arbustos; era como si quisiera ocultarse. Miré fijamente por un momento y pude mantener la silueta del hombre dentro de mi campo de percepción, aunque el otro trataba de esconderse entre las formas oscuras de los arbustos. Entonces vino a mi mente una idea lógica. Se me ocurrió que el hombre tenía que ser don Juan, quien sin duda nos había venido siguiendo todo el tiempo. En el instante en que me convencí de que así era, también advertí que ya no podía aislar la silueta; frente a mí sólo había la masa oscura, indiferenciada, del chaparral.

Caminé hacia el sitio donde había visto al hombre, pero no encontré a nadie. Don Genaro tampoco estaba a la vista, y como ignoraba el camino me senté a esperar. Media hora después, don Juan y don Genaro se acercaron. Gritaban mi nombre. Me levanté y me uní a ellos.

Regresamos a la casa en completo silencio. Me agradó ese interludio de quietud, pues me hallaba enteramente desconcertado. De hecho, me sentía desconocido de mí mismo. Don Genaro me estaba haciendo algo, algo que me impedía formular mis pensamientos en la forma en que acostumbro. Esto se me hizo evidente cuando me senté en el camino. Había mirado automáticamente a mi reloj, y luego permanecí en calma, como si mi mente estuviese desconectada. Pero me hallaba en un estado de alerta que jamás había experimentado. Era un estado de no pensar, acaso comparable a no preocuparse por nada. Durante ese tiempo, el mundo pareció hallarse en un extraño equilibrio; no había nada que yo pudiera añadirle y nada que pudiese restarle.

Cuando llegamos a la casa, don Genaro desenrolló un petate y se durmió. Me sentí compelido a transmitir a don Juan mis experiencias del día. No me dejó hablar.

18 de octubre, 1970

—Creo comprender lo que don Genaro trataba de hacer la otra noche —dije a don Juan.

Se lo dije para sacarle prenda. Su continua negación a hablar estaba destruyendo mis nervios.

Don Juan sonrió y asintió lentamente, como de acuerdo conmigo. Yo habría tomado su gesto como una afirmación, a no ser por el extraño brillo de sus ojos. Era como si sus ojos se rieran de mí.

—Usted no cree que comprendo, ¿verdad? —pregunté impulsivamente.

—Yo creo que sí ... efectivamente sí. Comprendes que Genaro iba detrás de ti todo el tiempo. Sin embargo el truco no está en comprender.

La afirmación de que don Genaro estuvo a mis espaldas todo el tiempo me impresionó. Le supliqué explicarla.

—Tu mente está empeñada en buscar un solo lado a todo esto —dijo.

Tomó una vara y la movió en el aire. No dibujaba en el aire ni trazaba una figura; los movimientos recordaban a los que hace con los dedos al limpiar una pila de semillas. Parecía picar o rascar suavemente el aire con la vara.

Se volvió a mirarme y yo alcé los hombros automáticamente, en gesto de desconcierto. Él se acercó y repitió sus movimientos, haciendo ocho puntos en el suelo. Encerró el primero en un círculo.

—Tú estás aquí —dijo—. Todos estamos aquí; éste punto es la razón, y nos movemos de aquí a aquí.

Circundó el segundo punto, que había puesto justo encima del número uno. Luego movió la vara de un punto a otro, imitando un tráfico intenso.

—Sólo que hay otros seis puntos que un hombre es capaz de manejar —dijo—. Casi nadie sabe de ellos.

Puso su vara entre los puntos uno y dos y picoteó con ella el suelo.

—Al acto de moverse entre estos dos puntos lo llamas entendimiento. En eso has andado toda tu vida. Si dices que entiendes mi conocimiento, no has hecho nada nuevo.

Luego trazó rayas uniendo algunos puntos con otros; el resultado fue un trapezoide alargado que tenía ocho centros de radiación dispareja.

—Cada uno de estos otros seis puntos es un mundo, igual que la razón y el entendimiento son dos mundos para ti —dijo

—¿Por qué ocho puntos? ¿Por qué no un número infinito, como en un círculo? —pregunté.

Tracé un círculo en el suelo. Don Juan sonrió.

—Hasta donde yo sé, nada más hay ocho puntos que un hombre es capaz de manejar. Quizá los hombres no puedan pasar de ahí. Y dije manejar, no entender, ¿no?

Su tono fue tan gracioso que reí. Estaba imitando, o más bien remedando mi insistencia en el uso exacto de las palabras.

—Tu problema es que quieres entenderlo todo, y eso no

es posible. Si insistes en entender, no estás tomando en cuenta todo lo que te corresponde como ser humano. La piedra en la que tropiezas sigue intacta. Así pues, no has hecho casi nada en todos estos años. Se te ha sacado de tu profundo sueño, cierto, pero eso podría haberse logrado de todos modos con otras circunstancias.

Tras una pausa, don Juan dijo que me levantara porque íbamos a la cañada. Cuando subíamos en mi coche, don Genaro salió de detrás de la casa y se nos unió. Manejé parte del camino y luego echamos a andar adentrándonos en una hondonada profunda. Don Juan eligió un sitio para descansar a la sombra de un árbol grande.

—Una vez mencionaste —empezó don Juan— que un amigo tuyo dijo, cuando los dos vieron una hoja caer desde la punta de un encino, que esa misma hoja no volverá a caer de ese mismo árbol nunca jamás en toda una eternidad, ¿te acuerdas?

Recordé haberle hablado de ese incidente.

—Estamos al pie de un árbol grande —prosiguió—, y si ahora miramos ese otro árbol de enfrente, puede que veamos una hoja caer desde la punta.

Me hizo seña de mirar. Había un árbol grande del otro lado de la barranca; tenía las hojas secas y amarillentas. Con un movimiento de cabeza, don Juan me instó a seguir mirando el árbol. Tras algunos minutos de espera, una hoja se desprendió de la punta y empezó a caer al suelo; golpeó otras hojas y ramas tres veces antes de aterrizar en la crecida maleza.

—¿La viste?

—Sí.

—Tú dirías que la misma hoja nunca volverá a caer de ese mismo árbol, ¿verdad?

—Verdad.

—Hasta donde tu entendimiento llega, eso es verdad.

Pero nada más hasta donde tu entendimiento llega. Mira otra vez.

Miré, automáticamente, y vi caer una hoja. Golpeó las mismas hojas y ramas que la anterior. Era como ver una repetición instantánea en la televisión. Seguí la ondulante caída de la hoja hasta que llegó al suelo. Me levanté para averiguar si había dos hojas, pero los altos matorrales en torno al árbol me impidieron ver dónde había caído exactamente la hoja.

Don Juan rió y me dijo que me sentara.

—Mira —dijo, señalando con la cabeza la punta del árbol—. Ahí va otra vez la misma hoja.

Nuevamente vi caer una hoja, en la misma trayectoria exacta de las dos anteriores.

Cuando aterrizó, supe que don Juan estaba a punto de indicarme de nuevo la punta del árbol, pero antes de que lo hiciera levanté la cabeza. La hoja caía una vez más. Me di cuenta entonces de que sólo había visto desprenderse la primera hoja, o mejor dicho, la primera vez que vi caer la hoja la vi desde el instante en que se separó de la rama; las otras tres veces la hoja ya estaba cayendo cuando alcé la cara para mirar.

Dije eso a don Juan y le pedí explicar lo que hacía.

—No entiendo cómo me está usted haciendo ver una repetición de lo que vi antes. ¿Qué me hizo, don Juan?

Rió sin responder, e insistí en que me dijera cómo podía yo ver esa hoja cayendo una y otra vez. Dije que de acuerdo a mi razón eso era imposible.

Don Juan repuso que su razón le decía lo mismo, pero que yo había sido testigo del caer repetido de la hoja. Luego se volvió a don Genaro.

—¿No es cierto? —preguntó.

Don Genaro no respondió. Sus ojos estaban fijos en mí.

—¡Es imposible! —dije.

—¡Estás encadenado! —exclamó don Juan—. Estás encadenado a tu razón.

Explicó que la hoja había caído vez tras vez del mismo árbol para que yo abandonase mis intentos de entender. En tono de confidencia me dijo que yo sabía lo que estaba pasando, pero mi manía siempre me cegaba al final.

—No hay nada que entender. El entendimiento es sólo un asunto pequeño, pequeñísimo —dijo.

En ese punto don Genaro se puso en pie. Lanzó una rápida mirada a don Juan; los ojos de ambos se encontraron y don Juan miró el suelo frente a él. Don Genaro se paró ante mí y empezó a agitar los brazos a los costados, hacia adelante y hacia atrás, al unísono.

—Mira, Carlitos —dijo—. ¡Mira! ¡Mira!

Hizo un ruido extraordinariamente agudo, cortante. Era el sonido de un desgarramiento. En el preciso instante de oírlo, sentí un vacío en la parte baja del abdomen. Era la sensación, terriblemente angustiosa, de caer: no dolorosa, pero desagradable y aniquiladora. Duró unos cuantos segundos y luego se apagó, dejando una extraña comezón en mis rodillas. Pero mientras duraba la sensación experimenté otro fenómeno inverosímil. Vi a don Genaro encima de unas montañas que estaban a unos quince kilómetros de distancia. La percepción duró sólo algunos segundos, y ocurrió tan inesperadamente que no tuve en realidad tiempo para examinarla. No recuerdo si vi una figura del tamaño de un hombre parada encima de las montañas, o una imagen reducida de don Genaro. Ni siquiera me acuerdo de si era o no don Genaro. Pero en aquel momento estuve seguro, sin ningún lugar a dudas, de que lo estaba viendo de pie encima de las montañas. Sin embargo, la percepción se desvaneció en el instante en que pensé que era imposible ver a alguien a quince kilómetros.

Me volví en busca de don Genaro, pero no estaba allí.

El desconcierto sufrido fue tan peculiar como todo lo demás que me ocurría. Mi mente se doblegaba bajo la tensión. Me sentía enteramente desorientado.

Don Juan se puso en pie e hizo que me cubriera con las manos la parte baja del abdomen y que, en cuclillas, apretara las piernas contra el cuerpo. Estuvimos un rato sentados en silencio, y luego él dijo que en verdad iba a abstenerse de explicarme cualquier cosa, porque sólo actuando puede uno hacerse brujo. Recomendó que me fuera de inmediato; de otro modo, don Genaro probablemente me mataría en su esfuerzo por ayudarme.

—Vas a cambiar de dirección —dijo— y romperás tus cadenas.

Dijo que nada había que entender en sus acciones o en las de don Genaro, y que los brujos eran muy capaces de realizar hazañas extraordinarias.

—Genaro y yo actuamos desde aquí —dijo, y señaló uno de los centros de radiación de su diagrama—. Y no es el centro de la razón; pero tú sabes qué cosa es.

Quise decir que yo de veras no sabía de qué me hablaba, pero sin darme tiempo se incorporó y me hizo seña de seguirlo. Empezó a caminar aprisa, y en muy poco tiempo yo sudaba y resollaba tratando de mantenerme a la par.

Cuando subíamos en el coche, miré en torno buscando a don Genaro.

—¿Dónde está? —pregunté.

—Tú sabes dónde está —repuso don Juan con cierta brusquedad.

Antes de marcharme estuve sentado con él, como de costumbre. Tenía un deseo urgente de pedir explicaciones. Como dice don Juan, las explicaciones son mi verdadera manía.

—¿Dónde está don Genaro? —inquirí con cautela.

—Tú sabes dónde —dijo él—. Pero siempre fallas por tu insistencia en comprender. Por ejemplo, la otra noche sabías que Genaro iba detrás de ti todo el tiempo; hasta volteaste y lo viste.

—No —protesté—. No, no sabía eso.

Hablaba con veracidad. Mi mente rehusaba considerar "reales" ese tipo de estímulos, y sin embargo, tras diez años de aprendizaje con don Juan, ya no podía sostener mis viejos criterios ordinarios de lo que es real. Así y todo, las especulaciones que yo había engendrado hasta entonces sobre la naturaleza de la realidad eran simples manipulaciones intelectuales; la prueba era que, bajo la presión de los actos de don Juan y don Genaro, mi mente había entrado en un callejón sin salida.

Don Juan me miró, y en sus ojos había tal tristeza que comencé a llorar. Las lágrimas fluyeron libremente. Por primera vez en mi vida sentí el gravoso peso de mi razón. Una angustia indescriptible se abatió sobre mí. Chillé involuntariamente, abrazando a don Juan. Él me dio un rápido golpe de nudillos en la cima de la cabeza. Lo sentí descender como una ondulación por mi espina dorsal. Tuvo un efecto apaciguador.

—Te das por las puras —dijo suavemente.

EPÍLOGO

Don Juan caminó despacio en torno mío. Parecía deliberar si decirme algo o no. Dos veces se detuvo y pareció cambiar de idea.

—El que regreses o no carece por entero de importancia —dijo al fin—. De todos modos ya tienes la necesidad de vivir como guerrero. Siempre has sabido cómo hacerlo; ahora estás simplemente en la posición de tener que usar algo que antes desechabas. Pero tuviste que luchar por este conocimiento; no te lo dieron así nomás, no te lo pasaron así nomás. Tuviste que sacártelo a golpes. Sin embargo, eres todavía un ser luminoso. Todavía vas a morir como todos los demás. Una vez te dije que no hay nada que cambiar en un huevo luminoso.

Calló un momento. Supe que me miraba, pero esquivé sus ojos.

—Nada ha cambiado realmente en ti —dijo.

Este libro se terminó de imprimir y encuadernar en el mes de abril de 2000 en Impresora y Encuadernadora Progreso, S. A. de C. V. (IEPSA), Calz. de San Lorenzo, 244; 09830 México, D. F. Se tiraron 9 000 ejemplares.